이회영과 젊은 그들

이회영과 젊은 그들

초판 1쇄 발행 2009년 12월 25일 **초판 12쇄 발행** 2020년 12월 10일

지은이 이덕일
펴낸이 연준혁

출판부문장 이승현
편집 1본부 본부장 배민수
편집 4부서 부서장 김남철
디자인 하은혜

펴낸곳 ㈜위즈덤하우스 **출판등록** 2000년 5월 23일 제13-1071호
주소 경기도 고양시 일산동구 정발산로 43-20 센트럴프라자 6층
전화 031)936-4000 **팩스** 031)903-3893 **홈페이지** www.wisdomhouse.co.kr

ⓒ 이덕일, 2009 사진ⓒ 권태균
ISBN 978-89-93119-12-1 03900

* 이 책의 전부 또는 일부 내용을 재사용하려면 반드시 사전에 저작권자와
  ㈜위즈덤하우스의 동의를 받아야 합니다.
* 인쇄·제작 및 유통상의 파본 도서는 구입하신 서점에서 바꿔드립니다.
* 책값은 뒤표지에 있습니다.
* 이 책은 『아나키스트 이회영과 젊은 그들』(2001년, 웅진닷컴)의 개정판입니다.

이 도서의 국립중앙도서관 출판예정도서목록(CIP)은 서지정보유통지원시스템
홈페이지(http://seoji.nl.go.kr)와 국가자료종합목록시스템(http://www.nl.go.kr/
kolisnet)에서 이용하실 수 있습니다. (CIP제어번호: CIP2009003933)

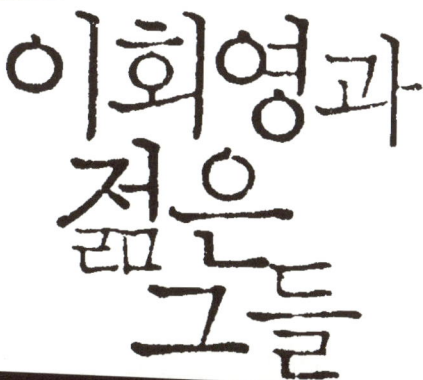

아나키스트가 된 조선 명문가

이회영과 젊은 그들

Anarchist

이덕일 지음

위즈덤하우스

저자의 글

비장미悲壯美라는 말이 있다. 슬픔 감정 속에서 아름다움을 느낀다는 뜻이다. 왕조의 마지막 광경에서 비장미를 찾기 쉽지 않은 우리 역사에서 마의麻衣태자가 이에 해당된다. 경순왕이 신라를 고려 태조에게 그대로 헌상하려 하자 마의태자는 "충신, 의사들과 더불어 굳게 힘을 다해 본 후에 그만두어야지 어찌 1천 년이나 전해 내려온 나라를 하루아침에 쉽사리 남에게 내어줄 수 있습니까?" 하며 반대했다. 그러나 경순왕이 끝내 고려 태조에게 나라를 들어 바치자 태자는 통곡하며 개골산皆骨山(금강산)으로 들어가 바위로 집을 삼고 삼베옷을 입고 풀뿌리를 캐어먹으며 연명하다 일생을 마쳤다. 베옷을 입었기에 마의태자라고 부른다. 경순왕이 백관을 거느리고 항복하는 향거香車와 보마寶馬 행렬이 30리에 뻗쳤다고 사서史書는 전한다. 고려에 저항하는 대신 항복을 택해 정승공正承公에 봉해지고 녹祿 1천 석을 받은 경순왕의 행위는 그야말로 비굴하다. 비장미는 개골산에 들어가 베옷만 입고 평생을 보낸 마의태자의 것이다.

필자가 조선 멸망 광경을 연구하다가 가장 놀랐던 것 중 하나가 한인韓人 수작자授爵者들의 존재였다. 조선이 멸망할 때 고위직에 있던 일흔여섯 명의 한인들은 망국에 공을 세웠다는 이유로 일제에게서 후작·백작·자작·남작 등의 작위와 은사금을 받았던 것이다. 일흔여섯 명의 수작자는 크게 두 부류로 나눌 수 있다. 하나는 왕족들이다.

후작 작위를 받은 이재완은 대원군의 조카이고, 후작 윤택영은 마지막 황제 순종의 장인이다. 또한 후작 박영효는 철종의 사위이고, 백작 민영린은 명성황후의 오빠다. 다른 하나는 집권당이었던 노론 인사들이다. 당파를 알 수 있는 예순네 명의 수작자 중 북인은 두 명, 소론은 여섯 명이고 나머지 쉰여섯 명은 모두 노론이었다. 인정하고 싶지 않지만 조선은 왕족들과 집권 노론이 방매放賣했다는 결론에 도달하지 않을 수 없었다.

  그제야 저명한 독립운동가들 상당수가 양반 출신이 아닌 이유가 절로 이해되었다. 김구는 『백범일지』에서 토로했듯이 상민 출신이었으며, 도산 안창호도 대동강 하류 도롱섬 출신의 상민이었다. 왕족과 양반 사대부들이 팔아먹은 나라를 되찾기 위해 상민들이 나선 상황이었다. 이는 양반 사대부 개개인의 선택 문제이기도 했지만 조선 지배층의 구조 문제이기도 했다. 조선은 중종 36년(1541년) 군적수포제軍籍收布制를 실시해 실제 군역軍役의무를 수행하는 대신 1년에 군포 두 필을 납부하도록 했다. 문제는 양반 사대부는 군포 납부대상에서 제외되었다는 점이다. 양반 사대부는 병역의무가 면제되고 상민들만 지는 가치관의 전도현상이 법제화되었던 것이다. 임진왜란과 병자호란을 겪은 후에도 이런 상황은 계속되었다. 대원군이 고종 8년(1871년) 호포제를 실시해 양반 사대부들에게도 군포를 받기 전까지 양반들에게는 병역의무 자체가 없었다. 특권은 있되 의무는 없는 조선 사대부들의 전도된 가치관, 곧 '군역을 상놈들만의 것'으로 여기는 비뚤어진 세계관이 조직적 매국賣國으로 연결되었던 것이다.

　지배층이 나라를 팔아먹는 이런 절망적 시대상에 다른 색채를 보여준 것이 집단 망명자들의 존재였다. 당파 차원에서, 계급 차원에서 집단적 매국에 가담한 지배층이 있었던 반면 빼앗긴 나라를 되찾기 위해 온 가족이 온몸을 던진 집단 망명자들이 있었다. 이 극명한 대비가 망국의 두 광경이었다. 서울의 우당 이회영 일가, 강화도와 충청도 진천의 양명학자들, 경상도 안동의 이상룡·김대락 일가 등이 그들이었다. 그리고 "내가 죽어야 할 의무는 없지만 국가가 선비를 기른 지 5백 년에 국가가 망하는 날 한 사람도 죽는 사람이 없어서야 어찌 슬프지 않겠는가" 하며 자결한 전라도 구례의 매천 황현도 이들과 직·간접으로 연결되어 있었다. 사상적으로는 양명학자이거나 양명학에 우호적이고, 당파적으로는 야당인 소론과 재야인 남인에 속한 이들이 먼저 집단적으로 만주로 건너가 독립운동기지를 건설했다. 이후의 끈질긴 항일투쟁은 이들의 사상과 행위를 계승한 것이다.

　이 글은 이런 집단 기획 망명을 주도한 대표적 인물 중 한 명인 우당 이회영과 여러 동지들에 관한 것이다. 필자가 이회영에게 비상한 관심을 갖게 된 계기는 그의 신분과 망명 후 그의 사상적 궤적 때문이었다. 이회영은 세칭 삼한갑족三韓甲族(예로부터 대대로 문벌이 높은 집안)으로 불린 명문대가 출신이었다. 그러나 국망의 위기가 닥치자 집단 망명을 결심하고 만주지역을 사전 답사한 후 여섯 형제와 모든 가족들을 설득해 전 재산을 정리한 후 만주로 망명했다. 이들 여섯 형제 일가가 만주로 망명한 때는 매국 수작자들이 작위와 은사금을 받은 지 두 달 뒤였다. 망명 후 그들은 누구 할 것 없이 혹독한 고초를 치렀다. 이회영과 함께 활동했던 정화암(본명 정현섭)은 자서전 『이 조국 어디로 갈 것인가』에서 "(천진) 남개의 우당 이회영 집을 찾아갔더니 여전히 생활이 어려워 식구들의 참상은 말이 아니었다. 끼니도 못 잇고 굶은 채 누워 있었다"라고 전했다. 삼한갑족 출신이 전 재산을 모두 독립운동에 바치고 굶은 채 누워 있는 정경을 상상하면 가슴이 막막해지지 않을 도리가 없다. 더욱 놀라운 것은 이회영의 사상적 종착점이 아나키즘Anarchism(자유연합주의)이라는 점이다. 삼한갑족의 후예로서 모든 인간의 절대자유와 절대평등을 주장하는 아나키즘을 받아들이고, 이런 사회를 실현하기 위해 목숨까지 바치며 투쟁했다는 사실은 경이롭기까지 하다. 또한 이회영은 평생 교육사업과 항일무장투쟁을 병행했다. 음식이 맞지 않아 고생하던 북경 유학생 심훈에게 직접 김치를 가져다줄 만큼 자상했던 이회영은 무장투쟁에 서슴없이 온몸을 던졌다. 최근 발견된 중국 사료에 따르면 1932년 11월 만 65세의 이회영이 일제가 점령한 만주로 향한 이유는 만주에 동북항일의용군을 만들어 일제와 무장투쟁을 전개하기 위해서였다. 그런데 밀정들의 밀고로 대련 수상경찰서에 체포되어 여순감옥에서 고문사당하고 말았다.

이회영의 생애는 노블레스 오블리주(사회 고위층에게 요구되는 높은 수준의 도덕적 의무)의 실천이라는 말로는 그 의미를 전달하기가 부족하다. 이회영의 만주행은 국망 직후 집단 망명한 것과 같은 또 다른 승부수였다. 22년 전(1910년) 온몸을 던져 일제와 대결했던 것처럼 다시 일제와 대결하겠다는 신념의 표출이었다. 온몸을 던지지 않고서 어찌 일제를 구축驅逐하고 인간해방과 광복을 실현하겠느냐는 신념의 실천이었다. 만 65세 노인이 무장투쟁을 결심하고 상해 황포강 부두에서 영국 선적의 남창호南昌號 제일 밑바닥 4등 선실에 자리를 잡는 광경에 어찌 비장미를 느끼지 않을 수 있겠는가. 이런 비장미는 노블레스 오블리주를 뛰어넘는 진정한 인간의 길인 것이다.

현재 한국사회는 망국 직전과 비슷할 정도로 지배층의 노블레스 오블리주가 부족하다. 국회청문회의 청문대상이 될 정도로 성공한 인물들은 거의 예외 없이 병역 비리, 위장 전입, 부동산 투기 등에 연루되어 있으며, 미국 시민권을 얻기 위한 원정 출산도 횡행하고 있다.

이런 상황에서 자신의 지위와 재산은 물론 생명까지 모두 신념을 위해 바친 이회영의 생애를 살펴보면 자연 우리의 삶도 되돌아보게 될 것이다. 황포강 부두에서 이회영을 마지막으로 배웅한 아들 이규창은 자서전 『운명의 여진』에서 부친의 사망을 적으면서 "나의 부친은 참으로 불쌍한 분이다"라고 했다. 물론 이회영의 일생은 개인적으로 대단히 불쌍한 삶의 연속이었다. 그러나 인생은 과정이고 그런 과정의 총합이 역사다. 역사도 과연 이회영을 불쌍하다고 규정하고 있는가? 수작자들의 일생과 이회영의 일생 중에 어느 쪽이 더 불쌍한지 역사는 말해준다. 그리고 그 역사는 현재 우리의 삶은 올바른 것인지를 이회영의 인생을 통해 반문하고 있다.

2009년 12월

천고遷固 이덕일 기記

차례

저자의 글 4

1. 왕조의 마지막 두 풍경 15
이완용의 밀사 이인직 15
내가 죽어야 할 의리는 없으나 29
떠나는 사람들 35
횡도촌, 망명자들의 촌락 39

2. 일가 망명 43
망국을 막기 위해 43
헤이그 밀사사건 49
북풍 부는 만주로 54

3. 독립군의 요람, 신흥무관학교 63
모든 것을 버리고 만주로 떠나다 63
이 머리는 자를 수 있지만 66
작위와 은사금에 환호하는 집권 노론 73
조국의 독립을 위해서라면 76

4. 고종이 망명한다면 93
밀입국을 단행하다 93
고종 망명이 갖는 폭발성 100

5. 북경과 상해를 오가며 109
임시정부를 둘러싼 파문 109
독립운동가들의 단골 거처 114
임시정부도 사회주의도 버리고 122

6. 아나키즘의 깃발 131
양명학과 아나키즘 131
아나키즘으로 135

7. 의열단과 다물단 149
의열단의 직접행동과 유자명 149
조선총독부 폭파와 다나카 대장 암살사건 160
폭력은 우리 혁명의 유일한 무기다 169
다물단의 밀정암살이 준 충격 180

8. 극도의 곤경 속에서 189
재중국조선무정부주의자연맹 발족하다 189
극심한 자금난 194
일제의 체포를 피해 수만 리를 걷다 202

9. 만주운동의 새바람 211
김좌진과 연합하다 211
일본 조계지의 은행을 털다 223
자유연합적 지방자치에 대한 반발 230

10. 1930년대, 상해의 풍경 235
일제를 공포에 빠뜨린 아나키즘 조직들 235
백정기와 윤봉길의 엇갈린 운명 244

11. 무장투쟁의 길과 순국 251
무장투쟁의 길로 251
운명의 만주행 257
밀고자들 268

12. 망명자들의 최후 275
만주로 간 선비들 275
신채호의 순국 282

13. 남은 동지들 293
죽기 위해 제비를 뽑는 사람들 293
공포의 서간단 300
재일 거류민단장 사살사건 306
일제가 점령한 상해에서 317
무장투쟁으로 최후의 승리를 326
미완의 과업 331
되살아나는 역사 335

이회영 가계도 336
이회영 연보 338
참고문헌 342
찾아보기 347

1. 왕조의 마지막 두 풍경

이완용의 밀사 이인직

1910년 8월 14일 밤. 거의 인적이 끊긴 늦은 밤이었다. 간간이 오가는 사람들의 표정은 어두웠다. 도성 전체가 활기를 잃어 죽은 도시 같았다. 이런 거리를 무언가에 쫓기는 듯한 표정으로 걷는 사내가 있었다. 팔 자八字 수염이 뚜렷한 장년의 사내였다. 사내의 발길이 멈춘 곳은 통감부統監府 외사국장外事局長 고마쓰[小松綠]의 관저였다.

1904년 일본이 러시아령인 여순旅順을 선제공격한 이유 중 하나는 대한제국을 차지하기 위해서였다. 일제는 러일전쟁에서 승기를 잡자마자 각의閣議를 열어 「한국 보호권 확립의 건(1904년 4월 8일)」을 의결해 "한국에 대한 보호권을 확립하고, 그 나라의 대외관계를 모두 우리 손안에 넣어야 한다"고 결정했다. 평화의 사도를 자처한 미국의 루스벨트Theodore Roosevelt(1858~1919년) 대통령은 즉각 중재에 나서

1905년 9월 5일 미국 뉴햄프셔 주의 포츠머스Portsmouth에서 강화조약을 체결하게 했다. 이 공으로 루스벨트는 1906년 노벨평화상을 수상했지만 포츠머스 강화조약은 일본 각의가 러일전쟁 초기 의결한 「한국 보호권 확립의 건」이 국제적 동의를 얻어낸 것에 불과했다. 이 조약에 "한국에서 일본의 정치·군사·경제상의 특별권리를 승인할 것"이 들어 있어 전쟁은 종식되었고 평화는 찾아왔지만 대한제국은 식민지의 나락으로 떨어졌기 때문이다.

포츠머스 강화조약 체결에 참석한 일본 대표 고무라 주타로[小村壽太郎] 외무대신이 귀국한 지 불과 11일 후인 1905년 10월 27일 일본 각의는 「한국 보호권 확립 실행에 관한 각의 결정의 건」을 의결했다. 그로부터 13일 후인 1905년 11월 9일 이토 히로부미[伊藤博文]가 일본군의 삼엄한 경호 속에 서울 남대문 역사에 도착했고, 다음 날 고종황제에게 일황 메이지[明治]의 친서를 전달했다. 외교권을 강탈하려는 일제의 흉계를 간파한 고종은 다음 날부터 와병을 핑계로 접견을 거부했으나 이미 접견 거부라는 소극적 저항으로 되돌릴 수 있는 정세가 아니었다. 11월 15일 비공개로 고종을 만난 이토는 보호조약이란 미명의 조약을 체결하라고 강요했다. 이토는 "이를 승낙하거나 거부하는 것은 마음대로지만 만약 거부하면…… 귀국의 지위는 이 조약을 체결하는 것 이상으로 곤란한 경우에 이를 것이며 더 불리한 결과를 각오해야 할 것입니다"하며 협박했다. 이때 고종과 이토의 만남을 전하는 「이토 히로부미 한국봉사 기사적요[伊藤博文韓國奉使記事摘要]」는 이토의 이런 협박에 대해 고종은 '매우 당황한 모양으로' 정부에 자문을 구하겠다고 답했다고 전한다. 고종은 이토 히로부미에게 자신의 희망을 일본 황실과 정부에 전해주기 바란다고 간청했지만 "지금에 이르러서는 그 희망이 전혀 쓸모없는 것이니 단념하시기 바랍니다"라는 핀잔만 들었다.

11월 16일, 이토는 직접 조선 대신들을 불러 조약체결을 강요했고, 다음 날에는 일본 공사 하야시 곤스케[林權助]가 오후 3시까지 조약을 체결해야 한다며 시간까지 결정해 협박했다. 하야시 곤스케의 회상기인 『나의 70년을 말한다』에서는 이때 하세가와 요시미치[長谷川好道] 한국 주차군사령관이 회의장에 헌병을 배치해 대신들이 도주하지 못하도록 막았다고 전한다. 이렇게 강압적 분위기에서 이토 히로부미는 대신 한 사람, 한 사람에게 조약의 찬부贊否를 물었다. 고종은 대신들이 목숨을 걸고 조약체결에 반대해주기를 바랐지만 참정대신 한규설, 탁지부대신 민영기, 농상공부대신 권중현 등만 반대했다. 그러나 권중현도 나중에는 찬성에 가담해 학부대신 이완용李完用, 내부대신 이지용, 외부대신 박제순朴齊純, 군부대신 이근택 등과 함께 을사오적乙巳五賊의 반열에 올랐다.

대한제국은 황제국이므로 고종이 재가하지 않은 조약은 법적 효력이 없었다. 하지만 이토 히로부미는 11월 18일 새벽 2시에 을사오적의 찬성을 근거로 조약이 체결되었다고 선포했다. 이것이 '제1조. 일본국 정부는 재동경 외무성을 경유하여 금후에 한국이 외국에 대한 관계 및 사무를 감리 지휘할 것이다'로 시작되는 이른바 제2차 한일협약(을사조약)이다. 일본은 드디어 한국의 외교권을 빼앗은 것이다. 그러나 고종은 끝내 이 조약을 재가하지 않았다.

미국인 선교사이자 『한국평론Korea Review』 편집자인 헐버트Homer B. Hulbert(1863~1949년)는 조약체결 한 달 전 워싱턴으로 갔는데, 11월 26일 고종이 청국을 경유해 보낸 비밀전문을 받았다.

을사조약 전문.
을사조약은 1905년 일본이 강압적으로 체결한 조약이다. 이 조약으로 대한제국은 명목상으로는 일본의 보호국이나 사실상 일본의 식민지로 전락하고 말았다. 독립기념관 소장.

"짐은 최근에 한국과 일본 사이에 체결된 조약이 일본의 위협과 협박을 받으며 강압적으로 맺어진 것이므로 무효임을 선언한다. 짐은 거기에 동의한 일도 없으며, 또 앞으로 결코 그럴 리가 없을 것이다. 미국 정부에 이 사실을 전하라."

그러나 이는 아무 소용없는 시도였다. 포츠머스 강화조약을 루스벨트 대통령의 가장 중요한 외교 치적 중 하나로 꼽고 있는 미국이 그 후속조치에 불과한 을사조약의 내용을 승인하지 않을 리 없었다. 헐버트는 고종의 비밀전문을 받기 하루 전에 이미 미국 국무장관 엘리후 루트에게서 미국은 조약을 승인하겠다는 내용의 서신을 받았던 것이다.

하지만 국내는 이 소식에 들끓었다. 11월 26일 전 좌의정 조병세趙秉世(1827~1905년)는 79세의 노구를 이끌고 참정參政 심상훈沈相薰, 시종무관장 민영환閔泳煥(1861~1905년)과 백관을 인솔하고 입궐해 정청庭請하며 을사조약의 무효 선언과 5적신의 처형 등을 주장하다가 일본군에 의해 표훈원表勳院(과거의 충훈부)에 연금당했다. 그는 곧 풀려났으나 대한문 앞에서 석고대죄하며 다시 조약파기를 주장하다가 또 끌려갔다. 결국 조병세는 고종과 각국 공사, 동포들에게 유서를 남긴 후 음독 자결했다.

1906년 1월에는 대한제국의 외교를 맡아온 외부外部가 폐지되었고 2월 1일에는 통감부가 설치되어 외교권을 빼앗았다. 그리고 각 부서에 외국인 고문을 두어 통감 지휘를 받게 함으로써 일제는 대한제국의 내정을 완전히 장악했다. 그렇게 부임한 초대 통감이 이토 히로부미였고, 통감부의 외사국장은 가장 중요한 직책이었다.

1910년 8월 14일, 외사국장 고마쓰는 밤 11시경 손님이 찾아왔다는 전갈을 받았다. 일순 흥분한 대한제국의 청년이 아닌가 하는 불안한 생각이 들었으나 하녀가 가져온 명함을 보는 순간 불안은 사라지고 입가에 웃음이 떠올랐다.

'이인직李人稙.'

총리대신 이완용의 비서였다. 1862년생인 이인직은 1900년 38세의 나이에 관비유학생으로 일본 유학길에 올라 동경東京정치학교에 입학했는데 그 학교의 교수가 고마쓰였다. 당시 동경정치학교에는 또 한 명의 친일파 조중응이 다니고 있었으니 그 역시 고마쓰의 제자였다. 이인직은 1903년 2월 대한제국 정부가 유학생 소환령을 내렸으나 귀국을 거부하고 미야코[都] 신문사의 견습생으로 일하며 일본 여자와 동거했다.

이인직은 1904년 러일전쟁 때 일본군 제1군 사령부의 한국어 통역

자격으로 귀국했는데, 전쟁이 끝나자 1906년 2월 이완용과 쌍벽을 이루는 친일파 송병준宋秉畯이 창간한 일진회 기관지『국민신보』의 주필로 자리를 옮겼다. 그로부터 4개월 후에 천도교 계통의 일간지『만세보』로 자리를 옮긴 이인직은 1906년 7월부터 10월까지『혈의 누』를 연재해 문명文名을 얻었다. 한글로는 '피눈물', 한자로는 '혈루血淚'라고 써야 할 것을 일본식으로 '혈의[の] 누'라고 쓴 것은 그의 친일 성향을 말해준다. 고마쓰는 훗날인 1934년 11월 25일부터 통감부와 조선총독부의 기관지인『경성일보京城日報』에 3회에 걸쳐 '일한병합 교섭日韓併合交涉과 데라우치[寺內] 백작의 외교수완'이라는 제목의 비화를 썼는데 여기에서 이인직과 자신의 두 차례에 걸친 비밀회담에 대해 회고했다. 고마쓰는 이인직에 대해 "내가 조선으로 온 뒤에도 옛날의 은사라며 어울려왔다"고 했다.

정중하게 스승에 대한 인사를 마친 이인직은 깊은 밤의 내방 목적에 대해 입을 열었다.

"이런 심야에 찾아온 이유는 은밀한 대사에 관한 고견을 듣기 위해서입니다. 지금 일한병합 문제로 여론이 시끌시끌합니다. 특히 지난해 이토 공公이 하얼빈에서 한인韓人 악한惡漢에 의해 돌아가신 이래 급속하게 병합의 실행을 볼 것으로 생각되었기에 총리 이완용 각하는 여러 가지 고려를 짜고 계십니다. 특히 작금에 이르러 대단히 걱정이 크셔서 견디기 어려운 듯합니다."

안중근을 '악한'이라고 지칭한 이 사내를 해방 후에도 '한국 현대문학의 선구자'로, 『혈의 누』를 '한국 최초의 신소설'로 가르쳐온 것이 단순한 우연인지, 거대한 힘이 작용한 기획의 결과인지 생각해볼 일이다.

청일전쟁(1894년)이 배경인 『혈의 누』는 청군에게 강간당하려는 여주인공 옥련을 일본군이 구해준다는 내용의 소설이다. 일본이 한국의 보호자를 자처하고 외교권을 빼앗은 것이 잘된 처사임을 은유한 것이다. 또 조선 청년 구완서는 일본과 만주를 포괄하는 대연방을 건설하겠다는 꿈을 지닌 인물인데, 당시 대한제국의 국력으로 일본과 만주를 점령할 수는 없으니 이는 곧 대한제국을 점령한 일제가 대연방을 건설할 것을 희구한다는 뜻이나 다름없다. 실제로 일본은 1931년의 만주사변으로 일본 – 한반도 – 만주를 포함한 대제국을 건설한다. 이인직은 1906년에 이미 일본 제국주의자들의 원대한 구상을 정확히 파악할 정도로 일본 군국주의자들의 의식과 동일한 의식을 갖고 있었던 것이다. 이인직은 스승 고마쓰에게 자신이 모시는 총리 이완용의 고민에 대해 장황하게 늘어놓았다.

"만약 자기(이완용)가 감당할 수 없을 듯한 조건을 들고 나올 경우에는 사직하는 도리 외에는 길이 없다고 생각하고 있습니다. 그러나 자신이 내각을 물러난다고 해서 한국에 유리한 형세가 될 것이라고도 생각하지 않습니다. 사직한다고 해도 조선 사람에 대하여 변명할 여지가 없고, 또 일본의 뜻에 등을 돌리는 일이 되기 때문에 국외에서 은둔하는 길 외에는 없다고 생각하고 계십니다."

'감당할 수 없을 듯한 조건'이란 일본이 한국을 어떤 조건으로 삼킬 것인가 하는 점이었다. 고마쓰는 『경성일보』에 이인직이 찾아오던 때의 분위기를 이렇게 서술했다.

데라우치 대장이 육군대신大臣 겸 통감으로서 경성京城(서울)에 도착하신 것은 명치明治 43년(1910년) 7월 2일이었다. 그 무렵 이미 조선 측에서는 일진회가 주가 되어 합방론을 말하고 있었고 일본 측에서도 대체로 병합의 방침을 확립하고 있어서 단지 시일의 문제로 되어 있었던 것이다.

일본 조야에서는 한국 강점 시기에 대해 두 기류가 있었다. 이토 히로부미 등 문관들은 일본의 재정 능력과 국제 열강의 시선 등을 의식해 시간을 좀 두고 점령하자고 한 반면 군부와 재야 강경파들은 즉시 점령하자고 주장했다. 양자의 의견 차이는 시간상의 선후 문제에 불과했다. 1909년 4월 총리대신 가쓰라(桂太郞), 외무대신 고무라, 이토 3자 사이에 한국 강점 방안이 합의되었고, 7월 6일 일본 각의에서 「한국 병합에 관한 건」을 통과시켰다. 이때 마련된 '한국시설대강(韓國施設大綱)'은 군대와 헌병, 경찰을 다수 파견해 치안을 확보하고 일본과 한반도, 대륙 간 철도의 연결을 명기해 이미 한반도를 발판 삼아 대륙을 침략하려는 의도가 있음을 보여주었다. 이인직이 『혈의 누』에서 그린 대제국 구상과 일치했다. 데라우치가 서울에 도착하자 대한제국 황실과 조야는 일제히 긴장한 반면 친일파들은 드디어 때가 왔다는 듯 분주하게 움직였다.

심지어 친일세력은 자기들끼리 서로 충성경쟁을 벌였다. 송병준이 만든 일진회와 총리대신 이완용세력이 경쟁적으로 합방을 주장했다. 송병준이 이완용과 충성경쟁에 나선 데는 곡절이 있었다. 송병준은 1907년 헤이그 밀사사건이 발생하자 고종을 폐위시켜야 한다고 먼저 주창했다. 이것이 여론의 심한 반발을 불러일으켜 의병들이 일진회를 공격하자 일제는 일단 송병준과 조금 거리를 두는 대신 이완용을 가까이했다. 한때는 송병준이 창간한 일진회 기관지 『국민일보』

하얼빈 역 내의 이토 피살 장소.
1909년 10월 26일, 안중근은 일본인으로 변장한 뒤 하얼빈 역에 잠입해 러시아군의 군례를 받던 이토 히로부미를 사살했다. 그는 현장에서 러시아 경찰에게 체포되고 말았다.

의 주필로 친일 논설 전파에 앞장섰던 이인직은 이완용의 비서가 되었다. 이인직의 가치판단 기준은 오직 하나 누가 더 일제의 총애를 받느냐였다.

　1909년 10월 26일 안중근이 하얼빈 역에서 이토 히로부미를 사살하자 일진회는 공공연히 합방을 주창했다. 이완용 내각은 합방 공로를 일진회에 빼앗길까 두려워 충성경쟁에 나섰던 것이다. 일진회가 1909년 12월 4일 합방성명서를 발표하고 황제와 내각 총리대신, 통감에게 합방청원서를 전달하자 이완용 내각은 12월 7일 대신회의를 열고 이를 각하하는 한편 대한협회, 국시연설단 등의 친일단체를 동원해 일진회의 합방청원에 반대하는 운동을 펼쳤다. 이완용 내각이 반대한 것은 합방이 아니라 합방의 공을 일진회가 차지하는 것이었다. 친일파끼리 나라 팔아먹는 공로를 빼앗기기 싫어 다투는 형국이었다.

고마쓰는 1920년 간행한 『조선 병합의 이면』에서 이인직과 이런 대화를 나누었다고 전한다. 이인직이 이완용에게 "2천만 조선 사람과 함께 쓰러질 것입니까? 6천만 일본인과 함께 나아갈 것입니까?" 하고 묻자 이완용이 잠시 침음沈吟하다가 "5적賊 또는 7적이라고 불릴 정도인 현 내각이 와해된다면 현 내각 이상의 친일파 내각이 새로 구성될 수 있을 것인가? 참으로 통심할 일"이라고 말했다는 것이다.

'현 내각 이상의 친일파 내각'은 존재할 수 없다는 것이 이완용의 자부심이었다. 친일 경쟁자 송병준이 성가셨던 총리대신 이완용의 고민은 두 가지였다. 망국 이후 고종을 어떻게 대우할 것인가와 자신들에 대한 처우는 어떨 것인가 하는 점이었다. 이날 이인직은 이완용의 생각을 담아 합방에 대한 자신의 생각을 밝혔다.

"병합이란 것을 아주 중요시하는 사람도 있겠지만 그것은 적어도 조선 측에서 보면 대단히 놀랄 일도 아닙니다. 원래 조선은 삼한시대부터 역성혁명이 빈번했던 국병國柄입니다. 간단히 말하면 조선에 있어서도 이미 몇 번이나 병합이 이루어져 왔습니다. 병합 이상으로 바람직하지 못한 정복조차 행해졌습니다."

사물을 바라보는 눈이 비뚤어져 있으면 역사관도 비뚤어지기 마련이다. 이인직은 민족 내부의 왕조 교체를 이민족의 침략과 같은 선상에 놓고 합리화한 것이다.

"예를 들면 신라왕 김씨는 38대代로 해서 고려의 왕씨에게 정복되었습니다. 그때 김씨의 마지막 후손[末裔]이 신라를 고려에 들어 바쳤습니다. 이처럼 신라를 멸하고 조선 천하를 쥔 왕씨는 500년 후 대신인 이성계에 의해 망해버렸습니다. 즉, 이성계는 고려 왕을 폐하고 스스로 왕위에 취임한 것입니다. 이 사람이야말로 바로 현 한국 황제의 수조首祖(시조)입니다."

이인직은 이성계의 건국과 일제의 조선 점령을 동일선상에 놓고 비교했다. 이인직과 이완용의 합방당위론은 조선과 중국의 전통 관계에 대한 아전인수로 이어진다. 조선은 명조明朝와 청조淸朝에 예속되어 있었는데 일본이 청일전쟁으로 조선을 구출해 독립국으로 만들어주었다는 것이다. 조선이 국왕계승권과 백관인사권, 군사권을 배타적으로 누렸던 독립국이란 사실은 일부러 외면한 채 이인직은 말을 이었다.

"이런 역사적 사실로 보면 일한병합이라는 것은 결국 종주국이었던 중국으로부터 일전一轉하여 일본으로 옮기는 것이 되는 것입니다."

이 대목이 대한제국 말기의 친일 매국적賣國賊들이 스스로를 합리화한 핵심 근거였다. 충忠이 가장 기본적인 수신 철학이어야 했던 유학자인 서인들이 광해군을 내쫓은 논리가 바로 이것이었다. 자신들의 진정한 군주는 조선 국왕이 아니라 명나라 황제인데 광해군이 명과 후금 사이의 등거리 외교로 군주를 배신했기 때문에 광해군을 몰아내는 것이 군주에 대한 충성이라는 논리였다. 두 차례의 예송논쟁에서 서인들이 거듭 조선 국왕과 왕비에 대한 복제服制를 박薄하게 주장했던 것도 조선 국왕이나 자신들 사대부 모두 명 황제의 신하에 불과하다고 생각했기 때문이다. 서인의 후신인 노론老論에서 대거 친일파가 나온 것은 이런 세계관을 가진 정치세력으로서 필연적 귀결이었다. 이인직의 말대로 충성대상을 중국 황제에서 일본 천황으로 바꾼 것에 불과했다. 이인직의 궤변은 계속된다.

"금번의 일한병합은 이 같은 종속관계가 아니라 두 나라가 전연융화全然融和해 한 나라가 되는 것이기 때문에 조선 국민은 대일본제국의 국민으로서 그 위치를 향상시키는 일이 될 뿐입니다."

고마쓰는 흐뭇한 표정으로 이인직이 전하는 이완용의 합병관을 다 듣고서 이인직이 가장 듣고 싶어 하는 현안에 대해 입을 열었다.

"일한병합의 경우에는 병합 후 한국의 원수元首(고종)는 일본 왕족의 대우를 받으며 그 지위를 유지하기에 충분한 세비를 지급할 방침인 것 같다. 이것은 우리 천황 폐하의 우악優渥(은혜가 넓고 두터움)한 배려라고 삼가 전해 듣고 있다. 또한 내각의 여러 대신은 물론 병합 실행에 기여한 다른 대신이나 혹은 이에 관계하지 않은 자까지도 비위非違의 행동으로 나오지 않는다면 모두 공公·후侯·백伯·자子·남男 등의 영작을 수여받고 세습재산도 받게 된다. 그렇다면 병합은 일본을 위해서라기보다 오히려 한국의 치안과 행복에 기여하는 것이다."

고마쓰의 말을 들은 이인직의 입이 귀까지 찢어졌다. 고종 황제를 일본 왕족의 일원으로 대우할 뿐만 아니라 조선 대신들을 귀족으로 편입시키고 돈까지 주겠다는 뜻이었다. 만면에 웃음을 띤 이인직이 입을 열었다.

"선생님께서 말씀하신 바가 일본 정부의 대체적 방침이라고 한다면 대단히 관대한 조건이기 때문에 이 총리가 걱정하는 정도의 어려운 조건은 아니라고 확신합니다. 아마 이 총리도 그 책임을 피하기 위해 내각이 물러나야 하는 일은 없을 것이라고 생각합니다. 실은 금일 밤 선생님의 한 가지 생각을 들어보자는 생각으로 왔던 것인데, 요행히도 이 정도까지 분명한 이야기를 전해 듣게 된 데 대해 감사하기 이를 데 없습니다. 말씀의 주요 사항을 이 총리께 미리 전해드리고 싶은데 지장이 없는지 듣고 싶습니다."

고마쓰는 이완용에게는 전해주어도 괜찮지만 다른 사람에게까지 누설되면 자신은 할복해야 할지도 모르겠다고 답하며 이완용이 어떻게 생각하는지도 알려달라고 했다. 희열에 찬 이인직이 물러간 때는 새벽 1시가 지난 무렵이었다.

3~4일 후 이인직은 예전처럼 밤에 몰래 찾아와 총리 이완용이 "병합조건이 의외로 관대하며 그 정도면 병합 실행이 그렇게 곤란하지 않을 것이라 생각한다"면서 "단 너무 오래 끌면 여러 가지 장애가 생길지 모르기 때문에 가급적 빨리 실행하는 것이 좋겠습니다"라고 덧붙였다.

고마쓰는 이인직에게 말했다.

"데라우치 통감에게 내보內報하겠다. 한마디 덧붙일 것이 있네. 데라우치 통감은 이토 공과 달리 무사武士이기 때문에 복잡하게 얽힌 교섭 등은 아주 싫어한다. 하등의 임기응변적 상술도 쓰지 않고 만사를 솔직하게 타개하는 대신 요구 같은 말을 꺼내거나 하면 받아들이지 않을 뿐만 아니라 오히려 감정을 해쳐 장래에 불리한 영향을 미칠지 모르니 이를 주의해야 하네."

"알겠습니다."

두 사람의 두 번째 만남은 10분 만에 끝났다.

데라우치는 고마쓰의 보고를 받고 드디어 결행할 때가 되었다고 판단했다. 아무리 힘이 없다고 해도 내각에서 결사항전으로 반대하면 상황이 어렵게 전개될 것인데 이완용 친일 내각이 '빨리 실행하자'고 하는 판이니 이 기회를 놓칠 수 없다고 본 것이다. 데라우치는 즉시 인사과장을 이완용의 집으로 보내 병합 취지를 전하고 싶다고 했다.

"다른 사람들이 모르게 한밤중에 오시는 것이 어떻겠습니까?"

인사과장이 데라우치의 말을 전하자 이완용은 거부했다.

"그러면 도리어 세인들의 의혹을 불러일으킬지 모르니 제가 이른 아침에 찾아뵙겠습니다."

이완용은 데라우치의 예상보다도 과감했다. 이완용에게는 나름대로 계산이 있었다.

"때마침 일본에 호우가 발생했으니 이를 위문하는 뜻으로 찾아뵙겠습니다. 농상무대신農商務大臣 조중응과 함께 찾아뵙겠습니다."

조중응은 노론 출신이 대다수였던 친일 내각에서 유일한 소론 출신이었다. 이완용이 조중응과 함께 가겠다고 한 것은 그가 이인직과 함께 동경정치학교에서 공부한 고마쓰의 제자로 일본어에 능통했기 때문이다.

1910년 8월 16일, 이완용과 조중응은 이두마차를 타고 당당하게 통감 저택으로 들어갔다. 저택 밖의 내외 신문, 통신 기자들은 혼란스러웠다. 합방조약에 관해 논의할 것인 분명한데 수해위문이라니 반신반의하지 않을 수 없었다. 그러나 양자 사이에 이미 사전조율이 있었음을 모르는 기자들은 30분 만에 이완용과 조중응이 데라우치 저택에서 나오는 것을 보고 다른 의도가 숨어 있음을 알지 못했다.

데라우치는 합방 조건에 대해 짤막하게 설명한 뒤 그 대요를 적은 각서를 건넸다. 각서를 읽은 두 대신은 입을 열었다.

"우리들은 추호도 이견이 없지만 각료들과 숙의한 다음 회답을 올리겠습니다. 한 가지 건의하고 싶은 것은 한국 원수의 칭호를 대공大公으로 하는 것이 어떻겠습니까?"

대공은 국왕과 공작 사이의 신분으로 주로 유럽의 작은 국가의 원수들이 사용했다. 고종의 격을 한 단계 낮추려는 의도였다. 데라우치가 답했다.

"조선에서 옛날부터 쓰던 칭호인 국왕이 더 낫겠습니다."

일본은 지금까지 황제로 칭했던 고종을 대공으로 격하시킨다면 백성들의 반발이 커질 것이라고 우려했다. 이 만남 이후 일제 강점은 일사천리로 진행되었다. 비록 고종이 끝까지 조약비준을 거부했으며 반대하는 대신들도 없지 않았지만 이완용과 조중응이 데라우치를 만난 지 6일 만인 8월 22일 이른바 '한일합방조약'이 강제로 조인되었다. 이렇게 대한제국은 망하고 말았다.

내가 죽어야 할 의리는 없으나*

1909년 가을, 매천梅泉 황현黃玹(1855~1910년)은 전라도 구례에서 서울로 향했다. 중국으로 망명했던 창강滄江 김택영金澤榮(1850~1927년)이 귀국했다는 소식을 듣고 그를 만나러 가는 길이었다. 둥근 안경을 낀 황현의 오른쪽 눈동자는 약간 밖으로 치우쳐 균형이 맞지 않았지만 이런 야만의 시대에는 오히려 결기가 있어 보였다. 시대와 맞지 않아 벼슬은 생원에 그쳤으나 그 이름은 강위姜瑋(1820~1884년), 이건창李建昌(1852~1898년), 김택영과 함께 사대가四大家로 일컬어질 정도로 드높았으며, 세상과 타협하지 않는 그의 성격도 문명 못지않았다.

구례에서 서울까지 천 리 길을 걸어 찾아갔으나 김택영은 다시 출국하고 없었다. 황현은 귀향하는 대신 서울 화동의 난곡蘭谷 이건방李建芳(1861~1939년)을 찾았다. 이건방은 이건창의 종제從弟였다. 황

* 이 대목은 민영규의 『강화학 최후의 광경』(1994, 우반)과 최승효 편저, 『황매천黃梅泉 및 관련인사關聯人士 문묵췌편文墨萃編』(1985, 미래문화사)에 기반을 두고 작성했다.

현은 어차피 김택영을 만난 후 그와 강화도로 갈 요량이었다.

나라의 운명은 이미 돌이킬 수 없었다. 4년 전 을사조약이 체결되었을 때 버렸어야 할 목숨이었다. 황현은 그해(1905년) 이건창의 동생인 경재耕齋 이건승李建昇(1858~1924년)이 보낸 편지가 생각났다.

"황운경黃雲卿(황현)께서는 아직도 인간 세상에 머물고 있습니까? 이보경李保卿(이건승)은 어리석고 미련해서 구차하게 살아 있을 뿐입니다. 나라는 망했는데 아직 살아 있으니 사람이 마땅히 죽어야 하는데 살아 있는 것은 다 정상적인 도리가 아닙니다……"

을사조약이 체결되었음에도 살아 있는 목숨을 한탄하는 편지였다. 이건승은 편지에 조병세, 민영환, 홍만식, 이상철(학부 주사), 김봉학(진위대 상등병)을 애도하는 시를 첨부했다. 을사조약에 분개해 자결한 지사들이었다. 애도시 뒤에는 매화를 빗대 절개를 읊은 자신의 시도 덧붙였다.

강한 이웃 힘 있어도 빼앗지 못하니
밝은 달 맑은 바람 무진장일세
마른 가지 새싹 돋고 꽃 다시 좋으니
누가 반혼향返魂香(죽은 혼을 부르는 향)을 내려주었나

'마른 가지 새싹 돋고 꽃 다시 좋으니'라는 시구에는 사연이 있었다. 이건승은 이 시구 뒤에 '이미 말라 죽었던 집의 늙은 매화가 가을에 다시 살아났습니다'라고 설명을 덧붙였다. 을사년에 매화가 다시 살아났다는 뜻인데, 강화에 있는 이건승 집의 매화는 원래 형 이건창이 옮겨 심은 월사매月沙梅였다. 월사月沙 이정구李廷龜(1564~1635년)

가 명나라에 사신으로 갔다가 북경 곤명원에서 가져왔다고 해서 붙인 이름이었다. 이건창은 성균관 근처 반촌泮村에 사는 지인에게 접붙인 묘목을 구해 한강이 바라다보이는 서강집에 옮겨 심었다.

후일 이건창은 세 번째 귀양길에서 돌아온 뒤 강화도로 낙향할 때 월사매도 가져가 길상면 사기리砂器里 집에 심었다. 이건창이 강화로 내려가자 따라 내려간 사람이 셋 있었다. 바로 아우인 이건승과 기당綺堂 정원하鄭元夏(1855~1925년), 문원紋園 홍승헌洪承憲(1854~1914년)이다. 난세에는 요사夭死가 축복일 수도 있는데 이건창이 그런 경우라고 할 수 있다. 곧은 성격 때문에 세 번씩이나 유배 갔던 이건창은 1898년 47세로 이미 세상을 떠났다. 이건승은 황현에게 보낸 편지에서 이렇게 말했다.

"선형先兄(이건창)께서 살아 계셨으면 의義를 어느 곳에 두었을지 알 수 없지만 하늘이 준 수명대로 살지는 못했을 것입니다."

강화도로 내려간 나머지 세 사람도 수명대로 살기는 힘든 운명이었다. 유독 많은 지사들이 죽은 을사년에 죽은 매화가 살아났다는 것은 무슨 뜻일까? 이건승이 시로 추모한 대로 을사조약이 체결되자 조병세·민영환·김봉학 같은 지사들이 자결했고, 이건승은 국난國難 못지 않은 가난家難을 겪었다.

"저는 공적으로 근심스럽고 분노하지만 죽지 못하고, 사적으로 참혹한 독을 겪었지만 죽지 못했습니다. 지난해 자식이 먼저 죽더니 금년 봄에 며느리가 죽으니 늙은 부부는 눈물만 흘리며 서로 마주보고 있을 따름입니다."

가난에 국난이 겹쳤으니 참혹하기 이를 데 없었다.

이건방은 구례에서 올라온 황현이 강화도를 방문할 예정이란 말에 행장을 꾸려 따라나섰다. 강화도 사기리에는 아직도 이건승이 살고 있었다. 이건창이 죽은 후 세 사람이 조우한 것도 오랜만이었다. 그들은 누가 먼저라고 할 것도 없이 강화도 양도면 건평리에 있는 이건창의 묘를 찾았다. 영재寧齋 이건창! 세 사람은 모두 이건창을 매개로 맺어진 사이였다. 구례에서 온 친구와 두 동생은 이건창의 무덤에 술을 붓고 절을 올렸다. 이때 황현은 무덤 속의 이건창을 위로하는 오언율시를 짓는다.

외롭게 누웠다고 슬퍼하지 말 것을[無庸悲獨臥]
그대는 살아서도 혼자가 아니었던가[在日己離群]

살아서도 혼자였던 인물이 어찌 이건창뿐이랴. 이건창의 무덤에 조문하는 세 선비의 운명도 마찬가지였다. 성묘를 마치고 서울로 올라온 그들은 남산으로 올라갔다. 외양은 다름이 없건만 주인은 이미 바뀐 대궐이 보였다. 세 선비는 임금이 욕을 당하면 신하는 죽는 법이라는 '주욕신사主辱臣死'를 떠올렸다. 『사기史記』「월왕 구천越王句踐 세가」에 나오는 말이다. 나라가 망했는데 선비가 그대로 살아 있을 수는 없다는 자각에 이르자 흐르는 눈물을 주체할 수 없었다. 그렇게 강화도의 이건창 묘소와 대궐을 참배한 황현은 구례로 내려갔고, 이듬해 나라가 완전히 망해버리자 이제는 목숨을 버릴 때가 되었다고 생각했다. 황현은 절명시絶命詩를 지었다.

난리 속에 지내다 머리가 세었네[亂離滾到白頭年]
몇 번이나 버리려던 목숨이었나[幾合捐生却未然]

오늘은 진실로 어찌할 수 없는데[今日眞成無可奈]
바람 앞의 촛불만 하늘을 비추네[輝輝風燭照蒼天]
(중략)
새 짐승도 슬피 울고 바다 산도 찡그리네[鳥獸哀鳴海岳嚬]
무궁화 세상이 이미 가라앉아 버렸구나[槿花世界已沈淪]
가을 등불 아래 책 덮고 천고를 회고하니[秋燈掩卷懷千古]
인간 세상 식자 노릇 어렵구나[難作人間識字人]

몇 번이나 버리려던 목숨이었다. 오늘은 진실로 어찌할 수 없었다. 병자호란 때 이경석이 삼전도 비문을 찬술한 후 "글을 배운 것이 천추의 한"이라고 했듯이 자고로 글 배운 것을 한탄한 선비들은 적지 않았다. 황현은 자제들을 불렀다.

내가 죽어야 할 의무는 없지만 국가가 선비를 기른 지 5백 년에 국가가 망하는 날 한 사람도 죽는 사람이 없어서야 어찌 슬프지 않겠는가. 내가 위로는 황천이 준 떳떳한 도리도 저버리지 않고 아래로 평일 읽었던 책도 저버리지 않고서 고요히 죽으면 진실로 통쾌하리니 너희는 크게 슬퍼하지 마라.

음독 소식을 들은 아우 석전石田 황원黃瑗이 달려왔다. 벽력 같은 일이었지만 형의 성격에 짐작 못할 바도 아니었다. 황원이 "하실 말씀이 있으십니까?" 하고 묻자 황현은 "내가 무슨 말을 하겠는가? 다만 내가 쓴 글을 보아라" 했다. 『세설신어世說新語』 한 부를 관속에 함께 넣어달라고 부탁한 황현은 웃으며 말했다.

황현 초상과 매천사.
조선 후기의 학자인 황현은 1910년 일제에게 국권을 빼앗기자 국치를 통분하며 절명시 네 편을 남기고 음독 자결했다. 매천사는 1955년 황현의 후손과 지방 유림들이 황현을 배향하기 위해 건립했다. 전라남도 구례군 광의면 수월리 소재.

"죽기가 이리 쉽지 않은가. 독약을 마실 때 입에서 세 번이나 떼었으니 내가 이토록 어리석은가?"

1910년 8월 6일, 그의 나이 56세였다. 그해 10월 구례군 유산촌乳山村에 장사 지냈는데, 유언대로 중국 고대 사대부들의 일화를 기록한 『세설신어』한 부를 관속에 넣어주었다.

형의 임종을 지켰던 동생 황원도 광복의 기미가 보이지 않는 것에 절망해 1944년 2월 17일 구례 월곡마을 뒤 월곡저수지에 몸을 던졌다. 그의 나이 75세 때였다.

떠나는 사람들

황현의 장례 준비에 정신이 없던 황원에게 편지가 날아들었다. 서울에 갔던 황현의 제자 사원士元 김상국金祥國이 보낸 것이었다. 이건방이 사라졌다는 내용이 담겨 있었다. 황원은 구례의 왕수환王粹煥에게 보낸 편지에서 이 사실을 전하며 자신의 심정을 숨기지 않았다.

> 근래 사원士元의 편지를 얻어 보았더니 난곡蘭谷이 간 곳을 알 수 없다고 합니다. 이 노인이 위로 하늘로 올라가지 못했을 것이고 반드시 바다를 건너지 못했을 것이니 기껏 명치明治 땅 안에 있을 것인데 하필 사방으로 찾아다니겠습니까? 사원이 어리석습니다.

이건방이 자결하지 않은 이상 이 땅에 있을 것인데 무엇 하러 찾느냐는 뜻이었다. 그러나 상황은 황원의 생각과 달리 돌아갔다. 이건방

뿐만 아니라 이건창을 따라 강화도로 내려갔던 세 선비의 흔적을 찾을 수 없었다. 정원하와 홍승헌, 이건승이 모두 행방불명이었던 것이다. 그중 가장 먼저 사라진 사람은 이건승이었다. 이들은 어디로 간 것일까?

1910년 9월 24일 새벽, 이건승은 찬기가 도는 사당문을 열었다. 가묘에 들어간 이건승은 선조들의 위패에 호읍하며 절을 했다. 할아버지 충정공忠貞公 이시원李是遠의 위패 앞에서는 저절로 오래 머물게 되었다. 이시원은 정종의 아들 덕천군德泉君의 후손으로 순조 15년(1815년) 정시문과에 갑과로 급제해 소론계 인사로는 드물게 정2품 정헌대부正憲大夫까지 올랐던 인물이다. 고종 3년(1866년) 프랑스 함대가 강화도를 점령한 병인양요 때 78세의 고령으로 자결한 지사였다. 그것도 혼자가 아니라 아래 동생 이지원李止遠과 함께 음독했다. 막내 이희원李喜遠에게 뒷일을 맡기고 태연히 담소하며 죽어갔다는 일화가 유명하다. 이시원 역시 자결하는 날 선영을 차례로 둘러보고 사당의 위패에 절을 올렸다. '인간 세상 식자 노릇' 어려운 것을 실천한 선비들이었다. 그렇게 할아버지 이시원이 하직 인사한 사당에서 손자 이건승도 하직을 고했다. 차마 어찌할 수 없어 떠나는 고향이었다. 이건승은 "걸음마다 되돌아보며 마을문을 나선다步步回頭出洞門"고 읊조리며 새벽에 고향을 떠났다.

대지팡이 하나 짚은 단출한 차림이었다. 만 리 길 노정을 잡은 사람의 모습으로는 볼 수 없었다. 그날 밤을 지새울 곳은 강화도 길상면 온수리 신주현愼周賢의 집이었다. 온수리에는 영국 성공회에서 4년 전(1906년) 세운 성당이 하늘을 향해 우뚝 서 있었다. 이건승은 양명학자로서 주자학자들처럼 다른 사상에 본능적인 거부감을 느끼지는 않았다. 다만 참된 도道를 펼치려 이 땅을 찾은 것인지, 도를 빙자한 침략인지 분간하는 지혜는 필요하다고 생각했다.

신주현의 집으로 이건창의 아들인 이범하李範夏가 찾아왔다. 대지팡이 차림으로 떠난 숙부가 걱정되어 이불을 들고 먼 길을 뒤따라 온 것이다. 이건승이 단출한 차림으로 길을 나선 것은 일경日警의 눈을 피하기 위해서였다. 이건창 삼형제의 유일한 혈육인 이범하는 그런 숙부의 속내를 헤아리고 이불을 들쳐 메고 뒤따랐다. 그런 집안이었다. 나라가 망했는데 아무 일 없다는 듯 살 수는 없었다. 강화도에 처음 자리 잡은 하곡霞谷 정제두鄭齊斗(1649~1736년)를 비롯해 이 섬에서 양명학을 배운 그 누구도 그리 살 수는 없었다. 황현도 그래서 자결한 것이었다.

이건승이 5년 전인 을사년에 황현에게 편지를 보내 "나라는 망했는데 아직 살아 있으니……" 하며 한탄한 것은 식자의 자기 넋두리가 아니었다. 이건승은 5년 전 정원하, 홍승헌과 함께 목숨을 버리기로 결심했다. 그해 초겨울 세 사람은 목숨을 끊으려고 간수를 준비했으나 가족들에게 발각되고 말았다. 간수를 빼앗긴 정원하는 칼을 찾았고 가족들은 얼른 칼을 빼앗으려 했다. 그 바람에 정원하는 칼날을 잡게 되었다. 피가 줄줄 흘렀지만 정원하는 칼날을 놓지 않았다. 칼집을 놓으면 목이나 팔목을 그어버릴 것을 아는 가족들은 통곡하면서도 칼집을 놓지 못했다. 그 바람에 정원하는 끝내 한쪽 손이 불구가 되고 말았다. 그렇게 그들은 을사년에 죽지 못하고 경술년(1910년)을 맞이하게 되었다.

9월 26일, 이건승은 조카 이범하와 함께 강화 승천포 나루에서 배를 타고 개경으로 올라갔다. 개경에는 홍문관 시강侍講을 역임한 원초原初 왕성순王性淳이 있었다. 왕성순은 이듬해(1911년) 중국 상해에서 황현의 유고 문집 『매천집梅泉集』을 간행한 창강 김택영의 문인이었다. 이건승을 맞이한 왕성순의 심사는 복잡했다. 왕성순의 집은 중간 기착지일 뿐이었다. 이건승의 목적지는 개경이 아니었다. 왕성순의 집은 중간기착지이자 일차 집결지였다.

이건승은 왕성순의 집에서 홍승헌이 도착하길 기다렸다. 한때 이건창을 따라 강화에 내려왔던 홍승헌도 명가의 후손이었다. 홍승헌은 선조의 부마 영안위永安尉 홍주원洪柱元의 후손으로 이계耳溪 홍양호洪良浩의 5대 종손이었다. 정조 때 이조판서 등을 역임한 홍양호는 1764년 일본에 가는 통신사通信使 일행에게 부탁해 벚나무 묘목을 들여다가 서울 우이동을 벚꽃 경승지로 만들었다고 알려져 있다. 홍승헌의 조부 홍익주洪翼周는 진천 현감을 역임했는데, 이 무렵 '생거진천 사거용인生居鎭川死居龍仁'이란 말이 있는 충청도 진천에 터를 잡았다.

이건승이 홍승헌을 기다리는 이유는 함께 만주로 망명하기 위해서였다. 만주에는 이미 정원하가 망명해 있었다. 정원하는 강화도로 이주해 양명학을 연구한 하곡 정제두의 7세 장손이었다. 또한 소론 집안으론 드물게 현달한 집안이기도 했다. 정원하의 조부 정문승鄭文升은 고종 12년(1875년) 종1품 숭정대부까지 올랐으며 부친 정기석鄭箕錫은 지평 현감, 안성 군수를 역임했다. 안성 군수 때는 명지방관으로 선발되기도 했던 정기석도 홍익주처럼 진천에 터를 잡았다. 이렇게 홍익주와 정기석이 진천에 터를 잡자 진천은 강화도와 함께 양명학의 주요한 근거지이자 소론 반향班鄕이 되었다. 보재溥齋(부재라고도 읽음) 이상설李相卨이 진천 출신인 것과 이건방의 문인 위당爲堂 정인보鄭寅普가 한때 진천에 자리 잡은 이유도 다 이 때문이었다.

홍승헌과 정원하는 모두 고종 때 청요직清要職을 역임했다. 홍승헌은 홍문관 교리와 수찬을 지냈으며, 정원하는 고종 19년(1882년) 사간원 대사간을 역임하고, 고종 23년(1886년) 이조참의, 고종 30년(1893년)에는 사헌부 대사헌을 지냈다.

나라가 망하자 정원하는 서둘러 주변을 정리했다. 15세인 장손녀를 생전의 약조대로 이건창의 장손주 이덕상李德商에게 출가시키고, 12세인 어린 손녀도 옥천군 청산리 조동식趙東式의 집안으로 시집보냈다. 모두 세교가 있던 소론가 집안이었다. 주변 정리를 마친 정원하는 북행길에 올라 만주 횡도촌橫道村에 일단 터를 잡았다.

진천의 홍승헌이 이건승이 기다리고 있는 개성 왕성순의 집에 당도한 것이 1910년 10월 초하루였다. 그리고 그날 밤 이건방이 당도했다. 더 이상 식민의 땅에 몸을 둘 이유가 없었다. 1910년 10월 2일 늦은 밤, 이건승과 홍승헌은 개성 성서 역에서 북행열차에 몸을 실었다. 이건방과 왕성순, 이범하가 두 사람을 전송했다. 이것이 이승에서의 영이별이란 사실을 아는지 모르는지 기차는 두 선비를 싣고 북으로 향했다. 그로부터 닷새 후(10월 7일) 일제는 대한제국 멸망에 큰 공을 세웠다는 이유로 조선인 76명에게 작위와 은사금을 주었다. 세상은 이미 이들의 것이었다.

횡도촌, 망명자들의 촌락

이건승과 홍승헌은 10월 3일 밤 신의주에 도착했다. 압록강이 유장하게 흐르는 국경 도시였다. 이제 저 강을 건너면 나라를 되찾기 전까지

압록강.
압록강은 중국과 국경을 이루며 황해로 흘러들어간다. 수많은 독립운동가들이 빼앗긴 나라를 되찾기 위해 압록강을 건너 만주로 갔다.

는 돌아올 수 없었다. 한때 국록을 먹던 홍승헌이나 국록을 축내진 않았지만 평생 독서했던 이건승은 나라가 망한 지금 아무 일 없었다는 듯 살아갈 수는 없었다. 비록 미수에 그쳤으나 5년 전 자결을 결행했던 마음이나 지금 압록강 푸른 물결을 바라보는 마음은 다를 것이 없었다. 절명시를 남기고 죽은 황현의 마음 또한 마찬가지였다.

그들은 신의주 사막촌四幕村에 몸을 숨겼다. 사막촌에 있는 주막은 망명을 준비하는 이들의 비밀거처였다. 일경의 감시 때문에 강물이 얼어야 도강할 수 있었다. 두 사람은 한 달 가까이 몸을 숨겨 강물이 얼기를 기다리는 수밖에 없었다. 드디어 12월 초하루 새벽, 두 사람은 중국인이 모는 썰매에 몸을 실었다. 다시는 돌아오지 못할 길이었다.

얼어붙은 압록강을 건넌 두 사람은 안동현(현재 단동)에 도착했다. 안동현 구련성九連城에서 망명객으로서 첫 밤을 보낸 두 사람은 아침 일찍 북상길에 올랐다. 두 사람이 첫 번째 목표지인 횡도촌에 도착한 것은 12월 7일이었다. 홍도촌興道村, 또는 항도촌恒道村이라고도 부르는 이 마을에서는 정원하가 그들을 기다리고 있었다. 그토록 만나고 싶던 지기知己였으나 북받치는 감정을 토로할 수도 없었다. 나라를 빼앗긴 죄인들끼리의 만남이었다. 그들을 찬바람 부는 이 먼 만주로 내몬 것은 나라 빼앗긴 죄인이라는 자의식이었다. 이제 유일하게 남은 것은 빼앗긴 나라를 되찾을 수 있다는 희망이었다. 횡도촌은 그런 희망을 버리지 않은 사람들을 위한 촌락이었다. 만주의 이 작은 마을에는 아직도 올 사람이 많이 남아 있었다.

2 일가 망명

망국을 막기 위해

이토 히로부미가 이른바 을사조약을 체결하기 위해 서울에 온 1905년. 우당友堂 이회영李會榮(1867~1932년)의 집에는 여러 사람들이 모여 있었다. 의정부 참찬인 보재 이상설과 훗날 대한민국 임시정부 주석으로 활약하는 석오石吾 이동녕李東寧(1869~1940년) 등이 그들이었다. 이토 히로부미의 방한 목적을 짐작한 그들의 표정은 어두웠다. 방 안의 무거운 공기를 깨며 이상설이 입을 열었다.

"이번에 이등박문이 우리나라에 온 저의가 매우 의심스럽소. 러·일 강화조약에서 러시아는 일본에게 우리나라에서의 우월권을 인정했으므로, 이등박문은 이번에 그 우월권을 확보하기 위해 어떤 조약을 맺자고 제시할 것이 분명합니다. 그 조약은 물론 우리나라에 치명적 피해를 줄 터이니, 이를 사전에 막기 위한 대비책을 시급히 강구해야 할 것입니다."

이동녕이 말을 받았다.

"이번 조약은 필경 망국亡國조약이 될 터인즉 이 일을 어찌하면 좋겠소! 나라가 이 지경까지 이르렀으니 참으로 통곡할 일이오."

이회영은 목이 메어 길게 탄식하다가 입을 열었다.

"올 것이 온 것이오. 그러나 장탄비분長嘆悲憤(한숨을 쉬고 탄식하며 슬피 분개함)으로는 해결될 일이 아니니 방법을 찾아야 합니다."

이회영의 말은 계속되었다.

"내 동생 시영始榮(해방 후 초대 부통령 역임)이 외부外部 교섭국장으로 있으니 외부대신 박제순을 만날 것이오. 그리고 민영환이 시종무관장으로서 항상 임금 곁에 있으니 이등박문이 어전에서 조약서를 내밀면 이를 한사코 제지토록 하는 것이 좋겠소."

이회영은 이상설에게 당부했다.

"부재는 의정부 참찬이니 영의정 한규설韓圭卨(1848~1930년)과 만나 숙의하도록 합시다. 이등박문은 조약문서를 내밀고 필경 날인을 요구할 것이니 그때 한규설이 조약서를 찢고 그들을 욕하는 게 어떻겠소."

이상설은 1905년 11월 1일 36세의 젊은 나이에 의정부 참찬이 되었다. 의정부 참찬은 대신회의 실무책임자였다. 이상설은 자신의 모든 것을 걸고 회의를 저지하겠다고 맹세했으나 지킬 수 없었다. 일본군이 가로막는 바람에 회의에 참석도 못 했기 때문이다. 회의가 끝난 이튿날 새벽 2시까지 감금되어 있던 그는 끝내 조약을 거부하고 나온 참정대신 한규설을 붙들고 통곡했다. 그러나 이상설은 좌절하지 않았다. 경기도 가평에 가 있던 전 우의정 조병세를 소두疏頭로 700여 명이 조약파기를 주장하는 연명 상소를 올렸고 조병세의 자결 후에는 민영환을 소두로 반대 상소를 올렸는데, 이상설은 여기에도 깊숙이 관여했다. 또한 이상설은 민영환이 자결한 후에는 종로 네거리로 달려가 민중들 앞에서 "내가 민영환 한 사람의 죽음을 위해 조상弔喪하는 것이 아니라 바로 우리 전 국민이 멸망함을 한탄하여 우노라" 하며 호곡한 후 머리를 땅바닥에 부딪쳐가며 자결을 시도했다. 유혈이 낭자해 인사불성이 된 이상설 곁에 사람들이 모여들었고 민영환이 순국했다는 소문이 겹쳐지면서 장안은 흥분과 통탄의 도가니를 이루었다. 우연히 이를 목도한 백범白凡 김구金九(1876~1949년)는 『백범일지』에 이 장면을 기록했다.

민영환.
구한말의 문신이자 순국지사인 민영환은 예조판서, 병조판서, 형조판서 등을 지냈다. 일본의 내정간섭에 항거하다 대세가 기운 것을 보고 자결했다.

(민영환 자결) 소식을 듣고 몇몇 동지들과 같이 민영환 댁에 가서 조문을 마치고 큰 길로 나올 때였다. 마흔 살쯤 되어 보이는 어떤 사람이, 흰 명주 저고리에 갓망건도 없이 맨상투 바람으로 옷에 핏자국이 얼룩덜룩한 채 여러 사람의 호위를 받으며 인력거에 실려 가면서 큰 소리로 울부짖었다. 누구냐고 묻자 참찬 이상설인데 자살 미수에 그쳤다고 한다.

위당 정인보는 이를 보고 "땅바닥에 뒹굴지 말라고 이르지 말라/나는 이 흙과 같이 죽으려는 것이니"라고 읊었다. 이상설의 자결 미수는 전 국민적 항쟁의 도화선이 되었는데, 조약을 파기하고 을사오적을 처단하자는 상소가 무려 5천여 통에 달했다.

그러나 이 모든 노력은 수포로 돌아갔다. 이미 상소 같은 전통적 방식으로는 대세를 뒤집을 수 없었다. 이상설과 이회영은 새로운 운동 방식이 필요하다고 생각했다.

그래서 이상설은 1906년 4월 18일 양부養父 이용우李用雨의 제사를 지낸 후 인천에서 비밀리에 출국했다. 이동녕과 함께였다. 인천에서 중국 상선을 타고 상해로 향했다가 연해주 블라디보스토크를 거쳐 만주 연길현 용정촌에 거처를 정했다. 이상설은 그 일대에서 가장 큰 천주교 회장 최병익의 집을 매입해 학교를 열었다. 바로 서전서숙瑞甸書塾인데, 용정 일대의 평야를 서전 평야라고 부르는 데서 유래한 교명이었다. 이상설은 교장인 숙장塾長이었고 이동녕과 정순만鄭淳萬(1873~1928년, 별명 왕창동)이 운영을 맡았으며, 수업료와 교재는 모두 이상설이 부담하는 무상교육이었다. 서전서숙은 망한 나라를 되찾기 위한 인재를 양성하는 터전이었다.

이상설의 용정행은 이회영과 협의 끝에 이루어진 일이었다. 1906년 초 이상설은 이동녕, 여준呂準(1862~1932년), 장유순張裕純(1877~1952년) 등과 이회영의 집에 모여 앞으로의 방략을 논의했다. 여기에 모인 인사들은 이듬해 비밀결사 신민회新民會를 결성하는 핵심인사가 된다. 이회영의 집에서 이들은 국권을 회복하기 위해서는 나라 밖에 독립운동기지를 건설해야 한다고 합의했다. 이들이 주목한 곳이 만주의 용정촌이었다. 용정촌은 북으로는 러시아령과 통하고, 남으로는 강 하나

용정 시내(위)와 서전서숙(아래).
서전서숙은 간도에 있는 한국인 자제들을 교육시켜 독립사상을 고취하기 위해 설립한 한국 최초의 신학문 민족교육기관이다. 학교 이름은 용정 일대의 평야를 서전 평야라고 부른 것에서 유래했다.

사이로 국내와 통하는 교통의 요지이고, 무엇보다 교포들이 많이 살고 있어 국외 독립운동기지로 적합했다.

이상설은 1870년 충청도 진천군 덕산면 산척리山尺里 산직마을에서 태어났다. 이회영과는 본관本貫(경주)이 같을 뿐만 아니라 같은 소론 집안으로 세교가 있었다. 그는 16세 때 신흥사新興寺에서 학우들과 합숙하며 수학·영어·법학 등 신학문을 공부했다. 이회영의 동생 성재省齋 이시영李始榮은 훗날 "부재(이상설)는 모든 분야의 학문을 거의 독학으로 득달했다. 하루는 논리학에 대한 문제를 반나절이나 풀려다가 낮잠을 자게 되었는데 꿈속에서 풀었다고 기뻐한 일이 있다"고 회고했다. 또한 선교사 헐버트에게 영어와 프랑스어를 배웠고, 물리·화학·경제학·국제법 등에도 정통했다.

이상설과 이회영은 평생 동지였다. 1906년 서울을 떠나 망명길에 오를 때 성城 모퉁이에서 그를 전송한 사람도 이회영이었다. 눈물이 고인 이회영과 달리 이상설은 웃는 낯으로 작별하고 인천으로 떠났다고 전한다.

이렇게 만주 용정촌에 서전서숙을 세워 인재를 양성하던 이상설은 1907년 4월 3일 이동녕, 정순만과 함께 용정촌을 떠났다. 혼춘琿春에 학교를 하나 더 세우겠다는 것이 명목이었다. 약 한 달 뒤에 이동녕은 이상설의 아우 이상익李相益과 함께 돌아왔으나 이상설의 소재는 여전히 베일에 싸여 있었다.

헤이그 밀사사건

이상설의 목적지는 혼춘이 아니었다. 그가 가려는 곳은 만국평화회의가 열릴 네덜란드의 수도 헤이그였다. 이상설, 이준李儁, 이위종李瑋鍾 세 사람은 고종의 특사 자격으로 헤이그로 향했다. 일본의 허를 찌르는 행보였다. 이 '헤이그 밀사사건'의 기획자는 우당 이회영이었다. 당시 고종은 일제의 엄중한 감시를 받았기에 아무나 만날 수 없었다. 일본 공사 하야시[林權助]의 회상은 고종 황제가 놓인 상황을 잘 보여준다.

"나는 미리 이러한 회의 중에도 임금의 궁궐 깊은 곳에서 어떠한 기도를 꾸미고 있는지를 시시각각으로 알 필요가 있어 꼼꼼하게 사람을 배치해두었다. 그 밀사가 저녁 어스름 무렵에 보고를 해왔다."

하야시는 궁내 곳곳에 일본의 간자間者를 심어두고 고종의 일거수일투족을 감시했다. 그러나 이회영은 고종에게 접근할 수 있는 통로를 가지고 있었는데, 대신 조정구趙鼎九와 내관 안호형安鎬灐 등이 그들이었다. 조정구는 고종의 매형인 데다 궁내부협판 등 주로 왕실의 의례를 관장하는 궁내부의 요직을 맡았는데, 이회영의 장남 이규학李圭鶴과 조정구의 딸 조계진이 혼인을 해 두 사람은 사돈이었다. 이회영이 조정구와 내관 안호형을 통해 밀사파견을 주청하자 고종은 반색했다. 고종은 평화회의 주창자인 러시아 황제 니콜라스 2세Nicholas Ⅱ에게서 초청장을 받은 터였다. 외국어에 능할뿐더러 을사조약 당시 자결을 시도했던 이상설은 적임자 중의 적임자였다. 고종은 헐버트에게 신임장을 전달했고, 이회영은 헐버트에게 신임장을 받아 비밀연락망을 통해 간도에 있는 이상설에게 전했다. 신임장을 전달받은 이상설은 곧 블라디보스토크로 떠났다. 헤이그 밀사사건의 막이 오른 것이었다.

정사正使 전 의정부 참찬 이상설, 부사副使 전 평리원검사 이준, 주駐러시아 한국공사관 참서관參書官 이위종 등 3인으로 구성된 한국 대표단은 1907년 6월 헤이그에 도착해 숙소인 시내의 융Jong 호텔에 태극기를 게양하고 활동을 시작했다. 그러나 대한제국의 어려운 처지를 호소해 독립을 이루려는 한국인들의 이상을 현실은 냉혹하게 배신했다. 이상설 등은 의장인 러시아 대표 넬리도프Nelidof 백작과 개최국인 네덜란드 외무대신 후온데스는 물론 미국, 프랑스, 중국, 독일 등 각국 대표를 방문해 도움을 요청했으나 모두 실패하고 말았다.

세 특사는 이에 굴하지 않고 영국의 언론인 스테드W. T. Stead가 주관한 각국 신문기자단의 국제협회에 참석해 연설한 결과 즉석에서 한국의 처지를 동정하는 결의안을 끌어낼 수 있었다. 이것도 대단한 일이었지만 기자들의 결의안이 독립을 이뤄줄 수는 없었다. 만국평화회의는 일본의 폭거를 폭로하고 조선의 비참한 처지를 알린 효과는 있었다. 그러나 그뿐이었고 오히려 고종의 지위를 더욱 위태롭게 만들었다. 일제는 이 사건을 빌미로 고종을 강제로 퇴위시키고 순종을 등극시켰다. 이에 분개한 군중들이 각처에서 일제 군경과 충돌하고, 새로 참정대신이 된 이완용의 집을 방화했으나 이미 기울어진 국세를 바로 세울 수는 없었다.

대한제국군이 봉기해 일반 민중과 합세할 경우 여파가 작지 않으리라고 판단한 일제는 그해 8월 대한제국군을 강제해산했다. 이에 한국군 참령參領 박승환朴昇煥이 자결했고, 그가 소속되었던 시위대 제1연대 1대대와 제2연대 1대대가 궐기해 일본군과 교전했다. 이회영은 일본군과 교전을 벌이는 그들의 모습을 목도하고 「시위대 장병을 애도하며[哭侍衛隊將兵]」라는 시를 토해냈다.

장사가 머리에 총을 쏘아 피 흘리니[壯士砲頭血]
꽃다운 이름 민 공(민영환)과 함께 하리다[流芳共桂庭]
전군이 모두 죽음을 달게 받았으니[全軍酣戰歿]
뜨거운 충의 영원히 전해지리다[義烈萬秋聲]

그러나 시위대의 봉기는 일본군에 진압되었고 나라는 암흑 속에 빠져들었다. 상황은 점점 더 악화되었지만 이회영은 달랐다. 그는 먼 미래를 내다보았다. 이회영은 고종이 퇴위한 후 블라디보스토크로 향했다. 그곳에 이상설이 있었기 때문이다. 헤이그 밀사사건 직후인 1907년 8월 국내의 궐석재판에서 사형을 선고받은 이상설은 프랑스, 독일, 이탈리아 등 유럽과 미국을 방문하고 블라디보스토크로 돌아와 그곳을 새로운 정착지로 삼았다.

이상설은 블라디보스토크에서 경상도 성주 출신의 유림 이승희李承熙를 만난다. 이승희의 부친은 영남 유림의 거두 한주寒洲 이진상李震相(1818~1886년)으로 남다른 유학자였다. 남송의 주희朱熹와 조선의 퇴계 이황 등 주자학자들이 심心과 리理를 별개로 보는 것과 달리 그는 심心이 곧 리理라는 심즉리설心卽理說을 주장했다. 심즉리설은 조선의 주자학자들이 이단으로 몰았던 왕양명王陽明의 주요 사상 중의 하나이기 때문에 큰 파문을 일으켰다. 이진상은 공개적으로 양명학자로 자처하지는 않았지만 분명 양명학자였다. 이진상의 학맥을 한주학파라고 하는데, 이 학파에서는 면우俛宇 곽종석郭鍾錫(1846~1919년), 회당晦堂

헤이그 만국평화회의 모습(위)과 헤이그 밀사(아래).
만국평화회의는 러시아 황제 니콜라스 2세의 제창으로 세계 평화를 도모하기 위해 개최된 국제회의로 이상설, 이준, 이위종 등이 고종의 밀사로 파견되었다. 그들은 한국의 독립을 국제화하기 위해 노력했으나 무위로 돌아가고 말았다.

장석영張錫英(1851~1929년), 심산心山 김창숙金昌淑(1879~1962년) 등 많은 독립운동가가 나왔다. 강화도와 진천의 양명학자들이 망국 후 대거 망명한 것처럼 사실상 양명학을 지지한 이진상 아래에서도 많은 독립운동가들이 나왔던 것이다. 이승희 역시 을사조약이 체결되자 을사오적을 참수하라는 상소를 올려 대구감옥에 갇혔고, 석방되자 1908년 블라디보스토크로 망명한 유학자였다.

이상설과 이승희는 항카호 남쪽 봉밀산蜂密山 부근의 땅 45방方을 사서 100여 가구의 교포를 이주시켜 한흥동韓興洞을 건설했다. 글자 그대로 '한민족이 부흥하는 마을'이란 뜻의 한흥동은 국외 독립운동 기지였다. 이국의 만리타향으로 이회영이 찾아왔으니 이상설의 반가움은 두말할 나위 없었다. 이상설은 그동안 세계를 전전하며 봐왔던 세계정세를 전해주었다.

"러시아는 시베리아 철도에 쌍철雙鐵(복선)을 부설하고, 무기를 서둘러 제조하며, 만주와 몽골 국경에 많은 군대를 배치하는데, 이는 모두 일본에 대한 전쟁 준비요. 미국은 일본세력이 강성해지면서 동양 진출에 장애가 되자 그 세력을 좌절시키려 하고 있고, 중국 또한 왜적을 원수 보듯 미워하며 절치부심切齒腐心하고 있으니 중국이 비록 약하지만 4억 인구를 쉽게 볼 수는 없을 것이오. 중국·미국·러시아의 일본에 대한 정세가 이와 같으니 조만간 다시 동양에 전운戰雲이 일어날 것이오. 모든 국력을 저축하여 준비하다가 좋은 기회를 잡아 의로운 깃발을 높이 들면 조국 광복을 기약할 수 있을 것이오."

결정적 기회를 봐서 봉기하자는 계획이었다. 이회영은 이상설과 토의 끝에 네 가지 운동방침을 정했다.

① 지사들을 규합해 국민 교육을 장려할 것.
② 만주에서 광복군을 양성할 것.
③ 비밀결사를 조직할 것.
④ 운동자금을 준비할 것.

의논을 마친 이상설은 이회영의 손을 잡고 말했다.
"나는 헤이그 밀사사건 때문에 고국 강산에는 한 발자국도 들어가지 못하게 되었소. 이후로 나는 구미 등지를 두루 다니면서 이 한 몸이 다 부서지도록 외교에 전력하여 나라를 일으키는 사업을 돕겠으니 그대는 국내의 일을 담당하여 정성을 다하고 부지런히 애써 우리 광복의 큰 뜻을 달성합시다."
이상설의 제안은 국외의 독립운동은 자신이 담당하고, 국내의 독립운동은 이회영이 담당해 광복을 달성하자는 뜻이었다.
"형의 귀중한 가르침을 명심하고 잊지 않겠소."
이상설을 만나고 귀국한 이회영은 헤이그 밀사사건을 통해 외국의 동정심에 호소하는 독립운동 방안은 효과가 없다는 사실을 깨달았다. 그는 학교를 건립해 2세들을 교육시키는 한편 '만주에서 광복군을 양성'해 무력으로 일본군을 축출하는 방법밖에 없다고 생각했다.

북풍 부는 만주로

한일합병 조약체결 소식을 듣고 매천 황현이 고향 구례에서 목숨을 끊던 1910년 8월 하순, 이회영은 북쪽으로 향했다. 이동녕과 장유순 그리고 이관직李觀稙(1882~1972년)이 함께 하고 있었다. 종이장수 차림인 이들은 다락령(659미터)을 통해 강남산맥을 넘어 초산진에 다다랐고, 초산진에서 압록강을 건너 만주로 향했다. 이제 남은 길은 빼앗긴 나라를 되찾는 것뿐이었다. 나라를 되찾는 데는 두 가지 방법이 있었다. 군사를 길러 일본군을 내쫓는 길과 교육으로 후세를 길러 독립하는 길이었다. 양자택일의 방법이 아니라 양자결합의 길을 택해야 했다. 군사를 기르는 것은 지금의 급선무이고 교육은 미래를 위한 준비였다. 무장투쟁과 교육사업은 우당 이회영이 평생에 걸쳐 일관되게 실천한 이념이 되었다.

채근식蔡根植은 『무장독립운동비사』에 이렇게 적었다.

> 1909년 봄에 서울 양기탁梁起鐸의 집에서는 신민회 간부의 비밀회의가 열렸으니…… 이 회의에서 결정한 안건은 독립기지 건설건과 군관학교 설치건이었다. ……그리하여 동년 여름에 간부 이회영·이동녕·주진수朱進洙·장유순 등을 파견하여 독립운동에 적당한 지점을 매수케 하였다.

이동녕, 장유순 등과 함께 이회영은 지물紙物 보따리를 짊어지고 남만주 일대를 샅샅이 돌아보았다. 독립운동기지를 건설하고, 독립군을 양성하기 위한 무관학교 설립의 적지를 물색하기 위해서였다. 일행은 한 달 남짓 남만주 일대를 돌아다니다가 귀국했다. 귀국 후 이회영은 집안 형제들에게 만주로 이주하자고 설득했다. 대한제국 육군 보병 부위였던 이관직은 스스로를 "(이회영) 선생의 애국하는 정신과 민족을 구하는 정의에 깊이 감동되어 광복 노선에 허심동귀許心同歸

(마음을 허락하여 하나가 됨)"했다고 자평했는데, 그가 쓴 『우당 이회영 실기』에서는 이회영이 형제들을 설득하는 장면을 이렇게 묘사했다.

> 슬프다! 세상 사람들은 우리 가족에 대하여 말하기를 대한 공신의 후예라 하며, 국은國恩과 세덕世德이 이 시대의 으뜸이라 한다. 그러므로 우리 형제는 나라와 더불어 안락과 근심을 같이할 위치에 있다. 지금 한일합병의 괴변으로 인하여 한반도의 산하가 왜적의 것이 되고 말았다. 우리 형제가 당당한 명문 호족으로서 차라리 대의가 있는 곳에서 죽을지언정 왜적 치하에서 노예가 되어 생명을 구차히 도모한다면 이는 어찌 짐승과 다르겠는가?

이회영은 형제들에게 전 가족이 만주로 이주해 일제와 싸우자고 하며 "이것이 대한 민족된 신분이요, 또 왜적과 혈투하시던 백사白沙(이항복) 공의 후손된 도리라고 생각한다. 여러 형님들과 아우님들은 나의 뜻을 따라주시기를 바라노라"고 설득했다.

임진왜란 때 호종 1등공신인 백사 이항복李恒福은 이회영의 10대조 선조다. 그뿐만 아니라 이회영은 영조 때 영의정으로 탕평책을 주도했던 이광좌李光佐와 영의정을 지낸 이종성李宗城, 고종 때 영의정을 역임한 이유원李裕元 등 모두 여섯 명의 정승과 두 명의 대제학을 배출한 명가의 후예였다. 이들은 모두 소론 출신으로 노론이 집권했던 숙종~영조 대에 파직당하기도 하고 삭탈관직당하기도 했으나 대부분 탕평책을 주장하며 노론과 소론의 공존을 추구했다. 또한 노론 일당독재 시절에도 소론의 정체성을 유지하며 정계에서 완전히 축출되지 않았다. 이유원의 조부 이석규李錫奎와 부친 이계조李啓朝는 모두 이조판서를 역임했고, 이회영의 부친 이유승李裕承도 이조판서와 우찬성 등을 역임했으며, 모친 역시 이조판서를 지낸 정순조의 딸이었다. 삼한갑족이란 말이 과언이 아니었다.

이회영은 여섯 형제 중 넷째인데, 위로 이건영, 이석영, 이철영이 있었고 아래로 이시영과 이호영이 있었다. 가문 배경으로 보면 그 누구보다 기득권을 유지하려 했을 것 같으나 이회영을 비롯한 형제들은 기득권에 연연하지 않았다. 여기에는 여러 이유가 있겠지만 서인들이 노론과 소론으로 갈린 후 항상 야당이었던 소론의 정체성을 가졌던 것이 중요한 요인이었다. 야당의 시각으로 세상을 바라보니 기득권 수호보다는 세상이 더욱 나은 방향으로 바뀌기를 바라는 개혁 성향이 일종의 전통이 되었던 것이다. 그래서 새로운 사상이나 문물을 배척하기보다는 수용하는 편이었다. 그중에서도 이회영은 새로운 문물수용에 가장 앞장섰다. 대한제국 시절 이회영은 개화파의 맹장猛將이었다. 이회영은 첫 부인 달성 서씨와 사별한 후 한산 이씨(이은숙李恩淑)와 재혼했는데 이은숙의 자서전 『서간도시종기西間島始終記(가슴에 품은 뜻 하늘에 사무쳐)』에는 이회영의 재혼과 관련해 흥미로운 대목이 나온다.

"우당장友堂丈(이회영)이 환거鰥居(홀아비로 지냄) 중 마땅한 가모家母를 정하지 못해 걱정이라 하시거늘 종조가 나를 말씀하시었다. 우당장 마음에 가합하여 그 시로 확정, 무신년(1908년) 10월 20일에 상동예배당에서 결혼 거행을 하였다."

이회영이 1908년 재혼한 장소가 상동교회였다. 전통적인 유교 명가 출신의 이회영이 교회에서 혼인식을 올리는 데는 반발이 심할 수밖에 없었다. 그러나 그는 나라가 백척간두의 위기에 처한 상황에서 과거에 연연해서는 안 된다고 생각했다. 비단 혼인 장소뿐만 아니라 모든 불평등한 봉건적 인습과 계급적 구속을 타파해야 한다고 보았다. 훗날 이회영이 지휘한 항일 직접행동 조직인 다물단多勿團 단원이었던 권오돈權五惇의 회상을 들어보자.

"집안에 거느리고 있던 종들을 자유민으로 풀어주기도 했고, 남의 집 종들에게는 터무니없게도 경어를 썼다. 당시의 양반들이나 판서의 집안으로서 이것은 상상할 수도 없는 '당치 않은 짓'이었다."

사회에 충격을 준 이회영의 행동에 대한 이증복李曾馥의 회상도 있다.

"한 가지 예를 들면 이조 오백 년 동안 부동의 철칙으로 되어 있는 윤상倫常에 커다란 혁명이 있었다. 청상과부가 된 자기 누이동생을 재가시킨 것이다. 평민과 다른 명문 재상가의 집안으로서는 감히 생각조차 할 수 없는 일이어서 많은 시비도 들었으며 여론도 높았지만, 시대의 조류에 비추어 장거壯擧도 되려니와 남존여비의 인습에 여자는 언제나 남자의 소유물로 굴복하게 되는 악습을 타파하는 개혁도 되는 것이었다."

물론 판서의 딸을 개가시키는 것은 쉽지 않았다. 이회영은 여동생을 죽은 것처럼 거짓 장례까지 치른 후에야 개가시킬 수 있었다. 권오돈은 "우당의 머릿속에는 적어도 '인간은 평등하다'는 인권사상이 자라고 있었다"면서 "그의 인격 속에 자라고 있던 평등사상은 어떤 형식적인 체계를 가진 탁상공론이 아니라 이회영 자신의 혁명적 기질이 실제 행동으로 폭발하는 것이었다"라며 이런 일이 가능했던 이유를 설명했다.

이런 이회영이었기에 교회에서 결혼식을 올릴 수 있었던 것이다. 그가 결혼식을 올린 상동교회는 구한말 개화파 독립운동의 요람이었다. 서울 남대문로에 위치한 상동교회는 1889년 미국 감리교 목사이자 의사인 스크랜턴W. B. Scranton이 설립했는데 병원선교도 겸하고 있었다.

상동교회가 독립운동의 요람이 될 수 있었던 것은 스크랜턴 목사의 후계자인 전덕기全德基(1875~1914년) 목사의 역할이 컸다. 어려서 조실부모한 전덕기는 숙부와 함께 남대문에서 숯장수를 하다가 스크랜턴을 만나 목회자의 길로 들어섰다. 그는 감리교 목사로서 목회에 나서는 한편 이동휘와 함께 독립협회의 서무일을 맡는 등 독립운동에도 적극적으로 임했다.

전덕기의 이런 실천적 목회는 많은 독립지사들을 기독교로 개종시켰는데 이동녕도 그중 한 명이었다. 또한 이회영이 상동교회에서 결혼식을 올린 것은 당시 그 역시 기독교인이었음을 보여준다.

우당의 부인 이은숙은 회고록에 이렇게 적었다.

"우당장은 남대문 상동청년학원 학감學監으로 근무하시니, 그 학교 선생은 전덕기·김진호·이용태·이동녕 씨 등 다섯 분이다. 이들은 비밀독립운동(신민회) 최초의 발기인이시니, 팔도의 운동자들에겐 상동학교가 기관소機關所가 되었다고 해도 과언이 아닐지라."

신민회 창설에 대해서는 일반적으로 이종일의『묵암비망록默菴備忘錄』을 인용해 안창호安昌浩, 양기탁, 전덕기, 이동휘, 유동렬, 이갑 등 일곱 명이 1907년 4월 하순경 창립한 것으로 보고 있으나, 이회영과 함께 활동했던 이정규李丁奎는『우당 이회영 약전』에서 이회영을 주도자로 적었다.

"선생(이회영)과 함께 이 회(신민회)를 조직하고 회원으로 가입한 지사들은 전덕기·이동녕·이동휘·양기탁·김구·이갑·여준·김진호·

김형선·이관직 등이었는데, 비밀행동을 위해 회원을 매우 조심하여 선정하였기 때문에 회원의 수가 많지 아니하였다."

신민회원이었던 이관직도 『우당 이회영 실기』에서 "비밀결사로는 선생이 상동기독교회 안에 조직한 신민회가 있는데 항상 전덕기, 이동녕, 양기탁 등 네 사람이 지하실에서 회합하여 광복운동을 비밀리에 협의하였는데"라고 적어서 이회영을 조직자로 보았다. 이회영이 만주로 집단 이주해 독립운동을 전개하려고 하는 것이 신민회의 해외 독립운동기지 건설방략과 일치한다는 점에서 이회영이 신민회의 주도자라는 기록은 신빙성이 있다. 또한 이회영과 함께 활동했던 이정규가 쓴 『우당 이회영 약전』에서는 "형제들 역시 한 시대의 선구자인 면에서 그 형에 그 동생이며 난형난제인 이들이라, 선생의 의견을 듣자 모두가 흔연히 찬동하였다"고 전한다.

여섯 형제는 모두 가산을 정리했다. 조상 봉제사奉祭祀를 위해 장남은 남는 것이 보통이지만 모든 형제가 망명하기로 한 것이다. 노예의 땅에서 드리는 제사를 조상들이 즐겨 흠향하지 않을 것이라고 생각했을지도 모른다. 그러나 가산을 정리하는 일은 쉽지 않았다. 이은숙의 자서전을 보자.

"여러 형제분이 일시에 합력하여 만주로 갈 준비를 하였다. 비밀리에 전답과 가옥 등 부동산을 방매放賣하는데 여러 집이 일시에 방매를 하느라 이 얼마나 극난하리오. 그때만 해도 여러 형제 집이 예전 대가大家의 범절로 남종여비가 무수하여 하속下屬의 입을 막을 수 없는 데다 한편 조사는 심했다."

급하게 팔다 보니 제값을 받지 못하는 것은 당연했다. 그럼에도 이회영 형제 일가가 가산을 정리해 마련한 자금은 약 40만 원의 거금이

상동교회.
상동교회는 1901년 스크랜튼 선교사가 설립한 감리교 교회로, 이회영과 이은숙은 이곳에서 결혼식을 올렸다. 서울시 중구 남창동 1번지 소재.

었다. 당시 쌀 한 섬이 3원 정도였는데, 이를 2000년대 쌀값으로 단순 계산하더라도 약 600억 원이나 된다. 현재는 쌀값이 당시보다 눅었기 때문에 지금 가치로는 600억 원 이상이라고 보아야 한다. 우당 형제 일가가 이런 거금을 마련할 수 있었던 데에는 둘째 이석영의 동참이 결정적이었다. 물론 다른 형제들도 유족했다. 하지만 이석영은 고종 때 영의정을 지낸 이유원의 양자로 출계出系했고, 한때 대원군의 정적으로 꼽히기도 했던 이유원은 막대한 재산가였다. 이석영은 아우의 뜻에 적극 동참해 이유원에게서 물려받은 막대한 재산을 모두 팔아 만주 망명에 동참했다.

3 독립군의 요람, 신흥무관학교

모든 것을 버리고 만주로 떠나다

1910년 12월, 대륙에서 불어오는 차디찬 바람을 무릅쓰고 이회영 형제 일가가 국경을 넘게 된 데는 이런 배경이 있었다. 고종 4년(1867년) 생인 이회영은 이미 44세의 장년이었다. 그는 30세 때 『독립신문』 사설을 보고 가슴이 끓어올라 이런 시를 지었다.

> 세상에 풍운은 많이 일고[風雲入世多]
> 해와 달은 사람을 급히 몰아치는데[日月擲人急]
> 이 한 번의 젊은 나이를 어찌할 것인가[如何一少年]
> 어느새 벌써 서른 살이 되었으니[忽忽已三十]

'어느새 벌써 서른 살이 되었다'고 한탄하던 이회영은 덧없이 먹어버린 44세의 나이에도 아랑곳하지 않고 대륙으로 떠났다. 이회영뿐만 아니라 그의 형 이건영, 이석영, 이철영과 두 동생 이시영, 이호영 가족까지 포함된 집단 망명이었다. 국외에 독립운동기지를 건설하기 위해서였다.

당시 압록강과 두만강 유역의 국경지대는 일제의 감시가 삼엄해 쉽게 오갈 수 없었다. 강을 넘어 만주로 들어간 한인들이 독립군으로 변해 강을 넘어왔기 때문이다. 이은숙은 『서간도시종기』에서 국경을 넘는 모습을 생생하게 묘사했다.

팔도에 있는 동지들께 연락하여 1차로 가는 분들을 차차로 보냈다. 신의주에 연락기관을 정하여, 타인 보기에는 주막酒幕으로 행인에게 밥도 팔고 술도 팔았다. 우리 동지는 서울서 오전 여덟 시에 떠나서 오후 아홉 시에 신의주에 도착, 그 집에 몇 시간 머물다가 압록강을 건넜다. 국경이라 경찰의 경비 철통같이 엄숙하지만, 새벽 세 시쯤은 안심하는 때다. 중국 노동자가 강빙江氷(얼어붙은 강)에서 사람을 태워 가는 썰매를 타면 약 두 시간 만에 안동현에 도착된다. 그러면 이동녕 씨 매부 이선구李宣九 씨가 마중 나와 처소處所로 간다.

이선구가 운영하는 주막은 신민회의 비밀연락기지로, 신민회원과 이들에게 소개받은 독립운동가들은 그곳에서 잠시 거주하다가 일제의 감시가 소홀해지는 틈을 타서 압록강을 건넜다. 물론 이 기지도 이회영과 이동녕 등이 마련해놓은 곳이었다. 이렇게 압록강을 건너 안동현에 도착한 우당 일가는 안동에서 며칠을 보내고 1911년 정월 9일 마차 10여 대에 나누어 타고 횡도촌으로 떠났다. 영하 20~30도 아래로 떨어지는 추위 속에 새벽 4시부터 북으로, 북으로 달렸다. 여자들은 마차 안에 타고 남자들은 말을 몰아 길을 재촉했다. 이은숙은 이 광경도 또렷하게 기억했다.

"우당장은 말을 자견自牽하여 타고 차와 같이 강판에서 속력을 놓아 풍우風雨같이 달리신다. 나는 차 안에서 혹 얼음판에 실수하실까 조심되었고, 6~7일 지독한 추위를 좁은 차 속에서 고행하던 말을 어찌 다 적으리오."

고국을 등지고 북으로 향하는 망명객의 살갗을 대륙의 찬바람이 파고들었다. 망국민이었으니 칼바람을 맞는 것쯤이야 당연하다고 해도 만주의 겨울바람은 견디기 힘든 고통이었다.

월남月南 이상재李商在는 이들의 집단 이주 소식을 듣고 이렇게 평했다.

"동서 역사상 나라가 망한 때 나라를 떠난 충신 의사가 수백, 수천에 그치지 않는다. 그러나 우당 일가족처럼 6형제와 가족 40여 명이 한마음으로 결의하고 나라를 떠난 일은 전무후무한 것이다. 장하다! 우당의 형제는 참으로 그 형에 그 동생이라 할 만하다. 6형제의 절의는 참으로 백세청풍百世淸風이 될 것이니 우리 동포의 가장 좋은 모범이 되리라."

'백세청풍'의 만주길 앞에 헤아리기 어려운 운명이 기다리고 있는지 아는지 모르는지 삼한갑족 일가는 횡도촌으로 향했다.

이 머리는 자를 수 있지만

우당 형제 일가가 압록강을 건넌 다음 달인 1911년 1월 5일. 안동의 석주石洲 이상룡李相龍(1858~1932년)은 새벽에 일어났다. 낙동강가로 임청각이 우뚝 서 있었다. 이상룡은 군자정 옆의 얼어붙은 연못을 지나 언덕 위 가묘로 향했다. 선조들의 위패에 마지막이 될지도 모를 절을 올렸다. 이상룡은 동생, 당숙과 상의해 집안일 처리를 맡긴 후 저녁 무렵에 홀로 길을 나섰다. 이상룡은 자신의 망명기록인 「서사록西徙錄」에 "저녁 무렵에 행장을 수습하여 호연히 문을 나서니, 여러 일족들이 모두 눈물을 뿌리며 전송하였다"고 기록했다. 그는 상주를 거쳐 추풍령으로 노정을 잡았다. 추풍령에 북으로 가는 기차가 있었기 때문이다. 이상룡의 망명 역시 우당 이회영 일가와 사전 협의 끝에 결정된 것이었다. 석주 이상룡의 손자며느리인 허은은 구술 자서전 『아직도 내 귀엔 서간도 바람소리가』에서 당시의 상황을 이렇게 전했다.

"이시영 씨 댁은 이 참판 댁이라 불렀다. 대대로 높은 벼슬을 많이 하여 지체 높은 집안이다. 여섯 형제분인데 특히 이회영·이시영 씨는 관직에 있을 때도 배일사상이 강하여 비밀결사대의 동지들과 긴밀한 관계를 취하고 있었다. ……그러다가 합방이 되자 이동녕 씨, 그리고 우리 시할아버님(이상룡)과 의논하여 만주로 망명하기로 했다."

허은은 1908년 13도 의병연합부대의 군사장이었던 왕산旺山 허위許蔿(1855~1908년) 집안의 손녀로, 만주에서 시할아버지 이상룡과 시아버지 이준형李濬衡(1875~1942년, 자결)을 모시고 살았다.

이상룡은 1월 12일 새벽 2시에 경부선 기차를 탔다. 오후 8시 12분에 서울에 도착한 이상룡은 우강雩岡 양기탁을 만나 독립운동 방략에 대해 의논도 하고 일가 집단 망명 준비에도 도움을 받았다. 이때 이상룡은 국한문으로 편집한 『왕양명실기王陽明實記』를 읽고 그 소감을 적었다.

> 대개 양명학은 비록 퇴계 문도의 배척을 당했으나 그 법문法門이 직절하고 간요하여 속된 학자들이 감히 의론할 수 있는 바가 아니다. 또 그 평생의 지절은 빼어나고 정신은 강렬하였다. 본원을 꿰뚫어보되 아무 거칠 것이 없었으며, 세상의 구제를 자임하였으되 아무 두려움이 없었으니 한 대漢代와 송 대宋代를 통틀어 찾는다 해도 대적할 만한 사람을 보기 드물다.
>
> – 이상룡, 『석주유고』 「서사록」

조선시대 내내 이단으로 몰렸던 왕양명에 대해 '한 대와 송 대를 통틀어 대적할 만한 사람을 보기 어렵다'고 한 것은 조선 유학자로서 획기적인 발언이 아닐 수 없다. 주희가 송나라 사람이라는 점을 감안하면 그 뜻이 더욱 깊다. 왕양명이 주희보다 낫다고 한 것이기 때문이다. 이상룡은 이 글에서 "우리 동방의 풍조는 옛것을 믿는 풍조가 너무 지나쳐 무릇 선배가 논한 것이 있으면 하나라도 자신의 의사를 더하지 못하고, 조금이라도 합치하지 못한 점이 있으면 문득 이단사설異端邪說로 지목한다"고 비판하면서 "우리들 중 어떤 사람이 능히 의연하게 자임하여 300년간의 학설을 2천만의 세속된 무리와 도전하여 결투할 것인가?"라고 물었다. '300년간의 학설'이란 양명학을 이단으로 몰았던 퇴계 이래의 학설을 뜻하는 말로, 양명학에 깊게 공명하고 있음을 말해주는 것이다.

이상룡 초상(위)과 임청각(아래).
임청각의 주인 석주 이상룡은 조상의 위패를 땅에 묻고 온 재산을 정리해 간도로 망명했다. 경상북도 안동시 법흥동 소재.

이상룡이 가족들을 만나기로 한 곳은 신의주였다. 그는 1월 19일 서울에서 먼저 경의선 열차를 타고 신의주에 도착했다. 가족들이 도착하기로 한 날짜는 1월 25일이었다. 그날 저녁 이상룡은 신의주 역에 나가 등불을 들고 가족들을 기다렸다. 압록강을 건너 불어오는 대륙의 찬바람을 무릅쓰고 기다리고 있던 깊은 밤 드디어 가족들이 도착했다. 맏아들 이준형이 맨 앞에 서고 맨 뒤에 동생 이봉희李鳳羲(1868~1937년) 부자가 서서 가운데의 부녀자와 어린아이들을 보호하며 걷고 있었다. 안동 명문 일가가 집단 망명을 위해 신의주에 집결한 것이다. 이상룡이 사라진 후 경찰서에서 여러 차례 조사했고 이준형은 경찰서에 끌려가 조사까지 받았다는 소식을 전했다. 이상룡 일가는 1월 27일 발거跋車(썰매 수레)를 타고 압록강을 건넜다. 압록강을 건너자니 시구가 저절로 읊조려졌다.

칼날보다 날카로운 삭풍이[朔風利於劒]
차갑게 내 살을 도려내네[凜凜削我肌]
살 도려지는 건 참을 수 있지만[肌削猶堪忍]
창자 끊어지는데 어찌 슬프지 않으랴[腸割寧不悲]
기름진 옥토 삼천리[沃土三千里]
이천만 백성[生齒二十兆]
즐거웠던 부모의 나라였건만[樂哉父母國]
지금은 누가 차지했는가[而今誰據了]
이미 내 땅과 집 빼앗아가고[旣奪我田宅]
다시 내 처자 해치려 하니[復謨我妻孥]
이 머리는 차라리 자를 수 있지만[此頭寧可斫]

이 무릎을 꿇어 종이 될 수는 없도다[此膝不可奴]

집을 나선 지 한 달 채 못 되었건만[出門未一月]

이미 압록강을 건너는도다[已過鴨江水]

누구를 위해 머뭇거릴 것인가[爲誰欲遲留]

호연히 나는 가리라[浩然我去矣]

그들은 안동현에 도착해 이윤수의 객점에 숙소를 정했다. 며느리가 찬바람에 몸이 상했기 때문이었다.

1월 29일에는 마차 두 대를 사서 북쪽으로 떠날 차비를 했다. 수레 안에 담요를 깔고 온몸에 이불을 두르고 덜컹거리는 마차에 몸을 맡겼다. 이상룡은 「서사록」에 "어린 것들이 연일 굶다 못해 병이 날 지경이었다. 좁쌀 두어 되를 사고 솥을 빌려 밥을 지어 먹으니 그 괴로운 상황을 알 만하다"고 적었다. 2월 3일에는 눈바람이 사납게 불었으나 길을 멈출 수는 없었다. 그간 안동에서 편히 지내던 일족들이니 흔들리더라도 마차를 타고 가는 지금이 호시절이란 사실을 알 리 없었다. 2월 5일에는 이른 아침에 출발해 종일 강을 따라갔지만 때로 수레바퀴가 물에 잠겨 나아갈 수 없었다. 가까이에는 쉴 만한 인가도 없어 밤 2경(오후 9시~11시)이 가까워서야 겨우 숙소에 들 수 있었다. 이런 고생 끝에 그들은 1911년 2월 7일 1차 목적지인 횡도촌에 도착했다.

횡도촌에서는 백하白河 김대락金大洛(1845~1914년)이 기다리고 있었다. 이상룡의 처남인 김대락 역시 일문(의성 김씨)을 거느리고 집단 망명했다. 김대락은 이상룡보다 조금 먼저 만삭의 손자며느리를 비롯해 조카와 증손자 등을 데리고 안동을 떠나 압록강을 건넜다. 김대락이 망명을 서두른 것은 식민지 땅에서 증손자를 낳지 않기 위해서였다. 이상룡의 손자며느리는 임신한 몸이라 숱한 고생을 했지만 당초 계획대로 망명지에서 증손자와 외증손자를 낳을 수 있었다. 김대락은 식민지 땅에서 손자들을 낳지 않은 것이 통쾌해 두 증손자의 아명을 쾌당快唐, 기몽麒夢으로 지었다. 쾌당은 식민지가 아닌 중국에서 태어나서 통쾌하다는 뜻이고, 기몽은 고구려 시조 주몽의 땅에서 태어났다는 뜻이다. 안동의 평해 황씨 황호黃濩(1850~1932년)

김동삼.
김동삼은 만주에서 이시영, 이동녕 등과 신흥강습소를 세우고 민족유일당촉진회를 조직해 위원장 등을 지냈다.

일문과 의성 김씨 김동삼金東三(1878~1937년) 일가도 집단 망명에 가담했으며, 먼저 망명한 강화학파의 정원하, 이건승, 홍승헌 등도 횡도촌에 있었다.

　김대락은 그곳에 학교를 열었는데, 모두 일곱 칸이었다. 이미 다른 망명객들이 하나씩 쓰고 있어 이상룡 일가가 거주할 형편이 아니었다. 그러나 달리 방도가 없어 학교 한 칸을 빌려 식구들이 모두 함께 거주했다. 얼마 후 남루한 거처 하나를 얻어 들었지만 집주인이 찾아와 집을 비워달라고 했다. 여러 말로 간곡히 호소했지만 통하지 않았다. 망명객 신분이었기 때문에 집을 비워주는 수밖에 달리 도리가 없었다. 이준형을 홍승국洪承國에게 보내니 두릉구杜陵溝의 빈집을 수소문해주었다. 이 집은 원래 이동녕의 친척이자 이장녕李章寧의 부친인 이병삼李炳三이 거주하던 곳으로 홍승헌도 한때 거주했다. 집주인이 다시 찾아와 재촉하자 이상룡은 일단 짐을 김대락이 거처하던 학교에 옮겨놓고 김대락과 함께 잠을 잤다. 그러나 김대락의 숙소도 너무 추워서 잠들 수가 없었다. 이상룡은 새벽에 절로 깨어 김대락에게 시를 읊어 보였다.

　　얼음방이 추워서 잠 이룰 수 없으니[氷牀雪窖着眠難]
　　늙은 나이라 추위 잘 견딘다 하지 마시오[休道頹齡善耐寒]
　　긴 들어 몸이 강철처럼 뻣뻣해졌으니[夜入通身僵似鐵]
　　마음인들 어찌 홀로 평안했으리오[天君那得獨平安]

　그렇게 밤을 새운 이상룡은 새벽에 일어나 잠자리에서 대충 식사를 한 후 가족들과 두릉구로 출발했다. 눈길을 밟으며 동구를 나서니 얼음조각이 강을 뒤덮으며 흐르는데 외나무다리가 반은 물에 잠겨 있었다. 엉금엉금 기어 강을 건넌 뒤 작은 고개를 넘었다. 먼 산자락에 낡은 집 한 채가 울타리가 기운 채 서 있었다. 이곳이 바로 빌린 집이었다. 고향에 고래 등 같은 임청각을 두고 온 일가였지만 일단 편히 쉴 수 있는 오두막 셋집이나마 얻을 수 있어 반가웠다. 대자리를 깔고 군불을 때자 온기가 흘렀다. 비로소 웃음소리가 나왔으나 그 웃음이 오래갈 수는 없었다.

작위와 은사금에 환호하는 집권 노론

『조선총독부관보』 제38호에 따르면 1910년 8월 22일 강제로 한일합방조약을 체결한 일제는 그해 10월 7일 대한제국이 망하는 데 큰 공을 세운 76명의 조선인들에게 작위와 은사금을 내려주었다. 일본 귀족과 유사한 공·후·백·자·남의 작위를 수여해 귀족으로 임명하고 은사금도 주어 작위에 걸맞은 경제생활을 하도록 보장한 것이다. 비록 군사력으로 영토를 점령했다고 해도 이들 매국 사대부들의 도움이 없었다면 일제가 그리 순조롭게 대한제국을 병탄할 수 있었을지는 미지수다. 또한 대한제국 점령 후에도 이들을 매개로 제국을 통치해야 할 필요가 있었기 때문에 작위와 은사금을 준 것이다. 이른바 「한일병합조약문韓日倂合條約文」 제5조에는 "일본국 황제폐하는 훈공勳功 있는 한국인으로서 특히 표창에 적당하다고 인정된 자에게 영작榮爵을 수여하고 또 은급恩給을 부여한다"고 명기해놓기도 했다. 수작자授爵者들 대부분은 조선과 대한제국의 유력 가문 출신으로, 국망國亡의 위기를 맞아 노블레스 오블리주를 실천하기는커녕 오히려 일제에 나라를 팔아먹는 데 적극 협력했다.

나라가 망하자 자결하거나 집단으로 혹한을 무릅쓰고 망명한 사람들이 있었던 반면 망국에 앞장선 대가로 작위와 은사금을 받고 희희낙락한 부류들이 있었던 것이다. 수작자들의 명단과 그 소속 당파를 살펴보면 대한제국은 멸망할 수밖에 없는 지배구조였음을 알 수 있다.*

수작자들의 출신 계급과 소속 당파를 분석해보면 두 가지 큰 흐름이 있다. 하나는 왕실에서 나라를

* 「한일합방 공로작 수여자들의 본관과 소속 당파」는 필자의 『한국사 그들이 숨긴 진실』 318~321쪽 참조.

팔아먹는 데 앞장섰다는 것이다. 후작에 선임된 이재완, 이재각, 이해창, 이해승 등은 모두 왕족 출신이며, 역시 후작에 선임된 윤택영은 순종비 윤씨의 친아버지로 국구國舅였다. 윤덕영은 윤택영의 형이고, 후작 박영효는 철종의 사위로 금릉위錦陵尉였다. 왕실의 일원이자 외척으로서 나라가 멸망의 위기에 처했을 때 군사를 일으키지는 못할지라도 최소한 외국의 지배를 거부하는 지조는 보여주어야 하는데, 거꾸로 나라 팔아먹는 데 앞장섰던 것이다. 다른 하나는 '수작자 명단'은 사실상 '노론 당인 명단'이라고 해도 과언이 아닐 정도로 집권 노론이 나라 팔아먹는 데 집단적으로 가담했다는 사실이다. 76명의 수작자 중 그 소속 당파를 알 수 있는 인물은 모두 64명이다. 이중 북인이 2명, 소론이 6명, 나머지 56명은 모두 노론이고 남인은 없다. 송상도宋相燾가 『기려수필騎驢隨筆』에서 일부는 조선총독부의 강박과 위협에도 수작을 거부했다고 전하는 것처럼 작위를 거부한 일부 노론 인사들도 있다. 김석진金奭鎭처럼 음독자살하거나 의친왕義親王의 장인 김사준金思濬과 김가진金嘉鎭(1846~1922년)처럼 독립운동에 가담해 작위가 박탈된 노론 인사들도 있다. 또한 이용태李容泰와 조동희趙同熙처럼 3·1운동 후 작위가 박탈된 인물도 있고, 민영달閔泳達·유길준俞吉濬·한규설·윤용구尹用求·홍순형洪淳馨·조경호趙慶鎬(대원군 사위)·조정구(대원군 사위)처럼 훗날 작위를 거부한 노론 인사도 있다. 그러나 이들을 제외하더라도 노론이 절대 다수였음을 부정할 수는 없다.

일제는 '합방공로작' 수여 다음 날 1천 7백여만 원의 임시 은사금을 각 지방장관에게 내려 양반들과 유생들에 대한 지원자금으로 사용하게 하고 친임관親任官이나 칙임관勅任官 등에게도 막대한 액수의 '은사공채恩賜公債'를 주었다. 유림 출신의 대표적 독립운동가인 심산

김창숙은 자서전 『벽옹 73년 회상기(김창숙 문존)』에 이때의 상황을 묘사해놓았다.

> 그때에 왜정倭政 당국이 관직에 있던 자 및 고령자 그리고 효자 열녀에게 은사금이라고 돈을 주자 온 나라의 양반들이 많이 뛸 듯이 좋아하며 따랐다.
> 나는 혹 이런 자들을 만나면 침을 뱉으며 꾸짖었다.
> "돈에 팔려서 적에게 아첨하는 자는 바로 개돼지다. 명색 양반이라면서 효자 열녀 표창에 끼어든단 말이냐?"
> 그리고 늘 "나라가 망하니 양반이 먼저 망해서[亡國先亡士大夫], 양정에 춤추는 자들 대부분 최가 노가이더라[梁廷舞蹈半崔盧]"라는 시구를 읊으며 통곡하였다.

김창숙이 읊은 시구는 『매천야록梅泉野錄』의 저자이자 절명시를 남기고 음독 자살한 황현의 것으로, 당唐나라가 망했는데도 귀족들인 최씨, 노씨 들이 오히려 양梁나라에 붙은 일을 풍자한 것이다.

이처럼 집권 노론 대다수가 일제에 협력하던 때에 발생한 이회영 일가의 집단 망명은 일제와 지사들에게 큰 충격을 주었다. 임시정부 고문을 지낸 동농東農 김가진의 며느리로 상해에서 독립운동을 전개했던 정정화鄭靖和는 자서전 『장강일기長江日記』에서 "일본은 당시 독립운동에 귀족은 참여하지 않고 있다는 주장을 대외에 내세웠었다"고 회상했다. 독립운동은 양반이 아닌 '상놈'들이나 하는 것이라고 비하했던 것이다. 실제로 일제의 그러한 선전이 어느 정도 먹혀들어 간 데서 알 수 있듯이 당시 양반 사대부 계급은 의병을 일으킨 일부 인사들을 제외하면 독립운동에 적극적이지 않았다. 새 왕조 아래에서도 지배층의 위치를 누리면 그만이라는 속내였던 것이다. 작위를 받은 인물 중 3분의 2 이상이 당시 집권당인 노론인 데서 알 수 있듯이 대한제국은 사실상 이들 집권 노론이 팔아먹은 셈이었다.

조국의 독립을 위해서라면

이회영 일가는 일단 횡도촌에 짐을 풀었으나 최종 목적지는 이곳이 아니었다. 이회영 일가는 곧 유하현柳河縣 삼원보三源堡 추가가鄒家街로 갔다. 남만주 답사 때 무관학교 설립의 적지로 점찍어놓은 곳이었다. 삼원보는 현재 삼원포三源浦라고 부르는데 작은 강물 세 줄기가 합쳐 흐르기 때문에 붙은 이름이다. 삼원보에서 서쪽으로 3~4킬로미터 떨어진 곳이 추가가다. 추지가鄒之街라고도 부르는데 추씨 성을 쓰는 중국인들이 집단 거주했다. 추가가 마을 뒤에는 6백여 미터 높이의 대고산大孤山과 소고산小孤山이 있고, 그 뒤에도 산들이 연해 있어 유사시 대피하기에 좋은 지역이었다.

횡도촌, 삼원보, 추가가와 뒤이어 이주할 합니하哈泥河는 국내에서 독립운동을 위해 집단으로 망명한 운동가들의 집단 거주지였다. 서울(이회영), 강화도(이건승), 진천(정원하·홍승헌), 안동(이상룡·김대락·김동삼·황호) 등 전국 각지에서 목적의식적으로 모인 망명자들은 그곳에서 독립운동의 새로운 역사를 만들어가고 있었다.

이회영 일가가 추가가로 이주한 뒤 많은 교포들이 뒤따랐고 추가가 일대는 한인촌처럼 변했다. 그러자 현지 중국인들은 그들의 이주 동기를 의심했다. 추씨들은 한인들의 뒤를 따라 일본인들이 올지도 모른다고 의심한 것이다. 당시 상황을 이은숙의 회고를 통해 살펴보자.

"이왕에는 조선인이 왔어도 남부여대로 산전박토나 일궈 감자나 심어 연명하며 근근이 부지하였다. 그런데 이번에 오는 조선인은 살림차가 수십 대씩 짐차로 군기軍器를 얼마씩 실어오니, 필경 일본과 합하여 우리 중국을 치려고 온 게 분명하니, 빨리 꺼우리[高麗人]를 몰아내 주시오……."

추씨들은 이회영 일가를 현 당국에 고발하고 종회宗會를 열어 "한국인에게 토지나 가옥의 매매를 일체 거부하고, 한국인들의 가옥 건축이나 학교 시설도 역시 금지하며, 한국인과의 교제까지도 금지한다"고 결의했다. 이 때문이었는지 중국 군경 수백여 명이 이회영의 숙소를 급습해 조사하기도 했다. 이회영이 필담筆談으로 일제의 첩자가 아니라 독립운동을 하러 왔음을 알리자 그냥 돌아갔으나 그 후에도 가옥과 전답을 살 수 없어 어려움이 계속되었다. 첫발을 내디딘 순간부터 복병을 만난 것이었다.

그렇다고 좌절하고 있을 수만은 없었다. 이회영과 이동녕, 이상룡 등 집단 망명가들은 1911년 4월 대고산에서 수백여 명의 이주 한인들을 모아 노천 군중대회를 열었다. 이동녕을 임시의장으로 추대한 노천 군중대회에서는 이주 동포들의 안착과 농업생산을 지도하는 기관으로 경학사耕學社를 조직했다. 경학사는 일제가 신민회사건 판결문에서 "서간도에 단체적 이주를 기도하고…… 민단을 일으키고 학교 및 교회를 설립하고 나아가 무관학교를 설립하고 교육을 실시해 기회를 타서 독립전쟁을 일으켜서 구한국의 국권을 회복하고자 한다"고 적시한 것처럼 신민회의 국외 독립운동기지 건설방침에 따라 이회영,

추가가.
추가가에는 국내에서 망명한 독립운동가들의 집단 거주지가 있었다. 건물 뒤편으로 보이는 산이 소고산이다.

이동녕, 이상룡 등 망명자들이 건설한 '민단民團적인 성격의 자치기관'이었다.

경학사는 누구나 농사를 짓는 '개농주의皆農主義'와 낮에는 일하고 밤에는 공부하는 '주경야독晝耕夜讀'을 표방했다. 군중대회에서는 또 결의문을 채택했는데 그중에는 "기성군인과 군관을 재훈련하여 기간장교로 삼고 애국청년을 수용하여 국가의 동량인재를 육성한다"는 내용이 들어 있었다.

경학사 사장에는 이상룡(혹은 이철영)이 추대되었으며, 내무부장에 이회영, 농무부장에 장유순, 재무부장에 이동녕, 교무부장에 유인식이 선출되었다.

경학사는 "아아! 사랑할 것은 한국이요, 슬픈 것은 한민족이로구나"로 시작하는 「경학사취지서」를 통해 무장투쟁으로 독립을 쟁취하겠다는 의지를 중외에 천명했다.

> 부여의 옛 땅은 눈강嫩江(송화강 지류)에 달하였은즉 이곳은 이국의 땅이 아니며, 고구려의 유족들이 발해에 모였은즉 여기 있는 사람들은 모두 옛 동포들이 아닌가. ……아! 우리 집단을 지키는 것은 곧 우리 민족을 지키는 것이오. 우리 경학사를 사랑하는 것은 곧 우리 국가를 사랑하는 것이라. 아! 기러기 떼 지어 날고 서풍은 날을 재촉하는 듯하지만, 그러나 금계金鷄(금닭)가 한번 울어대면 곧 동천이 밝아올 것이다.

현재 중국 심양에 살고 있는 권영신은 「이판서 댁과 나의 외조부 그리고 부친」이란 글에서 "일자무식인 부친은 외조부의 권유에 못 이겨 경학사에서 연필에 침을 묻혀가며 가나다라와 1, 2, 3, 4를 배웠고"라고 증언했듯이 경학사는 계몽의 역할도 담당했다. 경학사 건설을 마친 이들은 서둘러 무관학교를 설립했다. 이들이 고구려의 옛 고토를 찾은 이유는 광복군을 양성해 나라를 되찾기 위해서였다. 이회영과 이동녕 등 이주자들은 현지 중국인의 옥수수 창고를 빌려 학교 개교식을 강행했다. 신흥무관학교의 깃발은 이렇게 오른 것이었다.

이 학교의 졸업생이자 교관이었던 원병상元秉常은 "(신흥강습소는) 1911년 봄(음력 5월경)에 이역황야의 신산한 곁방살이에서나마 구국사업으로 일면 생취生聚(백성을 기르고 재물을 모음), 일면 교육이라는 두 가지 과제를 내걸고 출발하였다"고 회고했다. 신흥강습소의 초대 교장은 이동녕이 맡았고, 학교 명칭은 신민회의 '신新' 자와 다시 일어나는 구국투쟁이라는 뜻의 '흥興' 자를 붙여 지었다. 그러나 어렵게 문을 연 신흥강습소는 현지 중국인들의 비협조로 많은 어려움을 겪었다. 학교 이름을 강습소라 한 이유도 중국인들의 의혹을 피하기 위한 고육책이었다.

이회영은 중국인들의 방해를 정면 돌파하기로 결심하고 심양으로 향했다. 동삼성東三省 총독 조이풍趙爾豊(조이손趙爾巽)을 만나 문제를 해결하기 위한 행동이었다. 1911년 7월 심양에 도착한 이회영은 문제 해결은커녕 조이풍을 만날 수도 없었다. 동삼성 총독은 조선에서 온 망명객에게 아무런 관심도 보이지 않았던 것이다.

그러나 이회영은 이에 굴하지 않았다. 이회영은 내친김에 북경으로 갔다. 이번에는 중국 총리대신 원세개袁世凱를 만나 문제를 해결하려 한 것이다. 지방총독의 면담거부를 총리대신 면담으로 상쇄하려는 것이었으니 누가 보더라도 무모한 일이었다. 하지만 이회영은 놀랍게도 원세개를 만나는 데 성공했다.

원세개는 1882년 임오군란 때 북양北洋함대 제독 정여창丁汝昌이 이끄는 청군淸軍의 일원으로 조선에 온 적이 있었다. 청국 대표로 조선에 부임했던 27세 때는 가마를 탄 채 입궐하고, 국왕 알현 때도 기립하지 않아 많은 비난을 받기도 했다.

그러나 원세개는 이회영의 부친 이유승과 친교가 있는 사이였다. 더구나 원세개는 러시아 황제가 그런 것처럼 일제에 빼앗긴 대한제국에 큰 관심을 갖고 있었다. 이회영의 설명을 들은 원세개는 적극 협조를 약속하고 비서 호명신胡明臣을 대동시켜 동삼성 총독을 방문하게 했다. 원세개의 친서를 받은 동삼성 총독은 자신의 비서 조세웅趙世雄을 이회영에게 딸려 보냈고, 회인懷仁·통화通化·유하柳河의 현장들에게 명령을 내렸다. 총리대신의 의지가 실린 동삼성 총독의 명령을 받은 현장들은 주요 지역에 다음과 같은 동삼성 총독의 훈시를 게시하였다.

만주 원주민들은 이주하여 오는 한국인들과 친선을 도모하고, 농업·교육 등 한국인들의 사업 일체에 협력할 것이다. 서로 간에 분쟁을 야기하거나 불화를 조성하는 일체의 언동을 절대 삼가라. 만일 지시를 위반한 자는 엄벌에 처할 것이다.

이런 훈시문이 게재되자 이은숙의 회고대로 "3성의 현수縣守들이 눈이 휘둥그레져서 이후로는 한국인을 두려워하여 잘 바라보지도 못하"게 되

원세개.
1911년에 문을 연 신흥강습소는 현지 중국인들의 비협조로 많은 어려움을 겪었다. 이회영은 당시 총리대신인 원세개를 만나 이 문제를 해결했다.

었다. 드디어 중국인들과의 갈등이 해결된 것이다. 이회영은 호명신과 결의형제까지 맺었는데, 호명신은 이회영에게 추가가보다는 다른 지역의 토지를 구입해보라고 권했다.

"형이 토지를 사서 뜻하는 바를 이루어야 하겠는데, 기왕 돈 주고 토지를 살 것 같으면, 하필 추가鄒哥는 여러 십대를 누리고 살던 땅이라 팔기를 아까워하니, 다른 데 가서 정하는 것이 어떻겠소?"

호명신의 이런 권유에 따라 옮기게 된 곳이 합니하 근처였다. 현재 광화光華라는 이름으로 바뀐 합니하는 추가가보다 훨씬 험한 요지였다. 통화에서 출발하면 서광촌曙光村이란 의미심장한 이름의 마을을

지나야 닿을 수 있었다. 동남쪽으로는 태산준령인 고뢰자古磊子가 하늘을 찌를 듯 우뚝 솟아 있고, 북쪽에는 청구자青溝子의 심산유곡이 펼쳐져 있으며, 남서쪽에는 요가구鬧家溝의 장산 밀림으로 둘러싸인 천혜의 요지로, 파저강波瀦江 상류 합니하의 물이 반원을 그리며 압록강을 향해 흐르는 아름다운 곳이었다. 이석영은 거금을 쾌척해 이 일대의 토지를 사들였고, 1912년 음력 3월부터 학교 신축공사를 시작했다. 모든 공사는 교사와 학생들의 손으로 수행되었다. 원병상의 수기를 보자.

"삽과 괭이로 고원지대를 평지로 만들어야 했고, 내왕 20리나 되는 좁은 산길 요가구 험한 산턱 돌산을 파 뒤져 어깨와 등으로 날라야만 되는 중노역이었지만, 우리는 힘 드는 줄도 몰랐고 오히려 원기왕성하게 청년의 노래로 기백을 높이며 진행시켰다."

같은 해 음력 6월 드디어 새로운 교사가 완성되었고, 100여 명의 이주민들은 낙성식을 열어 기쁨을 함께했다.

신흥무관학교에는 본과와 특별과가 있었는데 본과는 4년제 중학과정이었고, 6개월·3개월의 속성과는 무관양성을 위한 특별과였다. 학년별로 널찍한 강당과 내무반이 부설되어 내무생활을 했으며, 내무반 낭하에는 생도들 성명이 부착된 총가銃架가 별도로 설치되었다. 님 웨일즈Nym Wales의 『아리랑Song of Arirang』에는 이 학교에 대한 김산(본명 장지락)의 생생한 수기가 나온다.

마침내 목적지에 도착하였다 — 합니하에 있는 대한독립군 군관학교. 이 학교는 신흥학교라 불렀다. ……학교는 산속에 있었으며 열여덟 개의 교실로 나뉘어 있었는데 비밀을 지키기 위하여 산허리를 따라서 줄

지어 있었다. 열여덟 살에서 서른 살까지의 학생들이 백 명 가까이 입학하였다. ……학과는 새벽 네 시에 시작하며, 취침은 저녁 아홉 시에 하였다. 우리들은 군대전술을 공부하였고 총기를 가지고 훈련받았다. 그렇지만 가장 엄격하게 요구되었던 것은 산을 재빨리 올라갈 수 있는 능력이었다–게릴라 전술…… 한국의 지세, 특히 북한의 지리에 관해서는 아주 주의 깊게 연구하였다–'그날'을 위하여. 방과 후에 나는 국사를 열심히 파고들었다. 얼마간의 훈련을 받고 나자 나도 힘든 생활을 해나갈 수 있었으며 그러자 훈련이 즐거워졌다. 봄이면 산이 대단히 아름다웠다. 희망으로 가슴이 부풀어 올랐으며 기대로 눈이 빛났다. 자유를 위해서라면 무슨 일인들 못할쏘냐?

새벽 여섯 시, 기상 나팔소리에 전교생이 연병장에 나가 교감 윤기섭尹琦燮의 선도로 체조를 하고, 아침 식사 후 조례에 나가 "화려강산 동반도는/우리 본국이요/품질 좋은 단군자손/우리 국민일세/(후렴)무궁화 삼천리/화려강산/우리나라 우리들이/길이 보존하세"라는 애국가를 부르며 뜨거운 눈물을 흘렸다.

또한 「독립군 용진가」를 불러 사기를 북돋았다.

요동 만주 넓은 뜰을 쳐서 파하고/여진국을 토멸하고 개국하옵신/동명왕과 이지란의 용진법대로/우리들도 그와 같이 원수 쳐보세/(후렴) 나가세 전쟁장으로/나가자 전쟁장으로/검수 도산 무릅쓰고 나아갈 때에/독립군아 용감력을 더욱 분발해/삼천만 번 죽더라도 나아갑시다.

그러나 신흥무관학교의 제반 사정은 아주 어려웠다. 그중에서도 식

「신흥무관학교 교가」.
3,500여 명의 졸업생을 배출한 신흥무관학교의 교가.

량 부족 문제가 가장 컸다. 당초 신민부는 국외 독립운동기지와 무관학교 설립을 계획하면서 평북平北 이승훈李昇薰이 15만 원, 경기 양기탁이 20만 원 등 평북·평남·황해·강원·경기 등 5도에서 총 75만 원의 자금을 모금해 전달하기로 했다. 하지만 1911년 9월의 '데라우치 총독 암살음모사건'으로 주요 간부 700여 명이 검거되고 그중 105명이 실형을 선고받아 사실상 해체 상태에 달하는 바람에 자금을 보낼 수 없었다. 원병상은 이렇게 회고했다.

"주식물이라고는 부유층 토인들이 이삼십 년씩 창고 안에 저장해 두어 자체의 열도에 뜨고 좀먹은 좁쌀이었는데, 솥뚜껑을 열면 코를 찌르는, 쉰 냄새가 날 뿐만 아니라 바람에 날아가 버릴 정도로 끈기라고는 조금도 없는 영양 가치도 전무한 토인들 가축용의 썩은 곡식을 삶은 명색의 밥이었다. ……부식이라고는 콩기름에 절인 콩장 한 가지뿐이었다. 썩은 좁쌀밥 한 숟가락에 콩장 두어 개를 입에 집어넣으면 그만이다. 그나마 우리는 배부르게 먹을 수는 없었다. 굶지 않는 것만도 다행으로 알면서 교직원이나 생도들은 함께 모여 항상 화기애애한 가운데 식사시간을 보냈다."

학교 경영이 점차 어려워지자 중국인의 산황지山荒地를 빌려 밭을 일구었다. 일과가 끝나면 학생들은 편대를 지어 조별로 산비탈에 달라붙어 땀을 흘리며 괭이질을 했다. 억센 풀뿌리를 파헤쳐 밭을 만들고 옥수수와 콩, 수수 등을 파종해 거두어들였다. 학교 건너편 낙천동樂天洞 산턱에서 허리까지 차는 적설을 헤치며 나무를 끌어내리고 등에 나무토막을 지어 가지고 와 땔감으로 사용해 겨울을 났다. 이렇게 힘든 노동에도 아무 불평이 없는 것은 물론 교관 이극李剋의 함경도 사투리 섞인 산타령에 장단을 맞추어 즐겁게 일했다.

그렇지만 학교 사정은 좀처럼 나아지지 않았다. 개교한 1911년부터 1912년, 1913년에 걸쳐 가뭄과 서리의 천재가 겹쳤던 것이다. 게다가 고국에서는 볼 수 없던 수토병水土病이 번져 의병장 허위의 형인 허겸의 처조카가 죽었으며, 이시영의 아들이자 신흥학교 교사였던 이규봉李圭鳳의 남매도 병으로 죽고 말았다. 허은의 『아직도 내 귀엔 서간도 바람소리가』에는 수토병 경험이 적나라하게 실려 있다.

"그해 오뉴월이 되자 동네사람들 모두가 발병했는데 '수토병'이라고도 하고 '만주열'이라고도 했다. 물 때문에 생긴 전염병 같았다. ……성산性山(허겸)의 처조카 송병기도 이때 사망했고 권팔도 네도 하나밖에 없는 애기를 잃었다. 애 어른 할 것 없이 많이 죽었다. ……망명 온 댓바람에 겪은 일이라 모두들 당황했다."

김동삼의 며느리 이해동도 자서전 『만주생활 77년』에서 이때의 비극을 자세하게 서술했다.

"이 풍토병은 우리 집 식구 세 명의 목숨을 앗아갔는데, 처음으로 숙부(이원행)가 죽게 되었다. 20세의 청년으로 앞길이 천 리 같은데 생활이 곤란하다 보니 의사 한 번 데려다 보이지 못했으며 약 한 첩 써보지 못하고 이국의 혼이 되었다. ……우리 가정의 불행은 끝이 없었다. 숙부가 사망한 지 1년도 채 못 되어 두 고모가 선후로 목숨을 잃었다. 그때 나이 겨우 십여 세밖에 안 되는 꽃다운 소녀였는데 긴 인생이 이렇게 빨리 가고 말았으니 온 집안의 슬픔은 이루 말할 수 없었다. 불과 1년 사이에 삼남매가 죽었으니 누구라도 그 광경을 짐작하리라."

그러나 이런 어려움 속에서도 학교는 무관학교 본래의 사명을 게을리하지 않았다. 학과는 전략, 전술, 측도학測圖學(지도 보는 법) 등의 이론과 보步, 기騎, 포砲, 총검술, 유술柔術, 격검擊劍 등 전문적인 군사학교와 다름없었다.

또한 국사교육도 철저하게 시켰다. 이상룡이 지은 『대동역사大東歷史』가 교재였는데, 만주를 단군의 옛 강역으로 기술한 사서史書였다. 이상룡의 「서사록」에는 그의 역사관에 관한 이야기가 다수 나온다. 그는 1911년에 이미 일제가 훗날 조선총독부 산하에 조선사편수회를 만들어 한국사를 왜곡하려는 사실을 알고 있었다는 듯 식민사학의 논리를 미리 혁파했다. 훗날 조선사편수회의 쓰다 소우키치[津田左右吉]와 그의 한국인 제자들이 만들어낸 식민사학의 주요 논리 중에 한사군은 한반도 내에 있었다는 것이 있는데, 이상룡은 한사군 중 하나인 현도군에 대해 "『만주지지滿州地誌』에 '현도玄菟는 사군 중 하나인데, 지금 평해성 복주復州 등지이다'라고 하였다"며 현도군이 만주에 있었다고 서술했다. 지금으로부터 100년 전에 이상룡이 이미 논파한 식민사학의 논리를 현재 한국 주류사학계는 그대로 추종해 한사군이 한반도 내에 있었다고 주장하고 있으니 그의 유혼幽魂이 혀를 찰 일이다. 이상룡은 단군조선→부여→고구려→발해로 이어지는 역사인식을 갖고 있었다. 정신적으로는 이런 국사관으로 무장하고, 육체적으로는 군사훈련으로 무장한 독립전사를 배출하는 곳이 신흥무관학교였다. 이철영, 이동녕, 이상룡, 여준, 이광 등이 교장을 역임한 신흥무관학교는 1911년 12월 김연金鍊, 변영태卞榮泰, 이규봉, 성주식成周寔 등 40여 명의 청년들을 특기생으로 배출한 것을 비롯해 1919년 11월 안도현 삼림지역으로 이동할 때까지 약 3,500명의 졸업생을 배출했다.

학생들의 의기는 대단했다. 1914년 조선총독부의 명령을 받은 조

무관학교 생도들의 훈련 모습(위)과 신흥무관학교 터(아래).
당시 대한통의부 산하 무관학교 생도들이 훈련받는 모습이다. 신흥무관학교 생도들도 전문적인 군사 이론과 전술을 배웠고, 체계적으로 군사훈련을 받았다. 현재는 학교 터만 쓸쓸하게 남아 있다. 중국 통화현 합니하 소재.

선총독부 시보 이마무라[今村邦] 등은 헌병대위 오오타[太田淸松] 등과 함께 압록강과 두만강 유역 교민들의 실태를 조사했다. 실제 목적은 교민실태를 파악해 감시하기 위한 것이었다. 신흥무관학교는 반드시 파악해야 하는 곳이었다. 그러나 직접 오지는 못하고 한인 보조원 정鄭모 씨에게 대신 방문하게 했다. 정 보조원이 이 씨 집에서 하룻밤을 자면서 벌어졌던 일이 「국경지방시찰복명서國境地方視察復命書」란 보고서에 실려 있다.

야반에 생도 20여 명이 그 침소에 돌입하여 와서 혹은 치고 혹은 찌르며 매도罵倒하기를, "너는 어떤 연유로 일본인에게 사역되느냐. 빨리 가래 한 자루를 들고 우리들과 행동을 같이 하라. 우리들은 배우며 또한 갈며 스스로 의식을 해결하고 있다"고 하며, "너는 돌아가서 일본인의 수족이 되어 사는 것보다 깨끗이 이곳에서 죽지 못하겠느냐면서, 또한 살아서 돌아간다 해도 너의 생명은 장백부長白府를 무사히 통과하지 못할 것이다"고 하며 마침내 감격에 벅차 체읍涕泣하고 호호呼號하는 자가 있었다고 한다. 이로써 그 일반一班을 엿볼 수 있으리라 사료된다.

스스로 감격에 벅차 눈물을 흘리고 구호를 지를 정도로 신흥무관학교 생도들이 의기에 차 있었다.

그러나 신흥무관학교는 여러 가지 어려움에 시달렸다. 1919년 7월 하순 유하현 고산자에 있던 신흥무관학교 본교의 교감인 윤기섭과 교관 박영희朴寧熙 그리고 학생 여러 명이 마적 장장호長長好 무리에게 납치당하는 사건이 발생한 것이다. 또한 내부 문제도 불거졌다. '윤치국尹致國 치사사건'이 그것인데 이 사건은 고산자의 본교에서 윤기섭을 배척하여 파벌이 생겨 급기야 졸업생인 윤치국이 희생당했다.

　여기에 일제의 압력도 가해졌다. 일제는 만주지역의 독립군을 토벌하기 위해 1920년 5월 만주 군벌 장작림張作霖과 봉천, 길림 등지에서 중일中日 합동수사를 전개하기로 합의했다. 이에 따라 봉천성 내에 일본인 경찰 간부를 수사반장으로 하는 합동수사반이 편성되었다. 이는 이 지역의 대표적 무장독립단체인 서로군정서西路軍政署를 유하현에서 안도安圖현으로 이주하게 만들었다.

　결국 이런 내우외환이 겹치면서 신흥무관학교는 1920년 8월 폐교되지만 우리 독립운동사에서 신흥무관학교의 중요성은 아무리 강조해도 지나치지 않다. 학생들은 입학과 동시에 일생을 독립운동에 바치기로 결심했고, 졸업 후에는 대부분 독립군 전사나 비밀결사대원이 되어 일제와 맞서 싸웠다.

　독립운동 사상 최대의 성과인 청산리대첩은 신흥무관학교가 없었다면 불가능했을지도 모른다. 1920년 10월 21일부터 26일까지 6일간 계속된 전투에서 일본군 1,200여 명을 사살해 일제를 경악에 빠뜨렸던 청산리대첩에는 신흥무관학교 출신들이 대거 가담했다.

　승첩을 이끈 부대는 김좌진金佐鎭의 북로군정서와 홍범도洪範圖의 대한독립군이었다. 북로군정서에는 사관양성소가 있었는데 신흥무관학교는 김좌진의 요청으로 김춘식金春植, 오상세吳祥世, 박영희, 백종렬白鍾烈, 강화린姜化麟, 최해崔海, 이운강李雲崗 등을 교관으로 파견했다. 이들이 훈련시킨 독립군들이 청산리대첩을 승리로 이끈 주역들이었다. 청산리대첩에서 박영희는 김좌진의 부관으로, 강화린은 제1중대장 서리로, 오상세는 제4중대장으로, 그밖에도 백종렬·김훈金勳

등이 장교로 전투를 승리로 이끌었던 것이다.

서간도지역의 무장독립군인 서로군정서에는 더욱 많은 신흥무관학교 학생들이 가담했는데, 김학규金學奎·백광운白狂雲·오광선吳光鮮 등 서로군정서와 임시정부 산하 광복군 간부로 활약한 이들도 신흥무관학교 출신이었다.

만주지역의 대한통의부, 정의부, 신민부, 국민부 등 무장독립단체에도 신흥무관학교 출신들이 빠지지 않았고, 의열단과 광복군처럼 국내와 중국 본토에서 벌어지는 무장투쟁의 현장에는 반드시 신흥무관학교 졸업생들이 있었다.

이회영은 자신과 함께 온 종들을 모두 독립군으로 받아들였다. 권영신의 회고를 보자.

이회영 선생은 데리고 온 종들을 우선 독립군 일원으로 받아들였다. 원래 종이었던 홍흥순이 종래 습관대로, "예~" 하고 길게 대답할라치면 "이젠 종이 아니라 독립군이다. 심부름도 독립을 위한 일인데 앞으로 노비 때 행색을 하면 엄벌하겠다"고 꾸짖어 홍흥순은, "양반이 독립한다더니 이렇게 신분까지 변했을까" 하고 감복했다.

권영신은 이회영 일가를 따라 열세 명의 종이 함께 왔다고 하면서 "독립군이 되면서 상하와 귀천, 나으리와 종이 없었다"고 증언했다.

신흥무관학교 졸업생들은 신흥학우단이란 비밀결사도 조직했다. 신흥학우단은 1913년 3월 교장 여준과 교감 윤기섭을 비롯해 제1기 졸업생들인 김석金石, 강일수姜—秀 등이 중심이 되어 결성한 조직이었다.

'혁명 대열에 참여해 대의大義를 생명으로 삼아 조국 광복을 위해 모교의 정신을 그대로 살려 최후의 일각까지 투쟁함'을 목적으로 삼은 신흥학우단은 첫째 강령이 "다물多勿의 원동력인 모교의 정신을 후인에게 전수하자"는 것이어서 때로는 다물단이라고도 했다. 다물은 '고토를 회복한다'는 뜻의 고구려어로 일제에 빼앗긴 나라를 되찾겠다는 의지의 표현이었다. 김석이 초대 단장을 맡은 신흥학우단은 서간도 청년독립운동의 핵심결사였다. 삼원보 대화사大花斜에 본부가 있었던 신흥학우단은 '혁명운동에 가입하는 것'을 가장 중요한 사업으로 삼았는데, 다음과 같은 선열의 시범을 외쳤다.

① 나는 국토를 찾고자 이 몸을 바쳤노라.
② 나는 겨레를 살리려 생명을 바쳤노라.
③ 나는 조국을 광복하고자 세사를 잊었노라.
④ 나는 뒤의 일을 겨레에게 맡기노라.
⑤ 너는 나를 따라 국가와 겨레를 지키라.

신흥학우단은 교사와 졸업생이 정단원이 되고 재학생이 준단원이 되었으니 사실상 신흥무관학교의 동창회였으나 실제 조직이나 행동은 일반 동창회와 달리 혁명결사였다. 신흥학우단의 사업 중에는 군사 실력 양성과 학교 설립, 노동강습소 설립과 함께 '민중의 자위체를 조직하여 적구敵狗 침입을 예방하는 것'도 들어 있었다. 일제의 습격을 막는 일종의 군대 역할도 겸했던 것이다.

4. 고종이 망명한다면

밀입국을 단행하다

이회영은 신흥무관학교의 발전을 다 지켜보지 못했다. 그는 신흥무관학교가 합니하로 이주해 전성기를 구가하던 1913년경 그곳을 떠나야 했다. 같은 해 봄 수원에 사는 동지 맹보순孟普淳에게서 일제가 이회영을 비롯한 이시영, 이동녕, 장유순, 김형선 등을 체포 또는 암살할 목적으로 형사대를 파견했으니 급히 피하라는 연락이 왔기 때문이다.

대책을 논의한 결과 일단 몸을 피하자는 데 의견이 모아졌다. 그들은 이상설이 있는 블라디보스토크를 피신처로 꼽았다. 그러나 이회영은 이를 거절했다.

"우리가 조국 광복의 큰 계획을 이룬다면서 빈손에 알맹이 없는 얘기만 하고 북쪽 땅 한 귀퉁이에 모여 있으니 어느 세월에 무슨 기회를 답답하게 앉아 기다린단 말인가? 동지 여러분은 블라디보스토크로 가서 몸을 보호하시오. 나는 고국에 돌아가서 자금을 구해오겠소."

고국으로 돌아가겠다는 말에 모두 놀라 말렸으나 이회영은 듣지 않았다.

"내 뜻은 이미 결정되었으니 여러분은 다시 말할 것 없소."

그러자 이동녕이 감탄해 말했다.

"옛날 중국의 촉한蜀漢에 조자룡이 온몸이 모두 쓸개덩이라고 했는데, 오늘 보니 우당의 온몸이 모두 쓸개덩이로구나!"

이회영은 장유순에게 같이 가자고 권고했다.

"형이 나를 깊이 알고 나도 형을 깊이 알아서 구국운동에 손을 잡고 함께 일해온 것이 어느덧 20년이 가까우니 진실로 삶과 죽음을 같이하는 벗이라 할 것이오. 오늘 우리가 또 한 번의 역경을 만났는데 어찌 잠시인들 떨어질 수 있겠소. 바라건대 형도 나와 함께 고국에 돌아가서 자금을 함께 구합시다."

그러나 장유순이 블라디보스토크로 가자고 하며 거절하자 이회영은 홀로 행장을 꾸렸다.

안동현에서 기차를 탄 이회영은 다행히 서울까지 무사히 올 수 있었다. 3년 만에 돌아온 고국이었으나 갈 곳이 없었다. 온 가족은 만주에 있었다. 이회영은 상동 청년학원 출신의 청년 윤복영尹福榮을 떠올렸다. 다 쓰러져가는 초가집에 살고 있던 윤복영은 느닷없이 나타난 이회영을 보고 깜짝 놀랐으나 곧 사정을 눈치 채고 집 안으로 맞아들였다.

함께 망명했다가 자금 마련을 위해 먼저 귀국해 있던 이관직은 윤복영에게서 소식을 듣고 황급히 찾아왔다. 이회영과 이관직은 두 손을 맞잡았다.

"선생께서는 무슨 일로 귀국하셨습니까?"

"내가 이 무궁화 강산에 다시 온 것은 몇몇 지우들을 만나 시국을 서로 논하고 자금도 모으기 위해서라네."

"제가 먼저 환국한 이래 한 가지 일도 이룬 것이 없어서 선생께서 직접 오시게 했으니 죄송스럽고 부끄럽습니다. 그런데 나라의 일이 지극히 중요하다고 하지만 왜적이 선생을 적대시하니 매우 위험합니다. 잠시라도 염려를 놓을 수 있겠습니까?"

"내가 비록 큰 재주는 없지만 왜적의 그물에 걸리지 않을 것이네. 또 장부가 세상에 태어나서 나라를 위해 충성을 다하다가 죽은들 무슨 한이 있겠는가?"

윤복영과 이관직은 이상재, 유진태俞鎭泰, 이덕규李德圭, 유기남柳冀男 등을 개별 방문해 이회영의 환국소식을 전했다. 그 와중에 이회영은 유진태의 집으로 거처를 옮겼다. 그런데 차차 이회영의 귀국소식이 일제의 수사망에 포착되었고, 드디어 일제 경찰 미쓰와三輪가 불시에 이회영을 찾아왔다.

"선생이 가족을 이끌고 만주로 멀리 떠났다더니 이제 조선으로 다시 돌아온 것은 무엇 때문인가?"

이회영은 이런 때를 위해 말을 준비해두었다.

"선영 산소의 나무를 누가 함부로 베어 낸다는 소식을 듣고 조상의 산소에 성묘와 배례도 하고 동기자매와 친척도 만나고자 겸사겸사 돌아왔다."

"언제 만주로 다시 갈 것인가?"

"아직 결정되지 않았다."

"만일 만주에 가게 되면 미리 알려달라."

미쓰와는 이렇게 전하고 순순히 돌아갔다. 이회영은 의외라고 생각했으나 사실 일제로서는 트집 잡을 것이 없었다. 아무런 물증을 남기지 않은 터에 귀족 가문 출신을 함부로 잡아다가 고문할 수도 없었다. 양반 사대부들은 독립운동 따위는 하지 않는다고 선전하던 일제로서는 굳이 이회영사건을 크게 만들 필요가 없었던 것이다.

이회영은 그 후 상동 공옥소학교攻玉小學校 교사였던 이경혁李卿赫의 집으로 옮겨갔다. 이회영은 비밀리에 국내외 인사들과 교류했는데, 이들에게서 받은 서찰은 즉시 불태워버리거나 땅속에 파묻어 감추었다. 그리고 이경혁의 동생 이중혁 외에는 누구와도 함께 자지 않았다. 이렇듯 이회영은 조심스럽게 행동했기에 귀국 후 일제의 감시에서 무사히 빠져나올 수 있었던 것이다.

청년 동지 임경호林敬鎬와 관련해서는 이런 일이 있었다. 1915년 여름에 이회영은 임경호를 블라디보스토크의 이상설에게 보냈다. 임경호는 여러 날 후의 황혼 무렵에 다시 돌아왔다. 여비 때문에 걸어온 뒤라 무척 피곤했던 임경호는 이상설의 이야기를 전한 후 이회영의 방에서 눈을 붙이려 했다. 그러나 이회영은 거절했다.

"여기서 자면 안 되네. 여관으로 가게."

"한 발자국도 나가지 못하겠습니다."

임경호는 불쾌한 기색이 역력했다. 몇날 며칠을 걸어왔는데 잠도 재워주지 않는 비정한 처사로 느꼈던 것이다.

"국내에 돌아온 이후 혼자 자는 것이 절대 바꿀 수 없는 나의 법규네. 임 군은 비록 매우 피곤하겠지만 밖에 나가 자도록 하게."

임경호는 무정한 선생이라고 혼잣말을 하며 방을 나섰다.

그런데 다음 날 새벽 일제 형사 5, 6명이 갑자기 이회영의 방을 덮쳤다. 그들은 방 안을 수색하다가 이회영을 종로경찰서로 끌고 가 심문했다.

"선생은 어느 해 만주로 나갔소?"

"경술년(1910년) 겨울에 건너갔다."

"만주로 간 것은 무슨 의도요?"

"만주에 토지를 매입하고 개간해서 농업을 경영하려 한 것이다."

"선생이 경학사를 설립했다는데 무엇을 하는 회사요?"

"경학사는 농업과 학업을 권장하려는 것이다."

"선생이 대고산 아래에다 무관학교를 설립했다는데 무관을 양성하여 무엇을 하려는 것이오?"

"그것은 낭설이다."

"구한국의 해산 군대의 장교들이 모여 병서를 가르치고 전술을 훈련한다는 사실을 알고 있소."

"지금 국내 각 학교에서 구한국군 장교들이 학생들에게 체육을 가르치지 않는가? 이와 같은 것이다."

"블라디보스토크에 있는 이상설을 전부터 알고 있소?"

"이상설은 죽마고우다."

"이상설의 소식을 들었소?"

"수천 리 밖에 있는 친구의 소식을 어디에서 들어보겠는가?"

"이상설은 해외에서 무엇을 하오?"

"피차에 왕래도 못 하고, 서신도 끊어졌으니 그가 무슨 일을 하는지 나는 모른다."

"선생은 국내외 인사들과 체결해 독립운동을 하는 것이 아니오?"

"그게 무슨 말인가? 나의 가장 큰 소원은 큰 부자가 되는 것이다."

"그것은 거짓말이오. 아마도 혁명가가 되고 싶은 것이겠지? 선생이 겉으로는 온아溫雅하고 아무 일 없다는 듯이 말하지만 뱃속에 감춘 생각이 따로 있고 가슴에는 불평이 가득한 것을 알고 있소."

만약 임경호가 이회영의 방에서 자다가 체포되었다면 일제는 임경호를 고문해 그와 이상설이 비밀연락망을 갖추고 있다는 사실을 포착했을 것이다. 그러나 아무런 물증이 없었으므로 일제는 기소를 포기하고 이회영을 3주일간 구류에 처했다.

구류 시절 경찰서 유치장 안에 동지인 나羅 씨가 있는 것이 보였다. 나 씨는 이회영과 연관이 있었다. 이회영은 대책을 강구하다가 고육계를 쓰기로 했다. 점심을 먹고 나서 나무젓가락으로 코를 찔러 피가 나오게 한 후 젓가락을 싸는 종이에 몇 자 적었다.

'我不言君.(나는 그대를 말하지 않았다)'

이회영은 경찰이 한눈파는 틈을 타 철창 사이로 쪽지를 건네주었다. 나 씨가 민첩하게 감추는 것을 보고 나서 이회영은 안심했다. 이런 신중하고도 과감한 처신 덕에 그는 3주일간의 구금을 끝내고 석방될 수 있었다.

당시 이회영은 무슨 사건에 연루되어 일제의 조사를 받았을까? 직접적인 자료가 없으므로 단정하기는 쉽지 않지만 1915년 중순경 발생한 이른바 '조선보안법 위반사건'과 관련되었을 가능성이 높다.

조선보안법 위반사건은 이상설이 성낙형成樂馨을 국내에 파견해 고종 황제와 의친왕을 해외로 망명시키려다 발각된 사건이었다. 일제는 이를 사법비밀로 처리했을 정도로 충격이 컸다.

1914년 블라디보스토크에 망명정부인 대한광복군정부를 세운 이상설은 이듬해 3월 상해 영국 조계 내의 배달학원에서 박은식朴殷植,

신규식申圭植, 조성환, 유동렬 등 주요 독립운동가들과 회동해 신한혁명단新韓革命團을 조직했다. 신한혁명단 본부장 이상설은 외교부장 성낙형을 국내에 파견해 고종과 의친왕 등 왕족들의 해외 망명을 추진하라고 지시했다. 고종은 내관 염덕인廉德仁을 통해 덕수궁 함녕전에서 관련 서류를 제출받고, 그 배후에 이상설이 있음을 알고 외교부장 성낙형의 비밀알현을 허락했다. 이들은 항일의지가 가장 높은

의친왕 이강.
이상설, 전협 등 독립운동가들은 항일투쟁의 명분으로 삼기 위해 의친왕의 국외 망명을 여러 차례 시도했으나 번번이 실패하고 말았다.

의친왕 이강李堈까지 연결했으나 고종을 알현하기 직전에 성낙형을 비롯해 의친왕의 장인 김사준과 그 사촌 김사홍, 김승현金勝鉉 등 다수의 관련자들이 검거됨으로써 실패하고 말았다.

경기도 경찰부가 「보안법 위반사건 검거의 전말」이란 문건을 조선총독과 정무총감, 군사령관 등에게 보고한 때가 1915년 9월 21일로, 그해 8월 20일경에 체포되었던 이회영이 3주일간의 구류를 마치고 석방된 때와 비슷한 시기다.

이회영을 체포한 일제 경찰이 이상설과의 관계를 집중적으로 물은 것은 그가 조선보안법 위반사건 관련되어 있음을 시사해준다. 국외 망명과 헤이그 밀사사건 등 중요한 사건을 항상 이회영과 함께 추진

했던 이상설이 고종 망명이란 커다란 사건을 계획하면서 이회영과 논의하지 않았을 리 없다. 이회영이 체포되기 전날 밤 찾아온 임경호가 블라디보스토크의 이상설에게서 온 사실 등은 이회영이 고종 망명사건에 관련되어 있음을 말해준다. 비록 무산된 사건이지만 이회영은 이 계획을 포기하지 않았다.

고종 망명이 갖는 폭발성

고종이 국외로 망명한다면 일제의 조선 지배는 심각한 곤란에 처할 것이 분명했다. 고종 망명은 독립운동의 흐름 자체를 뒤바꿀 만한 대사건이었다. 조선이 망했을 때 양반 지배층들에게 목숨 걸고 싸우지 않은 명분을 제공한 사람은 역설적이게도 고종이었다. 그들은 고종이 개전조칙을 내리지 않은 것을 명분으로 삼았기 때문이다. 일본은 이른바 한일합방이 일본 황실과 한국 황실의 자유로운 의사와 합법적 절차에 따른 것이라고 선전하고 있었다.

　한일병합이 한국 황실의 자의로 체결되었다고 믿는 한국의 식자는 아무도 없었다. 그러나 고종의 생존 자체가 격렬한 항일투쟁을 자제시키는 완충지대 역할을 한 것은 사실이다. 자의든 타의든 한국 황실이 한일병합이란 운명을 받아들였다는 생각에서 격렬하게 저항하지 않았던 것이다.

　만약 고종이 항일투쟁의 전면에 나선다면 양반 지배층들이 현실에 안주할 수 있는 명분이 송두리째 사라지는 것이나 마찬가지였다. 고종이 합방조약 무효를 선언하고 개전조칙을 내릴 경우 지방을 장악하고 있는 양반 지배층들이 침묵만 하고 있을 수는 없었다. 그럴 경우 농민에 대한 지배력이 급속히 와해될 것이 뻔했기 때문이다.

고종이 국외로 망명해 개전조칙을 내린다면 전국적으로 봉기가 일어날 것은 틀림없는 사실이었다. 이회영이 고종 망명계획을 포기하지 않은 것은 이런 정치적 폭발성을 이용하기 위해서였다.

일제가 조선보안법 위반사건 이후 고종을 더욱 철저히 감시했으므로 기회를 잡기 어려웠다. 고종 망명은 일제가 모든 것을 걸고 막아야 하는 식민지 통치의 제1대 원칙이었다. 그러나 이회영은 포기하지 않고 기회를 엿보았다.

기회를 엿보던 이회영은 드디어 방안을 떠올렸다. 아들 이규학의 신부례를 이용하는 것이었다. 이규학은 1917년 어머니 이은숙과 함께 국내로 왔다. '속히 돌아오겠다'며 국내로 떠난 이회영이 5년 동안이나 돌아오지 않자 이회영을 찾아 귀국했던 것이다.

신부례 상대인 조계진은 조대비의 친족이자 고종 황제의 조카딸이었다. 이미 결혼한 지 3년이 지난 1918년 11월에 신부례를 올린 이유가 바로 이 때문이었다. 이규학의 동생 이규창이 "혼수를 다 궁내宮內서 준비하여서 궁내 나인이 우리 집으로 폐백 전일前日에 다 가져왔다"고 회상할 정도로 신부례는 왕실과 밀접한 관계 속에 진행되었다. 이때의 망명계획에는 이회영·이시영 형제와 이득년李得年, 홍증식洪增植, 민영달, 조완구 등이 가담했다.

이회영이 고종의 시종 이교영李喬永을 통해 의사를 타진하자 고종은 선뜻 국외 망명계획을 승낙했다. 당시 일제는 황태자이자 순종의 동생인 영친왕을 일본의 왕족 이방자李芳子와 혼인시키려 했다. 고종은 한국의 황태자가 일본 여인과 혼인한다는 것은 말도 안 된다고 여겼다. 순종이 후사가 없는 판국에 왕세자 영친왕이 일본 여인과 혼인한다면 조선 왕실의 순수한 혈통은 완전히 끊기는 것이라고 판단한 고종은 이회영의 망명제의를 선뜻 받아들였다. 일제의 남작 작위를 거부하기도 한 민영달은 망명계획에 고종이 찬성했다는 말을 듣자 선뜻 여기에 동조했다.

"황제의 뜻이 그렇다면 분골쇄신하더라도 뒤를 따르겠소."

그러면서 민영달은 5만 원의 거금을 내놓았는데, 이회영은 이 자금으로 북경에 고종이 거처할 행궁을 구하기로 했다. 이회영은 1918년 말 무렵 이득년과 홍증식을 통해 민영달이 내놓은 자금을 북경에 머물고 있던 이시영에게 전달하게 했다. 고종이 거처할 행궁을 임차하고 수리하도록 부탁한 것이다.

고종이 국외 망명을 결심하던 1918년 말, 10년에 가까운 일본의 무단통치는 한계에 봉착해 있었다. 고종이 개전조칙을 내리면 전국 각지에서 봉기가 일어날 것이 분명했다. 전 민족적 결전의 날이 무르익고 있었던 것이다.

이렇듯 자금이 마련되고 행궁까지 준비되어 구체화되어 가던 고종의 망명계획은 의외의 사태 때문에 성사되지 못했다. 당사자인 고종이 예기치 못하게 급서한 것이다.

고종의 급서에는 여러 가지 의문점이 많다. 고종의 망명을 준비했던 사람들은 한결같이 망명정보가 누설되어 일본이 독살한 것이라고 적었다. 일제가 편찬한 『순종실록』의 기록도 의혹투성이다.

『순종실록』의 부록에 태왕太王(고종)의 와병기록이 나오는 것은 1919년 1월 20일조다. 그러나 고종의 병명도 없이 그저 태왕의 병이 깊어 동경에 있는 왕세자에게 전보로 알렸다고만 기록되어 있다. 문제는 그날 밤 고종의 병세가 깊어지자 숙직한 인물들에 있었다. 바로 일제에게서 자작 작위를 받은 친일파 이완용과 이기용李琦鎔이 별도로 들어와 숙직했던 것이다. 그리고 그다음 날 묘시(오전 6시)에 고종이 덕수궁 함녕전에서 승하했다고만 기록되어 있다. 그러므로 고종의 임종을 지켜본 인물은 헤이그 밀사사건 때 고종에게 "일본에 가 일황에게 사죄하든지 퇴위하라"고 윽박질렀던 이완용과 일제에게 작위를 받은 매국노뿐이었다. 고종이 1월 20일에 사망했는지 아니면 일제의 기록대로 21일에 사망했는지도 불분명하며 그사이 이완용과 이기용이 고종에게 어떤 짓을 했는지도 알 수 없는 노릇이었다.

일본은 고종의 사망 사실을 하루 동안 숨겼다가 발표했는데, 그것도 신문 호외를 통한 비공식적인 방식이었다. 병명은 급서한 경우 갖다 붙이기 쉬운 뇌일혈이었다. 고종의 사망 사실을 은폐하는 동안 일제가 무슨 일을 꾸몄는지도 모른다.

또한 일제가 조선총독부 칙령 제9호로 "이태왕이 돌아가셨으므로 오늘부터 3일간 가무음곡을 중지한다"고 결정한 것은 1월 27일이었다. 일주일이 지난 뒤에야 가무음곡을 중지한다는 칙령을 내린 것이다. 그동안 무슨 일이 있었는지는 추측만 가능할 뿐이다.

독립운동가들은 고종을 독살한 장본인으로 이왕직 장시국장이자 남작 작위를 받은 한창수와 시종관 한상학을 지목했다. 이증복은 1958년 12월 16~19일자 『연합신문』에 1918년 12월 19일 밤에 두 한씨가 독약이 들어 있는 식혜를 올려 고종을 독살했다고 적었다.

또한 성신여대 구양근 교수는 일본 외무성 외교사료관에서 고종이 사망한 그달에 열린 국민대회 명의의 성명서를 찾아냈는데, 여기에는 "그들(이완용, 송병준 등 친일파)은 출로가 막히자 후일을 두려워하여 간신배를 사서 시해하기로 하였다. 윤덕영, 한상학 두 역적을 시켜 식사당번을 하는 두 궁녀로 하여금 밤참에 독약을 타서 올려" 시해했다고 적혀 있었다고 한다.

고종독살설은 이처럼 단순한 설이 아니라 이완용과 이기용, 한창수, 윤덕영, 한상학 등의 실명이 거론될 만큼 구체성을 띠고 있었다. 이회영의 아들 이규창은 자서전 『운명의 여진』에서 고종의 조카이기도 한 형수 조계진이 고종 사후 5일 후에 운현궁에 갔다가 "궁인宮人을 매수해 극비리에 식혜에 독약을 타서 절명했으며, 독약을 탄 궁인들은 행방불명됐다"는 이야기를 들었다고 전했다.

1892년부터 1934년까지 한국에서 선교활동을 폈던 미국 북감리교의 마티 윌콕스 노블이 당시 쓴 일기가 『3·1운동 그날의 기록』이란 책으로 발간되었는데 여기에도 같은 내용이 실려 있다. 그중 1919년 3월 3일자 일기는 "……전前 황제는 격노하여 서명을 거부했고, 그러자 서명을 강요하던 사람들은 앞으로 어떤 일이 생길까 두려워 전 황제를 독살하고 상궁들(윤덕영과 호상학)을 죽였다……"고 기록했다. 외국 선교사에게까지 윤덕영과 호상학(한상학)의 이름이 독살자로 알려질 정도로 고종의 독살설은 구체적이었다.

고종의 급서에 전 백성이 땅을 쳤지만 이회영의 충격은 더했다. 만약 고종이 국외로 망명해 망명정부를 수립하고 일본에 선전포고를 한다면 전 국민이 들고 일어설 것을 믿어 의심치 않았던 터였다. 그렇게 되면 아무리 강고한 무단통치라 해도 통제할 수 없는 상황이 되었을 것이 분명했다.

또한 외교관계로 보더라도 황제가 직접 망명해 정부를 수립한다면 자발적으로 합병했다고 주장한 일본의 허위성이 만천하에 드러나 최소한 영국, 독일, 스페인 같은 군주국가들은 이 망명정부를 승인하지 않을 도리가 없었다. 이는 완전히 새로운 정세가 조성되는 것이었다.

1920년 대동단大同團의 전협全協(1878~1927년)이 고종의 아들인 의친왕 이강을 상해로 망명시키려던 사건도 마찬가지 견지에서 추진된 것이다. 전협은 대동단 총재로 중추원 의장 출신의 김가진을 추대하고 의친왕과 중망 있는 귀족을 망명시켜 대한민국 임시정부와 합세하기로 계획하고 임정의 안창호와 협의해 찬동을 얻었다. 그 결과 김가진이 먼저 상해로 탈출했고, 의친왕도 1920년 11월 만주의 안동현까지 탈출했으나 일제의 개입으로 실패하고 말았다.

의친왕이 국외로 탈출하려던 이 사건은 조선총독부에 엄청난 충격을 주었다. 일제는 각 귀족들의 감시와 경호에 더욱 열을 올렸으며, 안동에서 서울로 압송한 의친왕을 총독관저 내의 녹천정綠泉亭에 유폐하고 이중, 삼중으로 감시할 정도로 재탈출을 우려했다. 당시 의친왕 감시를 맡았던 지바[千葉了] 경찰부장이 경호 경찰들에게 한 말은 이 사건의 중대성을 잘 보여준다.

"이강 공의 경위警衛임무는 매우 중차대하다. 만일 다시 한번 이곳을 탈출하거나, 불온한 조선인에게 탈취당하는 불상사가 생긴다면 이는 단지 경찰의 실패로 끝나는 것이 아니라 조선 통치상 치명적 결과를 가져올 것이다."

일제는 이처럼 의친왕 탈출사건에 큰 충격을 받았는데, 만약 이회영의 계획대로 고종이 탈출했으면 그 여파는 의친왕과는 비교도 안 될 만큼 큰 사건이었을 것이다.

고종마저 갑자기 승하하자 이회영은 더 이상 국내에서 할 일이 없어졌다. 그는 인산因山(3월 1일, 고종의 장례) 전에 조선을 떠나기로 결

이승훈 흉상.
이승훈은 신민회 발기에 참여했고, 오산학교를 세웠다. 105인사건에 연루되어 옥고를 치렀다. 서울시 용산구 보광동 오산고등학교 소재.

심했다. 이회영은 천도교의 오세창, 불교의 한용운, 기독교의 이승훈 등과 인산일에 전 민족적 봉기를 일으키기로 논의한 후 자신은 미리 출국해 국외에서 동조 거사하기로 했다. 이회영은 전처소생의 장남 이규룡李圭龍을 데리고 북경으로 떠나며 아내 이은숙에게 이렇게 말했다.

"인산 구경 가지 말고 대문을 단단히 걸고 있으라."

이때가 무오년(1918년) 12월 19일, 양력으로는 1919년 1월 21일이었다. 이회영은 이때 벌써 고종의 국장 때 소요사태가 일어날 것을 알고 있었다. 그렇지 않았다면 고종과 사돈지간인 아내에게 인산 구경을 가지 말라고 당부했을 리 없다.

이회영은 기독교계의 대표 이승훈은 물론 불교계의 대표 한용운과도 잘 아는 사이였다.

이회영이 한용운을 알게 된 계기는 드라마틱하다. 이회영이 합니하에 있을 때 한용운이 찾아왔다. 그 당시 만주에 오려면 미리 믿을 만한 사람의 소개를 받고 와야 했는데 한용운은 이런 연락과정 없이 불쑥 나타났다. 행동거지가 단정하므로 달리 의심할 구석은 없었으나 소개 없이 왔기 때문에 안심은 하지 못했다. 한용운이 돌아가겠다고 하자 이회영이 여비 일부를 보조해주고 작별했다.

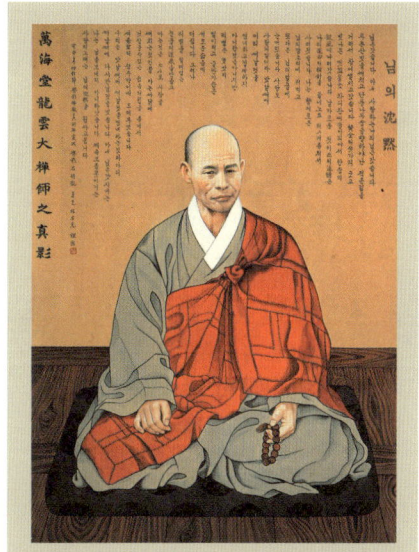

한용운 초상.
한용운은 일제강점기 때 시집 『님의 침묵』을 출간해 저항문학에 앞장섰고, 종래의 무능한 불교를 개혁하고 불교의 현실참여를 주장했다.

그런데 며칠 후 합니하에서 통화로 가는 중간 지점인 쿠라즈 고개에서 한용운이 저격당했다는 소식이 들려왔다. 다행히 죽지는 않았고 통화병원에서 입원 치료 중이라고 했다. 이회영은 무관학교 학생들의 짓일지도 모른다고 생각해 학생들을 꾸짖었다.

"아무리 연락 없이 왔지만 그의 행동이 침착 단정하거늘, 잘못하다 아까운 인재이면 어찌하겠나?"

이회영은 1918년경 서울에서 이은숙에게 한용운 이야기를 했다.

"몇 년 전 합니하에서 한 청년이 소개 없이 오지 않았던가? 그 청년을 지금 만났어. 자기가 통화로 가다 총 맞은 이야기를 하며 '내 생명을 뺏으려 하던 분을 좀 보면 반갑겠다'고 하니, 그는 영웅이야."
 이회영은 고종의 죽음으로 슬픔에 빠진 조국을 다시 떠났다. 두 번째 망명이었다.

5 북경과 상해를 오가며

임시정부를 둘러싼 파문

북경으로 망명한 이회영은 그곳에서 동생 이시영과 이동녕을 다시 만났다. 그 당시 북경에는 이들 외에도 조성환曺成煥과 이광李光 등이 망명해 있었고, 각지에서 경쟁적으로 임시정부가 조직되는 등 3·1운동을 계기로 독립운동의 기세가 불같이 타오르고 있었다. 심지어 독립이 다 된 것같이 생각하는 분위기까지 있었다. 철기鐵驥 이범석李範奭은 자서전 『우둥불』에서 "기미년 직후 상해의 우리나라 사람은 대놓고 말은 못 했지만 독립이 다 된 것 같은 기대감 속에 있었기 때문에 국적을 밝히고 있어 중국 사람은 한국 사람을 알고 있었다"고 썼다. 이상주의 성향이 강한 민족성 때문에 곧 독립이 쟁취될 것으로 믿어 의심치 않았던 것이다.

이회영과 이시영, 이동녕, 조완구, 이광 등이 의기투합해 상해에 도착한 시점은 이런 분위기가 한창 무르익었을 때였다. 상해에는 이들 뿐만 아니라 다른 많은 독립운동가들도 모여들었는데, 그들은 독립운동 노선을 두고 활발하게 토의를 벌였다. 당시 많은 독립운동가들은 임시정부 수립에 매력을 느끼고 있었다. 그러나 이회영은 임시정부 수립에 반대했다.

이회영은 정부라는 행정적 조직보다는 독립운동본부를 조직하자고 주장했다. 각 독립운동 조직이 서로 연락체계를 갖추어 실제 운동에 나설 경우 중복이나 마찰이 없도록 조직을 만들자는 것이었다. 이회영이 초기 임시의정원에 가담한 것은 이런 방안을 계속 주장하기 위한 방편이었다.

갈적봉葛赤峰이 1945년에 상무인서관商務印書館에서 펴낸 『조선혁명기朝鮮革命記』에는 1919년 4월 11일 상해에서 구성된 임시의정원의 대표 명단(29명)이 나오는데, 이회영은 김동삼·이시영·조소앙趙素昻·김대지金大地 등과 함께 동삼성東三省(만주) 대표로 참석했다고 기록되어 있다.

임시의정원에서 임시정부 조직을 위한 헌법을 기초하자 이회영은 다시 손정도, 이동녕, 조완구, 조소앙 등에게 정부가 아닌 독립운동 총본부를 조직해야 한다고 역설했다. 정부를 조직하면 지위와 권력을 다투는 분규가 끊이지 않을 것이기 때문에 이회영은 정부 조직을 반대했던 것이다.

그러자 이회영의 진심을 오해한 일부 독립운동가들은 이회영이 구舊황제를 다시 추대하려는 보황파保皇派이기 때문에 정부 조직을 반대하는 것이라고 비난하기도 했다.

이때만 해도 이회영은 아나키즘Anarchism(자유연합주의)에 대해서 알

상해 임시정부 청사.
상해 임시정부는 전 독립운동가의 총의로 출발하지 못하고 이승만을 거부하는 세력과 맞서는 상태에서 출범했다.

지 못했다. 그럼에도 이때 벌써 정부 형태보다는 여러 독립운동단체가 연합한 독립운동단체연합회 같은 조직을 주장했다는 것은 그에게 선천적으로 아나키스트Anarchist(자유연합주의자)의 기질이 있음을 보여준다. 중앙집권적 정부 수립보다는 각 운동단체들의 자율성이 보장되는 운동단체연합회 결성을 주장한 것이다.

상해의 프랑스 조계 김신부로金神父路에서 개최된 임시의정원 회의는 곧 내홍內訌에 휩싸였다. 이승만이 내각책임제하의 국무총리로 천거되자 신채호가 강력하게 항의하고 나섰는데, 그 이유는 이승만이 미국에 위임통치를 청원했기 때문이었다.

이승만은 1919년 초 파리강화회의에 미국의 대한인국민회 중앙총회 대표로 파견되어 그해 2월 25일 미국의 윌슨 대통령에게 위임통치를 요청하는 공한을 보냈는데 이것이 문제가 되었다.

> 미국 대통령 각하, 대한인국민회 위원회는 본 청원서에 서명한 대표자로 하여금 다음과 같은 공식청원서를 각하에게 제출합니다. ……우리는 자유를 사랑하는 2천만의 이름으로 각하에게 청원하니…… 열강이 먼저 한국을 일본의 학정으로부터 벗어나게 하여 장래 완전한 독립을 보증하고 당분간은 한국을 국제연맹 통치 밑에 두게 할 것을 빌며…….

이승만이 한국의 위임통치를 주장한 사실은 독립운동가들 사이에 큰 파문과 분노를 일으켰다. 이 내용은 국내는 물론 상해에도 거의 알려지지 않았는데, 미국에 살던 박은식과 신채호의 친구가 그 원문과 번역문을 상해의 신채호에게 보냄으로써 알려졌던 것이다. 당시 상해의 같은 여관에서 기거하던 김창숙이 쓴 「독립운동비화」를 보자.

하루는 백암白巖(박은식) 선생과 내가 여관에서 있자니까 신채호 선생이 편지 한 장을 들고 들어와 아무 말도 없이 펑펑 울기 시작했다. 그래서 "무슨 일이길래 말도 없이 우시오?"라고 물었더니, 그는 미국 친구가 보내온 서신을 내보이었다. 물론 왜인의 한국 침략이 분하기도 하지만, 그렇다고 조국을 미국의 위임통치하에 넣겠다고 하므로…… 우리 3인이 통곡을 했던 것이다. 여기서 우리 3인은 이승만 씨를 임정에서 제거하지 않으면 안 되겠다는 결론을 내리고 그의 제거공작에 착수했다.

- 『경향신문』 1962년 3월 2일

신채호는 이승만을 이렇게까지 성토했다.

"미국에 위임통치를 청원한 이승만은 따지고 보면 이완용이나 송병준보다 더 큰 역적이다. 이완용은 있는 나라나 팔아먹었지만 이승만은 아직 나라를 찾기도 전에 팔아먹었다."

그러나 이때만 해도 신채호는 임시정부 자체를 거부하지는 않았다. 그는 1919년 7월에 개최된 제5회 임시의정원회의에서 충청도 의원으로 전원위원회全院委員會 위원장에 선임되었으나 결국 임시정부를 떠나고 만다. 1919년 8월에 개최된 제6회 임시의정원회의에서 상해와 러시아령, 국내에서 수립된 3개처 임시정부의 통합을 추진하면서 통합 임시정부의 대통령으로 이승만을 선출했기 때문이다.

신채호는 임시정부 자체에 등을 돌렸다기보다는 이승만을 대통령으로 선출한 임정에 등을 돌렸던 것이다. 그는 임시정부가 자신들이 제기한 이승만의 위임통치 청원 문제를 "이승만과 사감이 있는 자의 고발"이라고 격하하며 철저히 조사하지 않았다고 비판했다. 또한 그는 "이승만을 대통령으로 선거한 죄는 더 중대"하다며 임시정부를 격렬하게 성토했다.

  이승만 비판세력과 옹호세력 사이의 분열이 심각해지자 나창헌羅昌憲이 검사가 되고 최창식崔昌植이 재판장이 되어 특별법정을 열기도 했다. 나창헌 검사가 이승만을 위임통치 청원죄로 기소했고, 최창식 재판장이 이를 받아들여 대통령직을 파면했으나, 이 역시 한때의 소동으로 끝나고 이승만의 대통령직은 고정되어갔다.

  임정은 출범부터 전 독립운동가의 총의로 출발하지 못하고 이승만을 거부하는 세력과 맞서는 상태로 출범했다. 임정에 실망한 독립운동가들은 상해를 떠나기 시작했는데 이회영도 그중 한 명이었다.

  이회영이 북경으로 돌아온 것은 1920년 3월경이었다. 이회영뿐만 아니라 임시의정원 의장인 이동녕, 재무총장 이시영, 외무총장 박용만朴容晩을 비롯해 신채호, 조완구, 이광, 조성환, 김규식 등이 북경으로 돌아왔다. 물론 이들이 모두 임정 반대자는 아니었지만 이회영·신채호·박용만 등은 반이승만, 반임정 노선을 뚜렷이 한 인물들로 이른바 임정에 반대하는 북경그룹의 주요 성원이 되었다.

독립운동가들의 단골 거처

이회영은 북경의 자금성 북쪽 후고루원後鼓樓園의 한 가옥을 빌려 살았는데, 이곳은 곧 수많은 독립운동가들로 북적거리는 사랑방이 되었다. 북경에 온 독립운동가들은 일단 이회영의 거처에서 몇 달을 보낸 후 새로운 길을 찾아나서는 것이 상례가 되었다. 북경에서 이회영과 함께 지낸 아들 이규창은 "그 당시 국내에서 맘을 품은 인물, 즉 청년들은 중국 북경에 오면 반드시 나의 부친을 뵙게 되고 대체로 우리 집에 거주하게 된다"고 회상했다. 북경의 이회영 거처는 모든 독립운동가들이 한번씩은 거쳐 가는 필수 코스였던 것이다. 북경에서 이회영과 자주 만났던 인물들로 이규창이 기억하는 사람들을 적으면 그대로 한국 독립운동 인물사가 된다.

김규식·신채호·김창숙·안창호·조소앙·조성환·박용만·이천민李天民·김원봉·이광·송호성宋虎聲·홍남표洪南杓·유석현劉錫鉉·어수갑魚洙甲·유자명柳子明·이을규李乙奎·이정규李丁奎·정화암鄭華岩(정현섭)·김종진金宗鎭·소완규蘇完奎·임경호·한진산韓震山·이정열李定烈…….

그리고 이들은 그대로 한국 독립운동의 노선사가 된다. 김규식·김창숙·안창호·조소앙 등은 민족주의를 고수했고, 홍남표·성주식 등은 공산주의자가 되었으며, 유자명·이을규·이정규·정화암·김종진 등은 아나키스트가 되었으니 한국 독립운동사의 모든 노선이 이회영의 북경 거처를 거쳐 나뉜 셈이다. 또 김원봉·유석현 등은 일제를 공포에 떨게 한 직접행동가들이었으니 북경의 이회영 거처는 온갖 성향의 독립운동가들이 얽히고설킨 인연의 장소였다.

당시 이회영의 후고루원 거처에서 함께 거주했던 『상록수』의 저자 심훈沈熏의 수기가 있어 이 시절의 모습을 생생하게 전한다.

……나는 맨 처음 그 어른(이회영)에게로 소개를 받아서 북경으로 갔다. 부모의 슬하를 떠나 보지 못하던 19세의 소년은 우당장과 그 어른의 영식令息인 규룡圭龍 씨의 친절한 접대를 받으며 월여月餘를 묵었다.

이회영과 아이들(위), 이회영의 거처가 있던 골목(아래).
사진의 맨 왼쪽 아이인 이규창(1913년생)의 나이로 미루어 1920년경 이회영이 북경에서 활동하던 시절의 모습으로 추측된다. 상해에서 북경으로 온 이회영은 자금성 북쪽 후고루원에 있는 한 가옥에 살았는데, 그곳은 금세 수많은 독립운동가들로 북적거리는 사랑방이 되었다.

조석朝夕으로 좋은 말씀도 많이 듣고 북만北滿(북만주)에서 고생하시던 이야기며 주먹이 불끈불끈 쥐어지는 소식도 거기서 들었는데 선생은 나를 막내아들만큼이나 귀여워해주셨다. 이따금 쇠고기를 사다가 볶아 놓고 겸상을 해서 잡수시면서 "어서 먹어, 집 생각 말구" 하시다가도 내가 전골냄비에 밥을 푹 쏟아서 탐스럽게 먹는 것을 보고는 "옳지 사내 숫기가 그만이나 해야지" 하시고 여간 만족해하시는 것이 아니었다.

그러나 내가 연극 공부를 하려고 불란서 같은 데로 가고 싶다는 소망을 말씀드리면 강경히 반대를 하였다.

"너는 외교가가 될 소질이 있으니 우선 어학語學에 정진하라"고 간곡히 부탁을 하였다.

(무슨 일이 다 되는 줄 알았던 때였지만……)

"리마李媽!" 하고 중국인 하녀를 부르시던 서울 양반兩班의 악센트가 붙은 음성이 지금도 귀에 쟁쟁하지만, 어느 날 아침은 세수한 뒤에 걸린 수건이 얼른 떨어지지를 않아서 앉은 채로 북 잡아 내리는 것을 보시고 "사람은 그렇게 성미가 급하면 못 쓰느니라"고 꾸짖으며, 일부러 커다랗게 눈을 부릅떠 보이시던 그 인자하신 눈! 그 눈동자는 바로 책상머리에서 뵙는 듯하다.

그러나 나는 몹시도 외로웠다. 막내아들이라 응석받이로 자라던 나는 허구한 날 집 생각만 하였다. 남에게 눈물을 보이지 않으려고 변소에 가서 울기를 몇 번이나 하였다.

그 당시에 「고루鼓樓의 삼경三更」이라고 제題한 신시新詩 비슷한 것이 있기에 묵은 노트의 먼지를 털어 본다.

눈은 쌓이고 쌓여

객창客窓을 길로 덮고
몽고蒙古 바람 씽씽 불어
왈각달각 잠 못 드는데
북이 운다, 종이 운다.
대륙의 도시 북경의 겨울밤에.

화로火爐에 메첼[煤珠]도 꺼지고
벽壁에는 성에가 줄어
창 위에도 얼음이 깔린 듯
거리에 땡그렁 소리 들리잖으니
호콩 장수도 고만 얼어 죽었다.
입술 꼭 깨물고
이 한 밤만 새우고 나면
집에서 돈표 든 편지나 올까.

만두 한 조각 얻어먹고
긴긴 밤을 달달 떠는데
고루에 북이 운다.
뗑뗑 북이 운다. 1919년 12월 19일

　두 달 만에야 식비食費가 와서 나는 우당 댁을 떠나 동단패루東單牌樓에 있는 공우公寓로 갔다.
　허구한 날 돼지기름에 들볶아주는 음식에 비위가 뒤집혀서 조반을 그대로 내보낸 어느 날 아침이었다. 뜻밖에 양털을 받친 마괘馬褂

를 입고 모발毛髮이 반백半白이 된 노신사 한 분이 양차洋車를 타고 와서 나를 심방尋訪하였다. 나는 어찌나 반가운지 한달음에 뛰어 나가서 벽돌바닥에 두 손을 짚고 공손히 조선朝鮮 절을 하였다. 그리고 노인이 손수 들고 오시는 것을 받아 들었다. 그 노인은 우당 선생이셨고, 내 손에 옮겨 들린 조그마한 항아리에는 시큼한 통김치 냄새가 끼쳤다…….

— 『동아일보』 1936년 3월 13일

이회영은 별 연고도 없는 청년 심훈의 사생활을 세심하게 배려할 만큼 인격이 높았으나 이는 곧 그의 생활비를 바닥나게 하는 결정적 역할을 했다. 자신의 집에 있다 떠난 청년에게 통김치를 가져다줄 정도였으니 그의 집에 거주하는 독립운동가들에게 얼마나 정성을 다했을지 짐작할 만하다. 이규창은 이런 상황을 자세히 기억하고 있었다.

"국내나 국외에서 독립운동을 하신다는 분들은 쉴 사이 없이 우리 집에 와 거주를 하는 것이다. 그뿐인가 매일같이 10명, 20명, 혹은 30~40명 정도 되는 인물의 점심과 석식을 하게 되는데, 하루 이틀도 아니요, 장구한 세월을 접대하게 되니 인력과 경비는 얼마나 들었을 것인가. 짐작하여도 어마어마하였다. ……모친을 위시하여 형수와 송동집 아줌마(이회영의 장남 이규룡의 소실)가 있었는데 그 노력을 어찌 일일이 말할 수 있겠는가."

그러니 곧 생활비가 떨어져 이회영은 자주 이사해야 했다. 이은숙은 이 시절을 이렇게 회상했다.

"집은 협소하고 식구는 많아 있을 수가 없으니 진스방자 얼안증二眼井이라는 곳으로 이사하니 망명객의 거처라 아마 1년에 수십 번 이

사한다 해도 과언이 아니리라."

　서직문西直門 근처의 이안정二眼井에서는 집의 후원에 채소를 심어 반찬으로 이용하기도 했지만 이는 언 발에 오줌 누는 격이었다. 전체 숙식비를 대기에는 어림도 없는 양이었다.

　북경에서 이회영은 보흥호寶興號라는 잡화상점과 거래를 했다. 1년 중 500원 이상을 거래하자 이회영을 큰 부자로 생각한 중국 상인은 외상거래를 하게 해주었다. 중국인들은 평소에 의심이 많다가도 한번 신임하면 끝까지 믿는 기질이 있는데 이회영이 약정한 날짜를 꼭 지키자 1921년부터 1925년까지 계속 외상거래를 할 수 있었던 것이다.

　또한 북경 시절 초기 자금이 바닥날 때마다 이회영에게 보조를 해주던 후원자도 있었다. 바로 임경호였다. 이상설이 있는 블라디보스토크에 보냈던 그 인물이다.

　임경호는 이회영을 '아버님'이라고 부르며 존경해왔는데, 그가 자금을 보조해주는 방법이 특이했다. 그는 1년에 두 차례씩 북경에 왔는데 그때마다 한두 명의 부자들을 대동하고 와서 이들로 하여금 자금을 제공하게 했다. 이렇게 제공된 자금은 이회영의 거처에 거주하는 독립운동가들의 숙식 제공과 북경에 산재한 여러 독립운동가들의 생활비와 운동비로 사용되었다.

　그런데 이런 자금 제공 방식을 파탄에 이르게 한 사건이 발생했다. 북경의 독립운동가 조曺모, 이李모, 성成모 씨 등이 이회영의 집을 찾아와 임경호를 구타하는 사건이 발생한 것이다. 그들이 돌아간 후 임경호는 울며 이회영에게 호소했다.

　"아버님, 제가 무슨 죄를 지었기에 그자들이 저를 구타하며 욕을 합니까? 저는 아버님을 존경하고 그들도 아버님과 함께 독립운동을 한다기에 존경했으며, 아버님을 돕기 위해 국내에서 위험을 무릅쓰고 동지와 자금을 조달해왔을 뿐인데 저더러 돈을 혼자 먹은 도둑놈이라니요. 게다가 우당에게 얼마나 주었으며, 우당은 그 돈을 어찌 하였느냐는 등 욕설과 구타를 하니 이게 독립운동을 하는 자들의 자세입니까?"

이후 임경호는 다시는 북경에 오지 않았고, 이회영의 생활은 덩달아 어려워져 보흥호와 보산호寶山號의 외상값은 늘어만 갔다. 이회영이 백방으로 주선해 조금씩 갚아나갔지만 외상값은 점차 늘어 2~3천 원의 막대한 금액으로 불어났다.

그러자 중국 상인들도 애초의 태도를 바꾸어 외상값을 갚으라고 독촉했으나 갚을 도리가 없었다. 그 독촉을 다 받아낸 인물이 이회영의 딸 이규숙李圭淑과 아들 이규창이었다.

이규창은 당시의 상황을 "나(이규창)와 누님은 날이면 날, 달이면 달, 연年이면 연, 2년 반을 중국 상인들에게 욕도 먹고 심지어는 구타도 당한 적이 있었다"고 회상했다. 2년 반을 쫓아다녀도 외상값을 받지 못한 중국 상인들은 결국 자신들끼리 빚을 탕감해주기로 결정하고 이회영을 찾아왔다.

"동양귀東洋鬼(일본)의 침략으로 우리나라에까지 와서 독립운동을 하는 분께 외상값을 탕감하는 방법으로 도움을 준 것으로 생각하고, 과거 우리가 좀 심하게 대한 것을 용서하시오."

삼한갑족의 후예로서 외국의 상인들에게 누를 끼친 것이었으나 망국민의 신세로는 어쩔 도리가 없었다. 이때부터 가난은 이회영 일가에게 하나의 숙명이 되었다.

임시정부도 사회주의도 버리고

북경으로 돌아온 이회영은 독립운동 노선 설정 때문에 고심했다. 외교적 수단으로는 결코 독립을 이루어낼 수 없다는 것은 헤이그 밀사 사건 때 이미 경험한 바였다. 이회영이 고종을 망명시키려 했던 것은 고종으로 하여금 일제에 개전조칙을 내리게 하기 위해서였다. 이회영은 독립전쟁만이 독립에 이르는 유일한 수단이라고 확신했다. 만주에 신흥무관학교를 세운 것도 이 때문이었다.

독립할 수 있는 유일한 수단이 독립군 양성을 통한 독립전쟁이라는 믿음에는 흔들림이 없었다. 그러나 독립 이후에 건설할 나라의 모습이 어떠해야 하는지에 대해서는 아직 확신이 없었다.

1920년대 초반 러시아혁명의 영향으로 국내는 물론 중국에도 사회주의에 대한 관심이 부쩍 고조되었다. 사회주의는 하나의 붐이었다. 사회주의의 정확한 이론은 알지 못했으나 볼셰비키가 차르의 절대왕정체제를 무너뜨린 것처럼 사회주의로 일제를 타도할 수 있으리라고 막연히 생각했던 것이다.

이런 풍조는 이회영에게도 사회주의사상에 관심을 갖게 하는 계기가 되었다. 그러나 사회주의가 정확히 무엇인지 알 수 없었고, 사회주의 러시아가 어떤 상황인지도 알 수 없었다.

1921년 5월경, 러시아에 갔던 조소앙이 북경에 도착하자 이회영은 그의 내방을 기다리지 않고 즉각 그를 찾아 나섰다. 이것은 이회영이 사회주의에 대해 얼마나 관심이 많았는지를 잘 보여준다.

조소앙은 1920년 덴마크, 단찌히, 리투아니아, 에스토니아를 경유해 러시아의 페테르부르크에 도착해 러시아혁명기념대회에 참석한

조소앙(위)과 여운형(오른쪽).
조소앙은 김구 등과 시사책진회를 결성하고, 한국 독립당을 창당했다. 제2대 국회의원에 출마해 당선되었으나 한국전쟁 때 납북되었다. 여운형은 고려공산당에 가입해 한국의 사정을 세계에 알리기 위해 노력했는데, 이 사진은 1935년경 조선중앙일보사 사장 시절의 모습이다.

후 이듬해 2월까지 러시아 각지를 시찰하고 한인들이 많이 살고 있던 이르쿠츠크와 치타 등을 거쳐 북경으로 귀환했다. 조소앙도 1918년 만주로 망명했고 이회영의 만주 지우들은 물론 이시영과도 친하게 지냈으므로 이회영과도 자연스럽게 친해졌다. 이회영은 옛날 이상설에게 국제정세를 들었듯이 이번에는 조소앙에게 국제정세와 혁명 이후의 러시아 상황에 대해 듣기 위해 그를 찾았던 것이다.

1920년대 초반의 러시아에 대해서는 1922년 1월 모스크바에서 개최된 극동피압박민족대회에 참석했던 여운형呂運亨이 조선중앙일보사에서 발간한 『중앙』(1936년)에 연재한 기록이 있다.

> 곧 저녁식사가 시작되었다. 우리보다 훨씬 뒤떨어져서 들어온 다른 러시아 동무가 검은 나무토막을 하나 가슴에 안듯이 들어오더니 가지고 온 도끼로 패기 시작했다. 스토브에 땔 나무인 줄 알았더니 의외에도 검정빵이었다. 밀가루뿐만 아니라 지푸라기까지도 다분히 섞인 이 검정빵은 워낙 오래 묵은 데다가 추위에 꽝꽝 얼어서 나무 패듯이 도끼로 찍기 전에는 도저히 쪼개낼 수가 없었던 것이다. 이 검정빵과 연어 알과 무엇인지 이름 모를 소금에 절인 생선이 우리에게 급여된 식사의 전부였다. ……난방장치라고는 아무것도 없는 차실車室은 영하 30도의 외기外氣나 다름없는 추위였다. ……모스크바행 광궤廣軌 열차로 바꿔 타자 상황은 조금 나아졌다. 새 열차에는 난방장치도 되어 있었고, 식료품도 역시 검정빵은 검정빵이었으나 도끼 없이도 먹을 수 있는 것이었으며, 시베리아 특유의 칼바스 사탕과 고기 등도 준비되어 있었다.

정치학자 이정식은 이 대회에 참석했던 나용균羅容均과 1969년에 인터뷰를 했는데 그 내용이 『한국공산주의 운동사 1』에 실려 있다.

"그 당시 러시아의 생활이라는 것이 먹는 빵의 75퍼센트가 흙이에요. 흙하고 밀대를 갈아서 섞은 거고, 밀가루는 25퍼센트밖에 섞지 아니해서 그것을 먹으면 그 자리에서 아주 설사를 해버리고 말죠."

당시 러시아에 대해서는 많은 사람들이 참가기를 남겼는데 그중 현재 후버도서관에 소장되어 있는 『신러시아회상록[新露回想錄]』에는 한 중국인이 「여행자의 관찰[旅者觀察]」이란 여행기에서, 어떤 숙소는 마치 '3류 병원의 입원실'과 같아 불만을 터뜨렸다는 기록도 있다. 이정식은 『한국공산주의 운동사 1』에서 "아시아 대표로 참석한 많은 사람들은 '노동자의 낙원'에 대해 실망을 느끼게 되었다. 몇몇 인사들은 음식, 교통시설, 전반적인 생활환경에 대해 불만을 토로했고, 또 어떤 사람들은 러시아 인민의 궁핍한 생활을 보고 충격을 받기도 했다"고 기록했다.

조소앙에게서 들은 이야기도 별반 다를 것이 없었다. 사회주의 러시아의 정치, 사회 상황에 대해 들은 이회영은 이렇게 물었다.

"그 냉혹 무자비한 독재정치가 과연 만민에게 빈부의 차이가 없는 균등한 생활을 보장한다는 이상을 성취할 수 있을지는 모르나, 그처럼 자유가 없는 인간생활이 가능할까? 그리고 인간생활의 발전을 기대할 수 있을까? 그들이 말하는 평등생활이 하루에 세 끼 밥을 균등히 주는 감옥생활과 무엇이 다른가?"

이회영의 질문은 계속되었다.

"그러한 독재권을 장악하고 인민을 지배하는 정치는 옛날의 절대 왕권의 정치보다도 더 심한 폭력정치이니 그러한 사회에 평등이 있을 수 없으며, 마치 새 왕조가 세워지면 전날의 천민이 귀족이 되듯이 신흥 지배계급이 나타나지 않겠는가?"

조소앙이 전해준 사회주의 러시아에 대한 소식은 이회영에게서 사회주의에 대한 호기심을 버리게 했다. 사회주의에 대한 환상을 버린 이회영은 계속해서 사상적 번민을 했다.

그러는 동안 상해를 떠나 함께 북경으로 왔던 이시영, 이동녕, 조완구는 다시 상해로 갔다. 임정에서 박찬익을 북경으로 파견해 설득작업을 한 덕분이었다. 박찬익은 한때 북간도에서 이상설과 독립운동을 했고, 대종교에 입교한 후 만주의 화룡, 길림 등지에서도 활동해 이회영, 이동녕 등과도 잘 아는 사이였으므로 이들을 설득하기에는 적격자였다. 박찬익은 무려 반년 동안 북경에 머물며 끈질기게 설득했고, 그 결과 이동녕·이시영·조완구는 1923년경 상해 임정으로 돌아갔으나 이회영은 끝내 임정 합류를 거절했다.

이러한 결정은 이회영의 일생을 이동녕, 이시영, 조완구 등과 다른 길로 가게 했다. 이들은 동생(이시영), 동지(이동녕), 사돈(조완구)이란 여러 관계로 중첩된 사이였으나 이회영은 소신을 접지 않았다. 사회주의도 버리고 임시정부 참여도 끝내 거부한 것이다.

이회영은 상해 임정에 참여하는 대신 평소의 소신대로 만주에서 무장투쟁을 전개하기 위한 활동에 주력했다. 북경과 만주를 오가며 독립운동단체를 하나로 묶는 작업에 착수했던 것이다. 이회영과 사전 연계하에 만주로 망명한 석주 이상룡은 「연계여유일기燕薊旅遊日記」에서 1921년 북경에서 열린 군사통일회의 결성을 주도한 인물이 이회영과 박용만이라고 기록했다.

경신년庚申年(1920년) 섣달 보름에 성준용成俊用 군이 연경에서 돌아와 군사통일촉성회의 취지를 전하였다. 거기다 우당 이회영과 우성又醒 박용만의 의사를 전하는데, 여비를 보내며 초청하는 뜻이 아주 간절하다.

- 이상룡, 『석주유고』「연계여유일기」

그래서 이상룡은 그해 12월 20일 마차를 세내어 만주에서 북경으로 갔다. 1921년 1월 7일자 일기에도 이상룡은 "우당과 우성이 연경에서 어서 출발하라는 편지를 보내오다"라고 적어놓았다. 이상룡은 1921년 1월 10일 심양(봉천)에 도착해 그곳에 살던 이회영 형제들을 만났다.

동틀 무렵 봉천에 내려서 인력거를 불러 영석永石 이석영을 방문하였다. 이별한 후에 어떻게 지내는지 대략 묻고 이틀 밤을 자지 못한 관계로 심신이 고단하여 침구를 달라 하여 눈을 붙였다. 잠깐 사이에 해가 저물었다. 영석의 아우 의당毅堂 이철영이 그 형 이건영과 함께 찾아와 오랜 회포를 풀었다.

- 이상룡, 『석주유고』「연계여유일기」

이상룡은 그날 저녁 심양에서 북경으로 가는 기차를 탔는데, "기차의 속도가 빨라 시간이 얼마 걸리지도 않았다"고 회고할 정도로 기차는 빨랐다.

하늘이 차차 어두워지고 전등에 불이 들어오더니, 기적소리가 한번 울리고 기차가 흔들거리고 삐그덕 대며 잠시 멈췄다가 열리더니 곧바로 북경에 도착했다. 정양문正陽門 밖에서 차를 내리니 바로 10시 종이 울린다. 우당(이회영)과 우성(박용만), 강재剛齋 신숙申肅과 박숭병朴崇秉 군이 정거장 들머리에 먼저 와서 기다리고 있었다. 서로를 이끌어 조금 조용한 곳으로 가서 대략 인사를 나누고 인력거를 불러 후고루공원 우당이 우거하는 곳으로 향했다. 우당의 아우 이호영, 조카 이규룡과 이별 후의 회포를 풀었다.

— 이상룡, 『석주유고』「연계여유일기」

이 무렵 우당 일가는 심양과 북경, 상해에서 따로따로 지냈는데, 장남 이건영과 이석영·이철영은 심양에, 이회영과 막내 이호영은 북경에, 다섯째인 이시영은 상해에 살고 있었다. 이상룡은 이회영의 북경 거처인 후고루원에 여장을 풀었다. 그는 이곳에서 은계隱溪 백순白淳을 만난다. 이상룡은 일기에 "은계 백순은 영안寧安(북만주)현에서 북로군정서의 형편을 전하기 위해 이곳에 온 지 이미 여러 날이었다"고 기록해놓았다.

이회영은 거의 자취를 남기지 않았기 때문에 행적을 추적하기가 대단히 어려운 인물이다. 그런데 이회영의 아들 이규창은 『운명의 여진』에서 북경 시절 이회영이 만주의 독립군 조직들과 긴밀한 관계를 맺고 있었다고 증언했다. 이규창은 그 연결고리 역할을 한 인물이 백순이라고 기억하고 있었다. 백순白純은 백순白淳의 오기가 분명한데 이상룡의 일기에서도 백순은 만주의 독립운동단체와 연결고리 역할을 하는 인물로 등장하는 것으로 보아 이규창의 증언이 사실일 가능성이 높다. 해방 후에도 독립운동가들은 친일세력의 탄압을 피해 전전긍긍했기 때문에 자신들의 투쟁기록을 제대로 남길 수 없었다. 그래서 그들이 모두 사망한 지금은 퍼즐 맞추듯이 짜 맞추어야 어느 정도 실상이 보이는 것이다. 북경의 통일군사회의도 이상룡의 일기에는 이회영과 박용만, 신숙 등이 주도한 것으로 기록되어 있다. 하지만 여러 기록들에 이회영은 누락되고 박용만과 신숙 등만 등장하는 이유도 이런 실상이 반영된 것이다.

이상룡은 2월 1일 일제의 수사가 급박하게 돌아간다는 내용의 편지를 받고 이회영의 거처에서 북경의 동황성東皇城의 공우公寓로 거처를 옮겼다. 그 후에도 이회영과 이상룡은 북경의 융복사隆福寺를 방문하는 등 지속적으로 만났다. 이상룡은 그해 3월 20일부터 시작된 북경 군사통일회의에 참석하지 않았는데, 일기에서는 "감기로 손을 사절하고 물러나와 조리하였다"고 했다. 이회영은 주도적으로 군사통일회의를 준비했지만 공식회의에는 다른 사정으로 빠진 것으로 보인다. 그러나 이회영의 집은 여전히 북경 독립운동가들의 거점이었다. 이상룡의 1921년 4월 2일자 일기에 "성 군(성준용)이 후고루원으로부터 돌아와 상해 소식을 전한다"는 기록이나 "후고루원으로 가서 조청사曹晴簑를 찾아가 사례하다"는 4월 15일자 기록 등이 이를 말해준다.

'중화민국 흥경현 공서 조사 불령선인 재료興京縣公署調査不逞鮮人材料'에 따르면 1922년 2월, 8개 독립운동단체와 9개 독립운동회가 모여 팔단구회八團九會 회의를 열었다. 그 결과 '대한통군부大汗統軍府'가 결성되었는데 이 회의를 주도한 인물도 이회영으로 기록되어 있다.

또한 1922년 8월 23일 환인桓因현 마권자馬圈子촌에서 열린 더 큰 규모의 남만한민족통일회의도 이회영이 주재했다고 전한다. 이것은 이 회의에 대해 그간 알려진 다른 자료들에는 없는 내용이어서 주목된다. 북경의 '군사통일회의'처럼 이회영은 준비만 하고 빠졌을 가능성이 충분하다. 이회영은 무장투쟁에 의한 독립과 교육에 의한 재건이란 노선을 실천했다. 이회영은 임시정부라는 행정 조직 형태와 외교독립론이란 운동노선에 동의하지 않고 북경으로 돌아온 후 만주를 오가며 무장단체를 만들어 항일투쟁은 전개했던 것이다.

6 아나키즘의 깃발

양명학과 아나키즘

삼한갑족 출신의 이회영이 어떻게 아나키즘을 받아들였는지 추적하려면 우선 양명학을 살펴보아야 한다. 이회영의 평생 지기인 이상설은 19세 때인 고종 25년(1888년) 신흥사新興寺에서 여러 학우들과 신학문을 공부했다. 훗날 대한민국 초대 부통령이 되는 이회영의 동생 이시영은 이 시기에 같이 공부했던 인물들에 대해 이렇게 회고했다.

"당시 보재(이상설)의 학우는 자신(이시영)과 백형인 우당 이회영을 비롯해서 남촌南村의 3재동才童으로 일컬었던 치재耻齋 이범세李範世와 서만순徐晚淳, 미남이요 주옥같은 명필로 이름을 남긴 조한평趙漢平, 한학漢學의 석학인 여규형呂圭亨, 절재絕才로 칭송되던 시당是堂 여조현呂祖鉉 등이 죽마고우였고, 송거松居 이희종李熹鐘과는 결의형제의 맹약까지 한 사이였다."

또한 『강화학 최후의 광경』을 쓴 민영규 선생도 "보재와 치재(이범세)가 사랑채 뒷방에 몸을 숨기고 왕양명하며 하곡(정제두) 등 강화소전江華所傳을 읽고 있었다"고 썼으며, 고종 대에 승지를 역임한 여규형 또한 양명학과 깊은 관계가 있었다.

이렇듯 이상설과 지기들이 양명학을 공부했는데 이회영이 양명학을 공부하지 않았을 리는 없다. 이회영이 양명학에 어느 정도 공명共鳴했는지를 말해주는 사료는 부족하다. 그러나 그가 국내에서부터 접촉해 함께 집단, 혹은 개인적 망명에 나섰던 사대부 출신 망명객들 중 대다수가 양명학자들이거나 양명학에 공감한 사람들이다. 이회영도 양명학에 공감했을 가능성이 크며, 그 이유는 양명학이 가지고 있는 사회개혁사상과 천하일가사상 때문이다.

양명학은 명나라 왕수인王守仁(1472~1528년, 이하 왕양명)이 주창한 신유학인데, 왕수인의 호 양명陽明을 따서 양명학이라 부른다. 왕양명은 남송의 주희가 심心과 물物을 둘로 나눈 것을 비판했다. 왕양명은 『전습록』에서 이렇게 말했다.

주자의 이른바 격물이라는 것은 사물에 나아가[卽物] 그 이치[理]를 궁구하는 데 있다. 사물에 나아가 이치를 궁구하는 것은 사사물물事事物物마다 그 이른바 일정한 이치[定理]를 구하는 것이다. 이것은 내 마음으로써 사사물물 가운데 이치를 구하는 것이니 심心과 리理를 둘로 나눈 것이다. 무릇 사사물물에서 그 이치를 구한다고 하는 것은 그 어버이에게서 효도의 이치를 구하는 것과 같다. 그 어버이에게서 효도의 이치를 구한다면 효도의 이치는 내 마음에 있는 것인가, 도리어 그 어버이의 몸에 있는 것인가? 가령 과연 어버이의 몸에 있다고 한다면 어버이가 돌아가신 후에는 내 마음에는 효도의 이치가 없다는 것인가? 어린아이가 우물에 빠지려는 것을 보고 반드시 측은의 이치가 있다면 이것은 측은의 이치가 과연 어린아이의 몸에 있다는 것인가?

왕양명은 주희가 심心과 리理를 나누어 보는 것에 반대하며 "마음이 곧 리理다. 천하에 마음 밖의 일이 있고 마음 밖의 리理가 있겠는가?"라고 일갈했다. 왕양명이 주장한 것은 양지良知인데, 이는 마음의 본체이자 내적 천리天理이며, 인심에 선천적으로 부여된 것이라고 했다. 양명학은 무엇보다 사람 사이의 차별을 부인했다. 양지는 경험을 통해 획득된 것이 아니라 선천적인 것이고, "양지와 양능良能은 우부愚夫, 우부愚婦와 성인이 같다"고 하며 누구에게나 있다고 보았다. 양명학이 조선의 주자학자들에게 이단으로 몰린 주요 이유가 여기에 있다. 성리학은 사대부의 계급적 우월을 절대시하는 이념체계인 반면 양명학은 이런 차별을 인정하지 않는 천지만물天地萬物 일체의 대동사회 건설을 주장했기 때문이다. 왕양명은 이렇게 말했다.

무릇 성인聖人의 마음은 천지만물을 일체로 삼으니 천하 사람에 대해 안과 밖, 가깝고 먼 것이 없고 무릇 혈기 있는 것은 모두 형제나 자식으로 여기어 그들을 안전하게 하고 가르치고 부양하여 만물일체의 생각을 이루고자 한다.

양명학의 이런 사상은 사대부의 계급적 이익을 절대시하는 성리학과 달랐다. 양명학은 사대부의 계급적 우월은 물론 사민四民(사·농·공·상)의 우열도 인정하지 않았다. 왕양명은 사민을 계급적으로 구분

하는 대신 그 역할을 이업동도異業同道라고 표현했다.

옛날 사민은 직업은 달랐지만 도道는 같이 했으니, 그것은 마음을 다하는 점에서 동일하다. 선비는 마음을 다해 정치를 했고, 농부는 먹을 것을 갖추었고, 공인工人은 기구를 편리하게 하였으며, 상인은 재화를 유통시켰다.

왕양명은 또 직업이 타고난 신분에 의해 결정되는 것이 아니라고 보았다.

각자 타고난 자질에 가깝고, 힘쓰면 미칠 수 있는 것을 직업으로 삼아 그 마음을 다하기를 구했다. 이들은 생인지도生人之道에 유익함이 있기를 바라는 점에서 하나일 뿐이다.

조선의 주자학자들은 사대부 계급이 하늘에서 부여받은 선천적인 것이며 이 계급만이 정치를 독점해야 한다고 생각했지만 양명학은 '타고난 자질에 가깝고 힘쓰면 미칠 수 있는' 사람이라면 누구나 정치를 할 수 있다고 주장했다. 바로 이 부분이 주자학자들에게 가장 큰 반감을 산 대목이다. 주자학자들이 표면적으로는 왕양명의 '심과 리', '양지', '지행합일知行合一' 등을 비판했지만 속으로는 사대부의 계급적 특권을 인정하지 않는 양명학에 거부감을 느꼈던 것이다.

이회영이 집안 노비를 모두 해방시킨 것은 이런 사상이 반영되었기 때문이며, 이런 사상적 배경이 있었기에 이회영은 아나키즘이라는 낯선 사상을 선뜻 받아들였다고 볼 수 있다. 훗날 이회영은 김종진에게 자신이 아나키스트가 된 것에 대해 "본래는 딴 것이었던 내가 새로 그 방향을 바꾸어 무정부주의자가 된 것은 아니다"라고 말했다. 자신의 과거 사상이 잘못되었다고 깨달아 아나키스트가 된 것이 아니라 과거부터 갖고 있던 사상적 배경과 아나키즘이 합치했다는 뜻이다. 곧 이회영은 양명학자에서 아나키스트로 진화한 것이다.

아나키즘으로

우리나라에서 아나키즘은 독립운동의 한 형태로 수용되었다. 귀족 출신의 이회영이 아나키스트가 된 것은 개인적 성향 외에도 아나키즘이 독립운동 이론으로나 해방 후의 정부 수립 이론으로 적합하다고 여겼기 때문이다. 그런데 특이한 사실은 이회영이 북경에서 아나키즘을 접한 1920년대 초반 중국의 아나키즘은 오히려 퇴조기에 접어들었다는 점이다.

중국에서 아나키즘은 사회발전을 정체시킨 봉건주의적 전제군주제를 개혁하거나 타도하는 방안으로 받아들여졌는데, 두 가지 통로로 입수되었다. 하나는 일본 유학생들 중심의 '동경그룹'인데 이들은 1907년 동경에서 '사회주의연구회'를 조직하고 『천의天義』라는 잡지를 발간했다. 그래서 이들을 '천의파'라고도 부른다. 이 그룹의 핵심 인물들은 장계張繼와 유사배劉師培다. 다른 하나는 프랑스 유학생들 중심의 '파리그룹'으로 이들도 1907년 파리에서 '세계사'라는 단체를 조직하고 『신세기新世紀』라는 잡지를 발간했다. 이들을 '신세기파'라고도 하는데, 대표적 인물은 이석증李石曾·오치휘吳稚暉·장정강張靜

江 등이다.

중국인 아나키스트들은 청조에서는 많은 탄압을 받았지만 신해혁명(1911년)으로 청조가 무너지자 중국 정계의 중요한 한 축을 담당했다. 장계는 국민당의 지도적 멤버가 되었으며, 채원배蔡元培는 북경대학 총장이 되었고, 이석증도 북경대학 교수가 되었다. 그러나 이들은 중국의 전통적인 중화中華사상이라는 민족주의와 아나키즘의 관계 설정을 분명하게 하지 못했다. 그 결과 1920년대 들어 중국의 아나키즘이 퇴조했던 것이다.

바로 이 무렵 이회영을 비롯한 한인들이 북경에서 아나키즘을 접했다. 이때의 모습을 이은숙은 자서전에서 이렇게 표현했다.

> 하루는 몽사夢事를 얻으니, 가군家君(이회영)께서 사랑에서 들어오시며 희색이 만면하여, "내 일생에 지기知己를 못 만나 한이더니, 이제는 참다운 동지를 만났다" 하시며 기뻐하시기에, 내가 무슨 말을 하려다가 홀연히 깨니 남가일몽南柯一夢이라. 곰곰 몽중夢中에 하시던 말씀을 생각하며, 또 어떤 사람이 오려나 하였더니, 그날 오정쯤 해서 이을규 씨 형제분과 백정기白貞基 씨, 정화암 씨 네 분이 오셨다.

이은숙이 꿈에서 이회영이 참다운 동지를 만났다고 기뻐하는 모습을 보다가 깼는데, 그날 이을규·이정규·백정기·정화암 등이 왔다는 것이다. 이들은 모두 한국 아나키즘운동의 주요 인물들이며, 이회영과는 평생 동지였다. 이는 이회영이 아나키즘을 받아들인 것이 마치 하나의 계시인 것처럼 설명하는 대목이다. 이은숙의 회상을 좀 더 보자.

그날부터 먹으며 굶으며 함께 고생하는데, 짜도미[雜豆米]라 하는 쌀은 사람이 먹는 곡식을 모두 한데 섞어 파는 것을 말하는 것으로, 이것은 가장 하층민이 사다 먹는 것으로 되어 있는데 그것도 수가 좋아야 먹게 되는지라, 사기가 힘들며, 그도 없으면 강냉이를 사다가 죽을 멀겋게 쑤어 그걸로 연명하니, 내 식구는 오히려 걱정이 안 되나 노인과 사랑에 계신 선생님들에게 너무도 미안하여 죽을 쑬 때면 상을 가지고 나갈 수가 없게 얼굴이 화끈 달아오르는 것이 여러 번이더라. 때로는 선생들이 다소간 변통을 하여 나에게 주면서, "선생님 진지는 쌀을 사다 해드리고 우리는 짜도미 밥도 좋으니 그것을 먹겠소" 하시면서 선생님 모시기를 당신네 부모님같이 시봉侍奉을 하며 지내는 것이 우당장 사후까지도 여일하시다.

당시 이회영의 나이 이미 57세로 환갑을 바라보고 있었다. 이은숙은 이때가 계해년癸亥年, 곧 1923년이라고 기억했으나 이정규는 『우당 이회영 약전』에 "선생이 사상적으로 지향하는 방향이 확정된 때는 1922년 겨울이었다"라고 적었다. 또한 같은 책에서 "선생의 사상이 확정되는 계기"는 1923년 9월에 있었던 "이상 농촌 양타오촌 건설계획"이라고 했다. 이회영이 아나키즘을 자신의 사상으로 받아들인 때는 1922년 겨울쯤이지만 이를 확정지은 때는 1923년 9월이라는 것이다. 실제로 이회영은 1923년 말부터 스스로를 아나키스트로 자처했다. 이회영을 아나키스트로 만들었다는 이상 농촌 양타오촌 건설계획이란 무엇일까? 『우당 이회영 약전』에서 그 대목을 옮겨보자.

1923년 9월에 선생의 사상이 확정되는 계기가 왔는데, 그것은 이른바

'이상 농촌 양타오촌 건설계획'이었다. 양타오촌은 중국 후난성[湖南省] 한수이현[漢水縣]의 둥팅호[洞庭湖] 가에 있는 농촌이었는데, 이 양타오촌을 중심으로 광대한 농토를 가진 무정부주의자인 중국인 청년 조우[周] 씨가 있었다. 그런데 이 조우 씨가 자기의 동지이며 동향인인 천웨이치[陳偉器]와 상의해 이상 농촌을 만들려는 계획을 세웠다. 그 주요 내용은 첫째로 조우 씨 소유의 연수확량 오천 딴[擔, 1딴은 대두大斗 7말] 이상인 농지를 모든 소작인들에게 그들의 경작 능력에 따라 분배하고, 둘째로 소작인들을 조합원으로 하여 하나의 자유 합작 기구인 이상 농촌 건설조합을 만들며, 셋째로 교육을 비롯하여 문화 시설 및 농지 개량 등의 비용을 공동 부담으로 하고, 넷째로 농지는 조합의 공동 소유로 한다는 것이었다. ……한·중 합작의 의의도 있으니 인삼을 재배할 수 있는 한국인들을 한국으로부터 이주시키자는 제의를 하였다. 이정규도 그들의 계획에는 이의가 없었으나 많은 수의 이민을 데려온다는 것이 과연 가능할 것인가가 문제였다. 그래서 이정규는 이민과 농지개척의 경험담을 들으려고 선생(이회영)을 방문하였다. 선생이 서간도에서 그런 경험을 하였으며, 선생의 옛 동지인 백순白純이 내몽고 빠오토우[包頭] 등지에 농민을 이주시켰다는 소문을 들었기 때문이었다. 이정규는 선생을 방문하여 양타오촌 계획의 취지와 내용을 구체적으로 설명하고…… 선생의 체험담과 이 계획에 대한 의견을 묻고 지도를 요청하였다. 선생과 이정규는 특별한 친교가 있지도 않았으며 그저 몇 차례의 면식이 있었을 뿐이었다. 그런데 선생은 매우 흥미 있게 이 계획을 들었으며, 간단히 대답할 수 있는 일이 아니니 좀 더 깊이 생각해보자고 하였다. 그리고 무정부주의에 대한 이야기를 물어서 오랜 시간 동안 문답을 하게 되었다. 이것이 선생으로서는 무정부주의라는 사상의 내용을 들어 보는 첫 번째 기회였다. 이때는 마침 선생이 사상적인 진로 모색을 하던 때였으므로 이정규와의 대화는 선생에게 큰 충동을 주었다.

이정규는 이 글에서 이회영이 자신을 통해 아나키즘을 처음 접했다고 적었지만 이회영은 그 전에 이미 유자명柳子明(본명 유흥식) 등을 통해 아나키즘을 접한 적이 있었다. 이회영은 여러 청년들과 교류하며 아나키즘이란 사상이 자신의 평소 지론과 맞다고 생각을 굳힌 뒤 아나키스트를 자처한 것이다. 이회영의 아나키즘은 과연 어떤 것이었을까?

이회영은 천진에서 살던 1927년 김종진이 방문하자 토론 끝에 그를 아나키스트로 전향시킬 정도로 단단한 이론적 토대를 갖추고 있었다. 이때 두 사람이 나눈 대화는 이회영의 사상과 인격을 알게 해주는 좋은 자료다.

김종진은 김좌진의 친척동생으로 3·1운동 때 고향 홍성에서 만세시위를 주도한 후 만주를 거쳐 북경으로 망명했는데 이때 이회영을 만나 많은 감화를 받았다. 그는 한국독립은 무장투쟁으로 쟁취해야 한다는 것과 이를 위해서는 만주가 독립운동의 중심이 되어야 한다는 결론에 도달했다. 그러나 김종진은 당장 만주로 가는 대신 전문적인 군사훈련을 받기로 했다. 그 이유에 대해 이을규는 『시야是也 김종진 선생 전傳』에서 "스스로 자격을 갖추고 나서 독립운동에 나서기 위함이었다"고 기술했다.

김종진이 이런 고민 끝에 무관학교 입교를 결심하고 이회영에게 말하자 그는 김종진을 신규식에게 소개했다. 구한말 육군군무학교 출신

이회영이 살던 천진의 주거지 자리.
이회영과 김종진은 1920년 북경에서 헤어진 후 무려 7년 만에 다시 만났다. 그러나 조선 명문가 출신의 이회영은 이역 빈민가 토방에서 지내고 있었다.

의 신규식은 손문孫文을 비롯한 중국의 유력인사들과 교분이 있어 100여 명의 한국 청년을 중국 각지의 군관학교에 입학시키는 등 한국 청년들의 무관학교 입교에 통로 역할을 했다.

이회영의 추천을 받은 김종진이 상해로 가서 신규식과 이시영을 만났을 때 이들이 소개한 무관학교는 뜻밖에도 중국 최남단의 운남雲南 군관학교였다. 마침 운남성 독군督軍 당계요唐繼堯가 신규식에게 친서를 보내 한국 청년들에게 군사훈련을 시켜주겠다고 제의했기 때문이다. 김종진은 기꺼이 운남행을 받아들였다.

당시 운남에 가려면 광동廣東이나 홍콩을 거쳐 베트남을 경유해야 했는데, 김종진은 이 기나긴 여행 기간 동안 중국어를 배우며 운남으

운남군관학교.
1909년 당계요가 세운 군관학교로, 김종진은 1921년 이곳에 입학해 2년 반 동안 군사교육을 받았다. 중국 운남성 곤명시 소재.

로 가 군관학교에 입교했다. 우수한 성적으로 군관학교를 마친 김종진은 함께 일하자는 당계요의 권유를 뿌리치고 천신만고 끝에 천진의 이회영을 찾아온 것이었다.

그가 천진의 이회영을 찾았을 때 이회영은 빈민가의 한 토방에서 살고 있었다. 1920년 북경에서 헤어진 지 무려 7년 만에 고국의 명문가 출신을 이역의 빈민가 토방에서 다시 만난 김종진은 '국파가망國破家亡에 신기로身旣老(나라와 집안이 망한 데다 몸은 이미 늙었다)'의 망국한을 가슴 깊이 느끼며 눈물을 흘렸다. 그러나 눈물을 흘리는 김종진의 손을 잡고 이회영은 웃었다.

"그간의 소식은 때때로 들었는데 수년의 고초가 과연 어떠했는가?

고초는 고초일망정 이제는 분명 대장군이 되었구나."

이회영은 북만주로 가겠다는 김종진의 구상에 "근래에 처음 듣는 낭보朗報"라며 격려했다. 두 사람은 지나간 이야기로 시작해 앞으로 해야 할 모든 문제와 각지의 제반 사정 등을 논의했는데, 그들의 이야기는 꼬리에 꼬리를 물고 이어졌다.

당시 이회영과 김종진이 나눌 수 있는 식사는 염죽鹽粥뿐이었다. 죽 한 그릇에 소금 한 종기를 반찬 삼아 시장기를 때우는 이회영을 보는 김종진의 눈에 저절로 안개가 서렸다. 그러나 이회영은 조금도 개의치 않고 상해와 북경 등지에서 활동하는 운동가들의 무반성한 태도를 강하게 비판하며 앞으로 북만주에 가거든 잘못된 전철을 밟지 말라고 충고했다.

화제는 돌고 돌아서 드디어 이회영의 사상 문제에까지 이르렀다. 김종진은 상해에서 이을규를 만났을 때 이회영이 아나키스트라는 사실을 알고 깜짝 놀랐다. 환갑이 넘은 나이에 아나키스트라니 놀라지 않을 수 없었으나 이회영의 대답은 당당했다.

"내가 의식적으로 무정부주의자가 되었다거나 또는 전환하였다고 생각할 수는 없다. 다만 한국의 독립을 실현코자 노력하는 나의 생각과 그 방책이 현대의 사상적 견지에서 볼 때, 무정부주의자들이 주장하는 그것과 서로 통하니까 그럴 뿐이지 '각금시이작비覺今是而昨非(지금 깨달으니 과거가 잘못되었음)' 식으로 본래는 딴 것이었던 내가 새로 그 방향을 바꾸어 무정부주의자가 된 것은 아니다."

이는 예전부터 이회영의 사상이 아나키즘적이었음을 말해준다.

"또 일부 사람들의 말과 같이 내가 존왕파尊王派(왕정 복고주의자)였다면 물론 180도의 사상전환이라 하겠지만, 과거 한말 당시로부터 기

미己未(3·1운동) 직전까지 내가 고종을 앞세우려고 한 것은 복벽적復
辟的(물러났던 임금이 다시 왕위에 오름) 봉건사상에서가 아니라 한국의
독립을 촉성시키려면 그 문제를 세계적 정치 문제로 제기하여야 하겠
는데 그러자면 누구보다도 대내외적으로 영향력을 크게 미칠 수 있는
고종을 내세우는 것이 상책이라고 생각한 데서 취해진 하나의 방책에
불과했다. 대동단의 전협 씨가 의친왕 이강을 상해로 모셔가려던 생
각과 다를 게 없다."

이회영이 솔직하게 아나키스트가 된 이유와 그간의 행적을 이야기
하자 김종진은 자신이 그간 아나키즘에 대해 갖고 있던 의문에 대해
물을 자신이 생겼다.

"무정부주의자들의 방법론인 자유연합이란 것은 말은 그럴듯하지
만 너무 산만하고 허황된 것 아닙니까? 더욱이 우리처럼 독립운동을
하는 처지에서 볼 때 그런 이론을 가지고는 도저히 일제와 싸워 이길
것 같지 않습니다."

일제와 싸워 이기기 위해서는 철의 규율을 강조하는 공산당이나 군
대처럼 강력한 조직체가 필요하지 않느냐는 질문이었다. 이회영의 답
은 조금 색달랐다.

"나는 자유연합이 독립운동의 견지에서 가장 적절한 이론이라고
본다. 사실 모든 운동가들의 사상이 무엇이든 간에 실제로는 무정부
주의의의 자유연합 이론을 그대로 실행하고 있는 거다. 3·1운동 이
전은 말할 것도 없고, 그 이후부터 지금까지 숱한 단체와 조직이 생겼
지만, 그 모든 단체와 조직은 단원 자신들의 자유의사에 의해 결성된
것이지 강제적 명령에 맹종하여 결성된 것이 아니다. 강철의 조직이
라고 부르는 공산당도 적색赤色 러시아처럼 정권을 잡은 후에 강제와

복종의 규율이 생긴 것이지 그들 역시 그 전에는 운동가들의 자유합의에 의해서 행동했던 것이다."

들고 보니 맞는 말이었다. 먼저 김종진 자신부터도 어떠한 것이 독립운동에 적합한 노선인지 판단해 그 길을 선택하려는 것이지 누구의 강요에 의해 노선을 정하려는 것이 아니었다.

"목적이 수단과 방법을 규정짓는 것이지 수단과 방법이 목적을 규정할 수 없다는 확고한 견지에서 볼 때 한 민족의 독립운동이란 그 민족의 해방과 자유의 탈환을 뜻한다. 그렇기 때문에 이렇게 확고한 자각과 목적의식이 투철한 사람들이 하는 독립운동은 운동 자체가 해방과 자유를 의미하는 것이다. 거기에는 오직 운동가들의 자유합의가 있을 뿐이니 이것은 이론으로도 당연한 것이다."

김종진은 '운동 자체가 해방과 자유를 의미한다'는 이회영의 말에 커다란 깨달음을 얻었다. 독립운동의 과정 그 자체도 결과만큼이나 중요하다는 뜻이었다. 이회영은 극도의 빈곤 속에서도 좌절하기는커녕 확신에 가득 차 있었다.

"……동서고금을 통해 해방운동이나 혁명운동은 자유와 평등을 추구하는 운동이고 운동가 자신들도 자유의사와 자유결의에 의해 수행하는 조직적 운동이었다. 그 형태는 어떠하든지 사실은 다 자유합의에 의한 조직적 운동인 것이지."

김종진은 아무에게도 강요하지 않고 자유합의에 의한 운동을 추구한다는 아나키즘에 큰 매력을 느꼈다.

"사욕을 버리고 오직 일만을 위주로 생각하는 사람은 쓸데없는 고집이 없어지므로 사물에 대해 공정하게 판단할 수 있으며, 남의 의견을 솔직하게 따를 수 있는 것이다. 시야(김종진)도 자기의 고집을 버리

김종진(왼쪽), 이을규가 지은 『시야 김종진 선생 전』.
김종진은 3·1운동 때 홍성에서 만세운동을 주도한 후 1920년 만주를 거쳐 북경으로 망명했다. 신민부 간부로 활약했으며, 한족총연합회 등을 결성했다.

고 남의 의견을 받아들이는 것을 보니 역시 무정부주의자가 될 만한 기질을 가진 사람이군."

이회영의 이 말에 한바탕 웃음꽃이 피었다. 그간 독립운동선상에 기호파畿湖派니 서북파西北派니 하는 지방색에 의한 파벌과 이승만이니 안창호니 하는 개인 중심의 파벌들에 대해 회의적이었던 김종진은 사욕을 버리고 일만을 위주로 생각한다는 아나키즘이 높은 이상으로 여겨졌던 것이다. 그러나 김종진은 아직도 확인하고 싶은 것이 많았다.

"장차 우리가 독립을 전취戰取한다면 어떤 사회를 건설해야 하겠습니까?"

"자유평등의 사회적 원리에 따라 국가와 민족 간에 민족자결의 원칙이 섰으면, 그 원칙 아래서 독립한 민족 자체의 내부에서도 또한 이 자유평등의 원칙이 그대로 실현되어야 하네. 국민 상호간에는 일체의 불평등, 부자유가 있어서는 안 되네. 자유합의로써 운동가들의 조직적 희생으로 독립이 쟁취된 것이니까 독립 후의 내부적 정치구조는 권력의 집중을 피하여 지방분권적 지방자치제를 확립해야 하고, 아울러 지방자치체들의 연합으로 중앙정치기구가 구성되어야 할 것이네."

"경제체제는 어떠해야 하겠습니까?"

"경제관계는 재산의 사회성에 비추어 일체 재산의 사회화를 원칙으로 해서 사회적 계획 아래 관리되어야 하지만, 이 경우 자유를 제약할 위험이 있으므로 사회적 자유평등의 원리에 모순이 없도록 관리와 운영이 합리화되어야 할 것이네."

"교육은 어떻게 해야 하겠습니까?"

"교육은 물론 사회 전체의 비용으로 부담하고 실시되어야 하네. 가난하다고 해서 교육의 기회를 갖지 못하면 안 될 것이네."

김종진은 이회영과의 대화에서 이상적인 듯하던 개념들이 현실로 다가오는 것을 느꼈다. 반대하려야 반대할 이유가 없었다.

"선생님의 이러한 구상과 무정부주의 이론과의 관계는 어떠합니까?"

"무정부주의란 사회개혁의 원리네. 그 기본이 되는 자유합의 이론과 자유평등의 원칙을 살려서 그 사회현실에 맞도록 실현하면 될 것이네. 우리가 지금 논의한 이런 모든 점들은 새 사회의 기본으로서 한국의 무정부주의자들도 대략 다 찬성할 것이네. 무정부주의는 공산주의와 달라서 꼭 획일성을 요구하는 것은 아니니까 그 기본원리를 살려나가면서 그 민족의 생활습관이나 전통과 문화, 또는 경제적 실정에 맞게 적절히 변화를 가미하면 될 것일세."

김종진은 여기에서 이회영의 아나키즘 이론이 '만인이 평등하다'

는 원리를 실천해나가면서도 공산주의처럼 프롤레타리아 독재에 빠지지 않고 개인과 사회의 자유를 확장할 수 있는 현실적 방책임을 깨달았다. 아나키즘이야말로 '자유와 평등'이라는 두 마리 토끼를 잡을 수 있는 이론이라고 판단한 것이다.

"우리가 그런 이념 아래 독립을 성취했다고 할 때, 이념을 달리하는 국가들과 국제관계는 어떻게 되겠습니까?"

"무정부주의의 궁극의 목적은 대동大同의 세계, 즉 하나의 세계를 만드는 데 있는 것이니 각 민족 또는 각 사회군이 궁극적으로 하나의 자유연합적 세계기구를 만들어 연결해야 할 것이네. 각 민족 단위의 독립된 사회가 완전히 독립적인 주권을 가지고 자체 내의 문제나 사건은 독자적으로 처리하는 한편 다른 사회와 관계된 문제나 공동의 과제에 대해서는 연합적 세계기구가 토의 결정하여 실행해나가면 될 것일세. 그 단위사회는 독립된 주권이 확립되어 있으니…… 국가라고 하여도 무방하지만 세계연합의 일원인 까닭에 마치 미합중국美合衆國의 각 주各州가 한 주州이지 독립국가는 될 수 없는 것과 마찬가지 아닐까? 그러나 독립 한국으로서는 대외관계가 이해 대립되는 관계이기 때문에 별수 없이 한 독립된 국가로서 국제관계가 맺어져야 할 것이며, 치안과 국방문제도 일어날 것인데 이런 외교·국방·무역관계·문화교류 등의 문제는 모두 한 사회의 중앙연합기구, 즉 중앙정부에서 다루어야 할 것이네."

수일을 두고 이회영과 김종진은 진지하게 대화를 나누었다. 이회영은 크로포트킨의 상호부조론相互扶助論도 잘 알고 있었다.

"인간은 선사시대부터 상호부조하고 협동노작協同勞作하는 사회적 본능이 있어 왔네. 때로는 이기적 투쟁도 하지만 그보다는 양보와 협동으로 상호간에 더 큰 이익을 보았을 뿐만 아니라 고립해서는 생을 유지하지 못한다는 것을 아는 까닭에 충돌과 투쟁을 피하고 타협과 이해로써 생존의 본질적 문제를 해결해왔고, 현재도 그렇다네."

"현재 사회는 양보와 협동보다는 이기적 투쟁이 더 앞서지 않습니까?"

"현재 나타나고 있는 인간상호간, 사회상호간의 증오와 불신은 과도기적인 것이요 불변의 것도 아니네. 태고로부터 연면히 내려온 인간성의 본능은 선한 것이네."

김종진은 평생을 타협 없이 살아온 노老혁명가 이회영에게서 진정한 평화주의자의 모습을 보았다. 그는 공의公義를 위해 자신의 모든 것을 바치면서도 결코 남을 억압하려 하지 않았다. 그는 남을 억압하지 않으면서 공의가 실현되는 진정한 평화사회를 위해 싸우는 평화주의자였다.

7 의열단과 다물단

의열단의 직접행동과 유자명

대한민국 독립운동사에서 의열단은 특이한 존재다. 의열단은 김구의 한인애국단과 아나키스트들이 조직한 다물단, 남화한인청년연맹과 함께 직접행동을 유력한 무기로 삼아 일제와 싸웠던 행동 조직이다.

그런데 이들의 활동이 가장 활발했던 1920년대에 의열단을 지배한 사상은 아나키즘이며, 그 배경에는 아나키스트 유자명이 있었다. 아나키즘 연구자 오장환은 『한국 아나키즘 운동사』에서 "김원봉의 의열단은 유자명의 영향으로 아나키즘을 수용하고 그들의 민족주의적 테러활동에 아나키즘적 논리를 갖추게 되었다"고 했다. 북경에서 유자명과 함께 지낸 이규창도 "의열단의 총참모 격의 중요한 직책을 맡아서 제1선 운동에 참여한 분"으로 기억하고 있듯이 유자명은 의열단의 중요 인물이었고, 그의 영향으로 의열단은 아나키즘을 받아들였다.

유자명은 1921년 4월 만주를 거쳐 북경에 도착했는데 이때 이회영을 만난다. 당시 그는 이미 아나키즘에 경도되어 있었다. 북경으로 오기 전 서울에서 일본의 아나키스트인 오스기 사가에[大杉榮]와 동경제대 교수 모리도 다츠오[森戶辰男]의 글을 읽고 감명을 받았던 터였다. 오스기는 아나키즘에 관한 글을 잡지에 발표했다가 여러 번 감옥에 갇혔으나 법정을 아나키즘 선전무대로 삼고, 감옥을 집으로 삼아 『옥중기獄中記』를 쓸 정도로 신념에 찬 인물이었다.

유자명을 아나키즘에 경도되게 만든 이론은 크로포트킨의 '상호부조론'이었다. 이 무렵 일본 유학생들 사이에서는 치열한 생존경쟁이 생물진화의 동력이라고 주장하는 다윈의 '진화론進化論'이 유행했으나 진화론을 받아들이는 순간 식민지 출신의 유학생들은 제국주의의 침략논리를 용인해야 했다. 진화론을 국가 사이에 적용하면 우성優性 일본이 열성劣性 한국을 점령한 것이 당연한 사회법칙이기 때문이었다. 한국의 유학생들은 선진 과학 이론을 받아들일 수도, 받아들이지 않을 수도 없는 자기모순에 빠져 있었다.

그런데 상호부조론은 이런 모순에서 벗어날 수 있는 이론이었다. 상호부조론은 경쟁이 아닌 협조가 생물진화의 중요 인자라고 주장했으므로 진화론에 빗댄 침략이론을 무력화시킬 수 있었던 것이다.

유자명은 크로포트킨의 자서전 『한 혁명자의 회억』을 읽고 중국에서 만년에 쓴 회고록에 "나의 사상 전변에 큰 영향을 주었으며 나중에는 무정부주의자로 되게 하였다"고 고백할 정도로 확고한 아나키스트가 되었다.

1919년 창립된 의열단은 1920년에 전성기를 맞이했다. 오장환이

상해 프랑스 조계지.
조계지는 외국인이 거주하며 치외법권을 누릴 수 있는 구역이었다. 집값은 비쌌으나 일제의 수색을 피할 수 있어 독립군들이 이곳에 거처를 마련하기도 했다.

"1920년대 중국 내 한인 아나키즘운동에서 간과할 수 없는 중요한 것은 대표적인 민족주의적 항일독립운동단체인 의열단에 끼친 영향이다"라고 쓴 것처럼 의열단의 활동이 가장 활발했던 1920년대에는 아나키즘단체가 그 중심에 있었으며 그 배경에 유자명이 있었다.

1920년대 초반 상해에서 의열단과 함께 지낸 김산도 "(의열단은) 무정부주의 이데올로기에 지배되었다"고 회상했다. 그의 회상을 좀 더 읽어보자.

"내가 상해에 머무르는 동안 20명의 의열단 지도자가 프랑스 조계에 모였다. 나는 정식단원이 될 자격이 없었다. 하지만 내가 무정부주의자 그룹에 들어간 뒤에는 그들 사이에서 촉망받는 제자로 받아들여져서 그들의 작은 서클생활에 들어가게 되었다."

김산이 의열단의 작은 서클생활에 들어갈 수 있었던 배경이 그가 무정부주의자 그룹에 들어갔기 때문일 정도로 의열단은 아나키즘과 관련이 깊은 결사체였다. 민족주의 성향의 의열단에 아나키즘은 이념의 구체성을 부여했다.

훗날 상해에서 남화한인청년연맹을 주도한 정화암은 정치학자 이정식과 한 대담에서 "왜놈들이 제일 두려워한 것은 역시 자기들에 대한 직접적 테러였어요. 정치적 투쟁, 즉 성명으로 규탄하고 외교적으로 이론적으로 덤벼드는 것, 이런 것보다도 폭탄 들고 덤벼드는 것을 가장 무서워했어요"라고 회고했다. 여기에서도 알 수 있는 것처럼 일제가 제일 두려워한 것은 독립군과 이들 테러 조직이었으며, 이러한 테러 조직의 전형이 의열단과 다물단이었다.

일제를 경악과 공포에 빠뜨렸던 의열단은 1919년 11월 10일 만주 길림성에서 결성되었다. 김원봉, 이종암李鍾岩, 신철휴申喆休, 서상락徐相洛, 곽재기郭在驥 등은 길림시 파호문巴虎門 밖 중국인 반潘모 씨의 집에서 "천하의 정의의 일을 맹렬히 실행키로 맹세"하고 '정의正義'에서 '의' 자를 따고 '맹렬猛烈'에서 '열' 자를 따 의열단을 결성한 것이다. 대구 출신의 의열단원 이종암이 세 들어 살고 있던 반모 씨의 집은 일종의 여관으로 동지들 사이에 연락거점 역할을 했으며, 그 집 앞에는 길림감옥이 있었다. 결성 당시의 단원은 열세 명이었는데 이들을 한데 모은 인연의 끈이 바로 신흥무관학교였다.

중국 남경의 금릉金陵대학에서 김약수金若水, 이여성李如星과 함께 수학하던 김원봉은 1919년 만주의 신흥무관학교를 찾아갔다. 이때 김원봉은 중국 호남성 출신의 주황周況과 동행했는데 그는 폭탄제조 기술자였다. 주황은 손문의 휘하에 있다가 서로군정서 참모장이던 김동삼의 초청을 받아 만주로 온 인물이었다. 서로군정서는 총사령관 격인 독판督辦이 이상룡, 부독판이 여준, 참모장이 김동삼인 데서 알 수 있듯이 모두 이회영, 이시영과 함께 경학사와 신흥무관학교를 운영했던 인물들이 주축을 이루고 있었다. 따라서 주황이 신흥무관학교로 간 것은 서로군정서가 군정서의 군사충원처였던 신흥무관학교 학생들에게 폭탄기술을 가르치기 위해서였다.

실제로 김원봉은 1919년 6월에 신흥무관학교에 입학해 폭탄제조술을 비롯한 군사학을 배웠으며, 생사를 함께할 동지들도 얻었다.

김원봉은 신흥무관학교가 중국 마적 떼의 습격을 막아내지 못한 데 실망해 그해 11월 학교를 떠났다고 알려져 있다. 하지만 신흥무관학교가 없었다면 의열단은 탄생하기 어려웠을 것이니 이회영 일가가 뿌린 무관학교라는 씨앗은 여기에서 또 한 번 꽃을 피운 셈이다.

의열단 단장 격인 의백義伯 황상규黃尙奎와 김원봉은 모두 밀양 출신으로 초기 의열단에는 영남 출신이 많았다. 황상규는 어린 시절부터 밀양 후배인 김원봉에게 독립정신을 주입시켰으며 그에게 '산과 같이 되라'는 뜻의 약산若山이란 호를 지어줄 정도로 영남지역 청년들에게는 영향력이 컸다.

의열단은 창립 직후 9개 항에 달하는 공약을 결정하고, 암살대상을 정했는데 주요 공약은 다음과 같다.

① 천하의 정의의 사事를 맹렬히 실행키로 함.
② 조선의 독립과 세계의 평등을 위하여 신명身命을 희생키로 함.
③ 충의의 기백과 희생의 정신이 확고한 자라야 단원이 됨.
⑥ 언제 어디서나 매월 1차씩 사정을 보고함.
⑧ 일一이 구九를 위하여 구九가 일一을 위하여 헌신함.

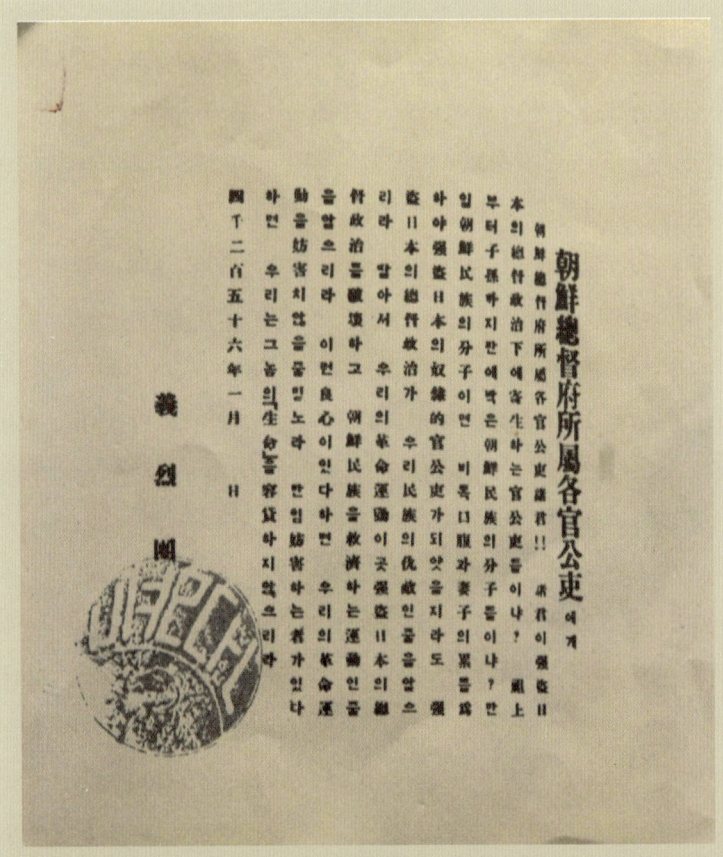

의열단 경고문.
의열단은 저격, 투탄 등으로 주요 인물들을 암살하고, 주요 기관 폭파를 행동방침으로 정하고 이를 실행했다. 사진은 당시 의열단이 조선총독부 공사에게 보낸 경고문이다.

⑨ 단의에 배반한 자는 처살處殺함.

의열단이 일제 당국을 경악과 공포에 빠뜨렸던 것은 저격, 투탄 등의 방법을 통해 주요 인물들을 암살하고 주요 기관을 폭파한다는 행동방침에 따라 이를 실제로 실행했기 때문이다.

의열단은 암살대상으로 조선총독 이하 고관, 군부 수뇌, 대만 총독, 매국노, 친일파 거두, 적탐(밀정), 반민족적 토호열신 등을 정했는데 이는 나중에 '의열단의 칠가살七可殺'로 체계화되었다. 대만 총독은 같은 피압박 민족인 대만 민족을 동정한다는 차원에서 설정된 것이었다. 또한 의열단은 조선총독부, 동양척식주식회사, 매일신보사, 각 경찰서, 기타 왜적의 중요 기관 등을 파괴대상으로 정했다.

의열단은 창단과 동시에 과감한 '직접행동' 계획을 수립하고 행동에 들어갔다. 제1차 암살파괴계획이라고 부르는 이 계획의 목적물은 모두 굵직굵직했다. 조선 총독 이하 대관大官들을 암살하고 조선총독부와 동양척식주식회사, 조선은행 등을 폭파하는 것이었다.

이 계획이 실행되면 일제는 3·1운동 다음으로 큰 타격을 받을 게 뻔했다. 김원봉이 "조선 총독 죽이기를 5~6명에 이르면 후계자가 되려는 자가 없을 것이고 동경에 폭탄을 터뜨려 매년 2회 이상 놀라게 하면 그들 스스로 한국을 포기하게 될 것이다"라고 말한 대로 의열단은 테러를 포함한 무장투쟁을 독립을 위한 가장 효과적인 방안이라고 보았다.

흔히 아나키즘을 테러리즘과 동의어로 이해한 이유는 1881년 러시아에서 '인민의 의지Narodnaya Volya(People's Will, People's Freedom)'라는 조직이 황제인 알렉산드르 2세를 암살한 것을 비롯해, 1865~1905년에 많은 지배자들이 무정부주의 성향의 조직과 개인에 의해 암살되었기 때문이다. 아나키즘은 황제 암살이라는 거대한 일을 성공시켰으나 그로 인해 잃은 것도 많았다. 알렉산드르 2세 암살범들이 대거 교수형을 당해 조직이 와해된 것은 물론 이를 계기로 테러활동에 대한 반감이 조성되었던 것이다.

현재는 다니엘 게렝의 평가대로 테러리즘은 "아나키즘 역사에서 일시적인 실속 없는 탈선이라고 평가"되지만 이는 자국의 계급투쟁에 테러리즘을 이용한 경우이고, 의열단처럼 민족해방운동을 위한 직접행동은 피식민지 민중의 열렬한 지지를 받게 마련이었다.

제1차 암살파괴계획을 세운 김원봉과 이종암, 곽재기, 이성우 등은 1919년 12월 하순 길림을 떠나 상해로 갔다. 국제도시 상해에서 임시정부 등과 협의해 무기를 구입하기 위해서였다. 이들은 이듬해 3월에 폭탄 세 개와 탄피 제조기 한 개를 구해 길림으로 되돌아왔는데, 이중 탄피 제조기는 임정 내무총장 안창호가 시가 대양大洋 2천 원짜리 한 대를 기증한 것으로 전해진다.

의열단은 이 폭탄을 중국 우편국을 통해 안동현 중국 세관에 있는 영국인 '포인' 앞으로 소포 우편으로 발송했다. 안동현에서 이 폭탄을 인수받기로 한 곽재기는 상해에서 기선汽船을 타고 대련으로 온 후 기차로 안동현까지 가서 임정 외교차장 장건상張建相의 서한을 '포인'에게 제출해 무기가 든 소포를 찾았다.

의열단은 안동현 원보상회의 이병철李炳喆을 연락 담당으로 미리 정해두었는데, 그는 이 폭탄을 경남 밀양에서 미곡상을 하는 동지 김병환金鉼煥에게 보냈다. 고량미 스무 가마니 속에 폭탄을 갈라 넣어 위장하고 안동현 역전의 신의공사라는 운송점에서 보내게 한 것이다.

폭탄 세 개로는 대대적인 거사를 추진할 수 없다고 판단한 의열단은 다시 상해로 가서 프랑스 조계 오흥리吳興里에 거주하는 중국인 단익산毅盆山에게 폭탄 열세 개와 미국제 권총 두 정, 탄환 백 발을 구했다. 이 폭탄은 복잡한 방법을 거치지 않고 직접 운송하기로 했는데 중국어에 능통한 의열단원 이성우가 맡았다.

이성우는 중국식 의류상자 속에 폭탄을 넣어 들고 중국인 행세를 하며 상해발 이륭양행 소속 기선 계림환桂林丸을 타고 무사히 안동현에 도착했다. 이 폭탄 역시 안동의 원보상회 이병철을 통해 마산 역전의 미곡상 배중세와 밀양의 김병환 그리고 진영 역전의 미곡상 강원석에게 보내졌다.

김원봉과 강세우 등은 상해와 북경을 오가며 후방 지원 업무를 담당하기로 하고 황상규, 윤치영 등 단원 열 명은 국내로 잠입했다. 이들은 서울, 부산, 마산, 밀양을 거점으로 삼아 현지를 답사하며 거사를 준비했다. 이번 거사는 단원 중에 곽재기, 이성우, 한봉근, 신철휴, 김기득 등이 맡기로 했고, 무기 도착 후 1개월 이내에 결행하기로 결정했다. 한꺼번에 동시다발적으로 거사해온 조선과 일본 전체를 경악에 빠뜨릴 계획이었다.

그런데 의열단의 이런 움직임은 각지에 밀정을 깔아놓은 일제의 첩보망에 포착되고 말았다. 낌새를 눈치 챈 경기도 경찰부에 의해 김병환에게 보낸 폭탄이 압수당했던 것이다. 그러나 의열단은 이에 굴하지 않고 나중에 보낸 열세 개의 폭탄으로 예정대로 거사하기로 했다. 여러 차례 비밀회합을 가지며 거사계획을 수립하던 의열단원들은 안타깝게도 1920년 6월 서울 인사동의 한 중국 음식점에서 회합하던 중 일제 고등경찰 김태석金泰錫 경부가 이끄는 일제 경찰들에게 급습당했다.

그 후 대대적인 검거선풍이 일었다. 중국 음식점에서 체포된 여섯 명을 포함 그해 10월 말까지 검속된 관련자들은 모두 열여덟 명이었다. 의열단은 창단 이후 첫 번째 거사를 해보지도 못한 채 대다수 단원들만 잃었다.

체포된 의열단원들은 만 1년여에 걸친 조사 기간 도중 갖은 살인적 고문을 당했다. 1921년 6월 곽재기와 이성우는 징역 8년, 황상규·윤소룡·김기득·이낙준·신철휴 등은 징역 7년 등의 중형을 선고받았다. 일제는 조선총독부와 동양척식주식회사를 폭파하고 조선 총독도 암살하기 위해 대량의 폭탄을 밀반입하고 십여 명의 단원들을 대거 국내에 잠입시킨 의열단의 대담성에 경악을 금치 못했다.

1920년 8월 1일자『동아일보』는 '직경 3촌寸의 대폭탄'이란 제목과 '총독부를 파괴하려던 폭탄은 비상히 크고 최신식의 완전한 것'이란 중간 제목을 달아 이 사건을 보도했다. 이 폭탄이 동시다발적으로 조선총독부와 동양척식주식회사 등에서 터지고 권총으로 총독 등을 저격했을 경우 그 여파는 상상하기 어려울 정도로 컸을 것이다. 하지만 의열단의 제1차 암살파괴계획은 일제의 사전 첩보망에 걸려 실패하고 말았다.

이렇듯 의열단원 검거에 혈안이 되어 있던 와중이었으나 의열단은 이에 굴하지 않았다. 단원 박재혁朴載赫이 다시 거사에 나섰던 것이다. 1920년 9월 14일 아침, 박재혁은 당당하게 부산경찰서를 찾아갔다. 전날 밤 이종암과 한잔 술을 나눈 후 자택에서 잔 그는 아침 일찍 중국 고서적상古書籍商으로 위장해 부산경찰서장에게 면회를 청했다. 보자기에 든 책이 아주 귀한 서적이라고 둘러댄 박재혁은 서장 하시

부산경찰서 전경.
박재혁은 의열단 단장 김원봉에게서 부산경찰서를 폭파하고 서장을 암살하라는 지시를 받았다. 그는 고서적상으로 가장하고 책 속에 폭탄을 숨겨 일본 나가사키를 거쳐 부산으로 들어와 다음 날 부산경찰서장 하시모토에게 폭탄을 던졌다.

모토[橋本秀平]를 만날 수 있었다.

그러나 희귀한 중국 고서적을 기다리던 하시모토가 맞이한 것은 폭탄이었다. 정통으로 폭탄을 맞은 하시모토는 그 자리에서 폭살당했고, 박재혁도 심한 부상을 입었다. 현장에서 체포된 박재혁은 옥중에서 단식투쟁을 벌이다가 1921년 5월에 죽고 말았다. 일제는 의열단원 대검거 와중에 발생한 사태에 다시 한번 놀랐다.

이 거사를 치르기 전에 박재혁은 상해에서 나가사키[長崎]를 거쳐 부산으로 들어오는 배 위에서 김원봉에게 이런 편지를 보냈다.

허다한 수익은 기약할 수 있으나[可期許多收益] 그대 얼굴은 다시 보지 못하리라[不可期再見君顏].

그는 이 편지에 자신이 타고 가는 배 이름을 '와담[臥膽] 배'라고 적었다. 그야말로 와신상담의 심정으로 일제를 박살내러 가는 길이란 굳은 결의의 표현이었다. 마지막으로 적은 7언 절구도 의미심장하다.

열락선 타지 말고[熱落仙他地末古] 대마도로 서 간다[對馬島路徐看多].

한자음을 빌려 자신의 이동수단이 '연락선'이 아니며 '대마도'를 경유해가는 것임을 의열단에 보고한 시구다. 김원봉도 상해에서 박재혁과 헤어질 때 마지막임을 알고 있었기에 이 편지를 받고는 눈물을 흘렸다고 한다.

의열단의 활동은 이뿐만이 아니었다. 제1차 사건 때 검거를 모면한 의열단의 이종암과 이수택은 신입단원 최수봉崔壽鳳에게 폭탄을 주어 그해 12월 27일 밀양경찰서에 폭탄을 던지게 했다. 일제의 엄중한 수사망과 계속된 희생을 무릅쓰고 의열단은 목숨을 건 투쟁을 그치지 않았던 것이다.

조선총독부 폭파와 다나카 대장 암살사건

제1차 암살파괴계획 때 조선총독부를 폭파하려다 실패한 의열단은 이듬해 끝내 조선총독부 폭파에 성공한다. 이 거사를 맡은 의열단원 김익상金益相이 폭탄 두 개를 가슴에 품은 채 북경을 떠나 만주로 향한 때는 1921년 9월 10일이었다. 그를 위해 단원들은 "장사가 한 번 떠나니 다시 돌아오지 않는구나[壯士一去兮不復還]"라는 유명한 시구를 읊어주었다. 이것은 진시황을 암살하러 떠나던 지사가 읊은 시로, 동양에서는 돌아오지 못할 길을 떠나는 지사들의 송별시로 자주 운위되었다.

그러나 김익상은 태연히 "일주일이면 돌아올 것이다" 하며 길을 떠났다. 폭탄 한 개는 사타구니에 차고 다른 한 개는 가방 밑바닥에 감춘 채 봉천에서 기차에 올랐으나 국경 근처 안동현이 가까워지자 검문이 심해졌다. 그는 어린아이를 데리고 여행 중인 일본 여인 옆으로 자리를 옮겼다. 유창한 일본어로 자신을 일본 학생 미다카미[三田神]라고 소개한 김익상은 어린아이를 대동한 여인의 행선지가 서울이라는 사실에 쾌재를 불렀다. 그가 신의주에서 간단한 검문을 받은 것 외에 별다른 어려움 없이 서울까지 올 수 있었던 것은 기차 안에 득실대던 경찰들과 밀정들이 이들을 일본인 부부로 여겼기 때문이다.

경성 역을 빠져나와 일본 여인과 헤어진 김익상은 이태원에 사는 동생 김준상金俊相의 집으로 갔다. 동생 집에는 그의 아내 송 씨가 와 있었다. 송 씨와 하룻밤을 보낸 김익상은 다음 날 아침 일찍 전기회사 공원으로 가장하고 조선총독부를 찾아갔다. 수위실에서는 공사하러 온 전공電工으로 알고 별다른 의심 없이 통과시켜주었다. 김익상은 2층에 총독이 있을 것으로 짐작하고 2층으로 올라갔다. 그러나 2층에는 총독실이란 문패가 없었다.

누구에게 물어볼 수도 없는 노릇이어서 대신 회계과의 문을 열고 들어갔다. 김익상은 폭탄 한 개를 꺼내 던진 후 옆의 비서과 문을 열고 다시 한 개를 집어던졌다. 첫 번째 것은 불발이었으나 두 번째 것이 커다란 폭음과 함께 터지며 2층은 순식간에 아수라장이 되었다. 김익상이 재빨리 아래층으로 내려가는데 아래층에서 수위 등이 올라

왔다. 김익상은 유창한 일본어로 "위험하다, 위험해! 올라가면 안 된다!"라고 소리치며 내려왔다.

조선총독부를 빠져나온 김익상은 지금의 을지로인 황금정에서 들고 있던 공구를 모두 버리고 일본인 가게에서 일본 목수들이 입는 옷을 한 벌 사서 전차에 올랐다. 그는 한강에서 목욕을 한 후 옷을 갈아입고 평양행 밤 열차에 몸을 실었다. 일제 경찰은 삼엄한 경비와 수색작전을 펼쳤으나 일본인으로 변장한 그를 잡지는 못했다.

김익상이 평양에서 신의주로, 신의주에서 안동과 봉천을 거쳐 북경에 무사히 도착한 날이 9월 17일이었으니 자신이 장담한 대로 꼭 일주일 만에 돌아왔던 것이다. 목숨을 초개같이 던지는 의열단원들도 김익상의 출현에는 깜짝 놀라지 않을 수 없었다. 조선총독부를 박살 내고도 유유히 빠져나온 김익상의 무용담은 승리에 대한 확신을 심어주었고, 의열단 동지들은 김익상과 함께 북경의 정양문 밖 숙소에서 축배를 들었다.

반면에 일제는 경악했다. 자칫 무력투쟁의 물꼬가 터지면 이상주의적인 한국인의 민족성 탓에 너도나도 폭탄을 들고 덤빌지도 모르는 일이었다. 일제는 극심한 탄압 외에는 방법이 없다고 판단했다.

최수봉의 밀양경찰서 투탄은 건물 일부를 부쉈을 뿐 인명은 살상되지 않았으나 일제의 대구 복심법원은 그에게 사형을 선고했다. 부산지방법원에서 열린 1심 재판이 그에게 선고한 형량은 무기징역이었다. 그러나 의열단의 잇단 도전에 겁을 먹은 일제는 폭탄테러에는 인명 살상 여부를 따지지 않고 사형으로 대응했다. 1심 판결에 불만을 품은 검사의 항소가 받아들여져 사형이 선고되었던 것이다. 그때 최수봉의 나이 겨우 28세였다.

만주 길림에서 창단된 의열단은 박재혁의 부산경찰서 거사 후 잠정적으로 근거지를 북경으로 옮겼고, 김원봉은 이곳에서 이회영과 신채호를 만난다. 이회영의 아들 이규창도 김원봉이 이회영을 방문했다고 회고했다.

1922년 3월 초 상해로 간 김원봉은 북경의 의열단원들을 불렀다. 이종암, 오성륜吳成崙, 김익상, 서상락, 강세우 등은 지체 없이 상해로 와서 프랑스 조계 주가교朱家橋에 있는 모 중국인이 운영하는 이발소 2층에서 김원봉을 만났다. 김원봉의 정보는 조선 총독 암살 못지않게 큰 것이었다. 일본의 육군대장 다나카 기이치[田中義一]가 필리핀과 싱가포르, 홍콩을 거쳐 상해에 온다는 정보였다. 다나카는 일본 군부의 확장정책을 적극 입안하고 추진한 군부 실세이자 강경파의 리더였다.

다나카를 그냥 보낼 수 없다는 데는 아무 이견이 없었으나 누가 다나카를 저격할 것인가가 문제였다. 사람이 없어서가 아니라 오성륜, 김익상, 이종암이 서로 자신이 하겠다며 양보하지 않았기 때문이다. 김원봉은 다나카 한 사람을 저격하는 데 많은 사람이 나설 필요가 없다고 생각했다. 암살할 인물은 다나카 외에도 많았다.

김원봉이 조정을 시도했으나 아무도 양보하지 않았다. 할 수 없이 세 사람 모두 가되 제1선, 제2선, 제3선으로 나누어 순차적으로 진행하기로 했다. 제1선은 다나카가 배에서 내릴 때 저격하고, 이것이 실패하면 제2선이 다나카가 일본 영사관에서 준비한 차로 향할 때 저격하고, 이마저 실패하면 제3선이 다나카가 자동차에 오를 때 쏘기로 계획했다.

그런데 이것으로 문제가 정리된 것은 아니었다. 세 사람이 서로 제1선을 맡겠다며 다투었는데, 이는 제2선·제3선까지 차례가 오지 않

황포탄.
의열단원 김익상, 오성륜, 이종암은 일본 군부 실세이자 강경파의 리더 다나카를 황포탄에서 암살하려 했으나 실패했고, 김익상과 오성륜은 체포되었다.

을 것이라고 생각했기 때문이다. 오성륜은 김익상에게 화를 벌컥 내기까지 했다.

"자네는 큰일을 한번 해보지 않았나? 이번엔 내가 좀 해보세."

조선총독부 폭파건까지 들고 나오자 제1선을 오성륜에게 양보하지 않을 수 없었다. 제2선은 김익상, 제3선은 이종암으로 결정되었다. 이때가 다나카가 기선을 타고 황포탄에 도착하기 하루 전인 1922년 3월 28일 밤이었다.

이튿날 드디어 일본 군부의 실세 다나카를 태운 기선이 상해 황포탄 홍구 공공마두公共碼頭에 도착했다. 부두에는 무수한 환영인파가 나왔는데, 그중에는 의열단의 세 사나이도 끼어 있었다. 기선에서 내린 다나카가 마중 나온 인사들과 악수를 나누는 순간 제1선의 오성륜이 안주머니에서 단총을 꺼내 다나카의 가슴을 향해 발사했다. 다나카가 맞았다고 확신한 오성륜은 "대한독립만세!"를 목청껏 외쳤다.

그러나 오성륜이 맞춘 인물은 다나카가 아니라 우연히 다나카 앞으로 나선 백인 여자였다. 저격수가 있음을 알아차린 다나카는 사람들을 헤치며 자동차로 뛰어 도망갔고, 그 순간 제2선의 김익상이 군중을 밀치며 두 발을 쏘았다. 하지만 이번에도 총알은 다나카의 모자만 꿰뚫었을 뿐이었다. 김익상은 권총을 왼손에 바꾸어 쥔 다음 폭탄을 꺼내 옆의 전신주에 힘껏 부딪친 다음 다나카를 향해 던졌으나 불발이었다.

다나카는 급히 자동차에 올랐는데 제3선의 이종암이 군중을 헤치고 나서며 다나카가 탄 차를 향해 폭탄을 던졌다. 그러나 자동차는 달리기 시작했고, 폭탄은 그곳에 서 있던 미 해병이 발로 차 바다로 빠뜨렸다. 다나카는 구사일생으로 제1선, 제2선, 제3선의 공격을 모두 피하고 도주했다.

이종암은 재빨리 입고 있던 외투를 벗어 던지고 군중 사이로 몸을 숨겼으나 오성륜과 김익상은 너무 지체했다. 일제 헌병, 경찰, 밀정들과 일반 군중까지 아우성을 치며 이들을 뒤쫓았다. 두 사람은 아수라장 속에서 필사의 탈출을 감행했다. 중국 순경 한 명이 이들을 체포하려 덤비다가 김익상이 허공에 한 방을 쏘자 놀라 쓰러졌으며, 인도 순포巡捕(순검)는 그들의 앞길을 막다가 다리에 탄환을 맞고 넘어졌다. 다시 영국 신문기자가 달려들어 권총을 빼앗으려다가 허리에 상처를 입고 나자빠졌다.

김원봉은 강세우, 서상락과 자전거를 한 대씩 가지고 부두 근처에서 기다리고 있었으나 무사히 탈출하기에는 늦은 상황이었다. 오성륜과 김익상은 권총으로 위협하며 구강로九江路를 지나 사천로四川路로 달렸으나 결국 막다른 골목에서 체포되고 말았다.

오성륜과 김익상은 일본 영사관 감옥에 갇혀 혹독한 조사를 받으며 압송될 날짜를 기다리는 신세가 되었다. 그러나 오성륜은 포기하지 않았다. 오성륜이 갇힌 감방에는 일본인 죄수 세 명이 더 있었다. 오성륜은 그들 중 다무라라는 목수의 부인이 면회 오는 것을 기회로 삼았다. 오성륜은 다무라에게 함께 탈출하자고 꾀었고, 다무라의 부인이 들여보내준 칼로 창살을 자르고 극적으로 탈출하는 데 성공했다.

상해의 일본 영사관 경찰은 취조 도중 김익상이 조선총독부 폭파사건의 주인공이라는 것을 알고 깜짝 놀랐다. 그 놀람은 오성륜의 탈출이란 믿기지 않는 사태를 맞아 경악으로 변했다. 일제는 대경실색해 김익상을 급히 나가사키로 호송했다. 국내가 아닌 일본 나가사키로 호송한 것은 국내에서 재판하면 또다시 의열단에 의한 소요사건이 일어날지도 모른다고 우려한 데서 나온 고육지책이었다.

그해 6월 말 나가사키 지방법원에서 사실심리가 끝난 뒤에 재판장이 "무엇이든지 피고에게 이익이 되는 증거가 있거든 말하라"고 묻자 김익상은 이렇게 대답했다.

"나의 이익이 되는 점은 오직 조선 독립뿐이다."

김익상은 그해 9월 25일 나가사키 지방재판소에서 마츠오카[松岡] 재판장에게서 무기징역을 언도받았다. 백인 여자 한 명이 사망하고 다수가 부상당한 사건에 대한 판결치고는 관대한 것이었으나 일제가 이를 묵인할 리 없었다. 재판 결과에 대해 물의가 일자 다시 재판이 열렸는데, 재판장이 마츠오카에서 모리[森]로 바뀐 것은 김익상을 반드시 죽이려고 한 일제의 의도를 보여준다. 그해 11월 7일자 『동아일보』는 나가사키 지급至急전보로 다음과 같은 내용을 전했다.

"김익상의 공소공판을 6일 오후 한 시에 나가사키 공원에서 개정하고 전前 판결 무기징역을 취소하고, 사형을 언도하였다더라."

재판 때 미요시[三好] 검사는 "피고 뒤에는 조선독립의용군을 위시해서 독립단이 뒤를 이어 일어날 염려가 있으니, 경輕한 형벌에 처하는 것이 득책이 아니니 극형에 처해달라"고 했다. 사형이 구형되자 김익상은 이렇게 말했다.

"극형 이상의 형벌이라도 사양하지 않는다."

11월 6일 사형을 선고받은 김익상은 상고 기간인 9일 오후 8시까지 상고하지 않았다. 굳이 일본 법정에 동정을 구해 목숨을 구걸하지 않겠다는 뜻이었다. 그런데 의외의 일이 발생했다. 담담하게 사형 집행을 기다리고 있던 김익상에게 이른바 은사恩赦(나라에 경사가 있어 죄를 감면해주던 일)라는 것이 있어 무기로 감형된 것이다. 1927년에 다시 20년으로 감형된 김익상은 1942년에 만기 출소해 고향으로 돌아왔다. 그런데 하루는 일본 형사가 잠시 가자며 그를 데려갔으나 그는 끝내 돌아오지 않았다.

의열단의 황포탄 저격사건은 상해를 비롯한 전 중국은 물론 한국과 일본까지 떠들썩하게 만들었지만 상해 거주 외국인들 사이에서 의열단에 대한 여론을 악화시키는 부작용을 낳았다. 일본 총영사관의 압력에 굴복한 공동 조계와 프랑스 조계의 경찰 당국은 '불온행동' 단속 강화방침을 공포했는데, 이는 한인 독립운동가의 총기류 휴대를 억제하기 위한 것이었다. 주중駐中 미국 공사가 "조선인 독립당이 목적을 달하기 위하여 공산주의자의 행함과 같은 잔혹한 수단으로 나옴은 미국은 물론 세계 어느 나라든지 찬성치 아니하는 바다" 하며 유감의 뜻을 표하기도 했다.

그러자 임시정부 일부 세력까지 의열단 비난에 가세했다. 의열단에 대한 열강의 비난이 한국 독립운동에 대한 여론 악화로 이어질 것을 염려했기 때문이다. 이른바 외교독립론을 내세우는 임시정부의 일부 인사들은 의열단의 암살파괴 운동을 "공포수단에 의지한 과격주의의 소치"라며 공공연히 비난하기에 이르렀다.

의열단은 이들의 이런 비난에 격분했다. 목숨을 걸고 싸우는 자신들을 격려하지는 못할망정 말뿐인 외교독립론에 기대 의혈투쟁을 외면하는 것에 대한 분노였다.

사실 의열단과 임정은 사이가 나쁘지 않았다. 결성 초기 의열단의 김원봉과 이종암 등은 상해에서 임시정부의 별동대 격인 구국모험단救國冒險團 단장 김성근金聲根과 합숙하며 약 3개월에 걸쳐 폭탄제조법과 조작법을 배울 정도였다. 이렇듯 임정과 가까운 관계였으나 이승만의 임정 대통령 선출에 반발한 북경그룹에 의열단의 김원봉이 가담하자 의열단과 임정은 소원해지고 말았다. 이런 상황에서 임정의 일부 인사들이 상해 황포탄 거사를 비난하자 의열단은 임정에 대한 비판 강도를 더욱 높여갔다.

의열단은 자신들의 이념과 정체성을 대외에 공표해야 한다고 판단했다. 자신들이 무조건적 폭력만을 일삼는 테러 조직이 아니라 명확한 이념과 목표를 가진 독립운동단체임을 밝힐 필요성을 느낀 것이다. 김원봉과 유자명은 선언문을 통해 의열단의 노선을 명확히 하기로 결정하고 북경의 아나키스트 신채호를 상해로 초빙했다. 그리고 의열단의 항일선언문을 작성해달라고 정중히 요청했다.

폭력은 우리 혁명의 유일한 무기다

신채호는 임정이 끝내 이승만을 대통령으로 선출하자 참여를 거부하고 북경으로 온 후 이회영과 매일같이 만났다. 이규창은 『운명의 여진』에서 "우리 집에는 단재 신채호 선생이 매일 내방하여 부친과 환담을 계속하시고", "단재 선생은…… 매일매일 오셔서 부친과 다방면에 걸쳐서 환담하셨고, 김창숙 선생도 매일 신 선생과 부친이 토의하시는 것을 뵈었다"고 적었듯이 이회영과 신채호는 서로 뜻이 맞는 동지였다. 부정한 모든 것을 거부하는 기질이 서로 같았고, 이런 점들이 그들을 아나키즘으로 이끌었다.

신채호와 이회영이 얼마나 친밀한 관계였는지는 이회영이 신채호의 결혼을 주선한 데서도 알 수 있다. 숙명여학교를 나와 간우회看友會사건으로 중국에 망명해 당시 북경 연경대학燕京大學에 유학 중이던 박자혜朴慈惠를 신채호에게 소개한 사람은 이회영의 며느리 조계진이었다. 3·1운동 당시 조선총독부 부속 의원 간호사들의 만세사건을 간우회사건이라고 하는데 이를 주도한 뒤 중국으로 망명했던 박자혜는 1920년 결혼 당시 26세였고 신채호는 41세였다. 두 사람의 혁명적 기질이 15세의 나이 차이를 극복하게 해주었던 것이다.

그러나 벌이 한 푼 없는 독립운동가이자 역사학자와 유학생의 결혼 생활이 순탄할 수는 없었다. 이때 북경에서 신채호와 함께 지낸 유자명은 단재의 어려웠던 생활에 대한 증언을 남겼다.

"단재 선생은 그때 아내와 어린 딸애가 있었는데 살림이 너무 어려워 북경에서 계속 살 수 없었으므로 아내와 딸을 서울에 보내어 고향 친구인 홍명희洪命熹에게 의탁하고 살게 하였다. 홍명희는 그때 『조선일보』와 연계가 있었으므로 단재 선생이 역사연구에 관한 글을 써서 보내면 그가 『조선일보』에 발표하도록 주선하고 거기서 나오는 원고료를 단재 선생의 부인과 딸의 생활비로 쓰게 하였다. 그때 벌써 마흔이 넘은 단재 선생은 항상 고국에 있는 부인과 딸을 그리워하였고 이로 하여 정신상에서 늘 고통을 받았다. 단재 선생은 이런 괴로운 심정을 나에게 이야기하곤 하였다."

가족을 고국으로 귀국시킨 1922년에 신채호는 43세의 장년이었다. 한국과 중국 신문에 기고한 글의 원고료가 그의 수입의 전부였으나 한 중국신문이 글자 한 자를 고쳤다는 이유로 신채호는 다시는 그 신문에 기고하지 않았다. 이처럼 강한 성격은 그의 경제생활을 더욱 막다른 길로 몰고 갔다.

극도의 궁핍에 시달리던 신채호는 궁여지책으로 승려가 되기도 했다. 신채호가 1년여 간 승려생활을 한 것은 득도得道가 아니라 경제적 궁핍에서 벗어나 필생의 소원인 조선사 연구에 몰두하기 위해서였다. 신채호가 승려생활을 한 계기는 중국인 진陳 씨의 소개라는 설과 중국의 저명한 아나키스트인 이석증의 소개라는 설이 있는데, 어쨌든 이 기간 동안 단재는 오랜만에 맛보는 경제적 여유 속에서 승복을 입은 채 조선사 연구에 몰두할 수 있었다. 단재는 이 시기에 『조선사통론』, 『문화편』, 『사상변천편』, 『강역고彊域考』, 『인물고人物考』를 저술한 것으로 알려져 있는데 현전하지는 않는다. 신채호가 이처럼 피 눈물 나는 노력으로 우리 역사를 연구하고 있을 때 조선총독부의 조선사편수회에서는 이병도李丙燾, 신석호申奭鎬 같은 친일 사학자들이 우리 역사를 타율성론, 정체성론, 일선동조론日鮮同祖論 등으로 깎아 내리기 위해 노력하고 있었다.

약 1년 후 승복을 벗은 신채호는 이회영의 동생 이호영의 집에서 하숙하며 국내의 『동아일보』와 『조선일보』 등에 기고하는 등 조선사 연구를 계속했다. 신채호가 유자명의 요청을 받고 상해로 간 때는 이 무렵이었다. 신채호가 직접행동 조직의 선언문 집필을 거부할 이유는 없었고, 이렇게 해서 나온 선언문이 유명한 「조선혁명선언」이다. 이정규는 이 선언문에 유자명의 의견이 많이 반영되었다고 했는데 사실 「조선혁명선언」은 아나키즘 색채가 강한 글이다.

신채호.
신채호는 『황성신문』, 『대한매일신보』 등에 민족영웅전과 역사 논문을 발표하며 민족의식 앙양에 힘썼으며, 민족사관을 수립하고 한국 근대사학의 기초를 확립했다.

"강도 일본이 우리의 국호國號를 없이 하며 우리의 정권을 빼앗으며, 우리 생존조건의 필요성을 다 박탈하였다"로 시작되는 이 선언문은 식민지시대 우리 민족의 가슴을 통쾌하게 해주는 청량제 역할을 했다. 「조선혁명선언」은 모두 다섯 부분으로 나누어져 있는데 그 첫 번째 부분에서부터 일제 통치의 가혹성을 강하게 비판하며 혁명을 역설했다.

> 강도 일본이 헌병정치, 경찰정치를 힘써 행하여 우리 민족이 한 발자국의 행동도 임의로 못하고 언론·출판·결사·집회의 일체 자유가 없

어 고통과 울분과 원한이 있어도 벙어리의 가슴이나 만질 뿐이오. ……자녀가 나면 '일본어를 국어라, 일본글을 국문이라' 하는 노예양성소-학교로 보내고, 조선 사람으로 혹 조선사를 읽게 된다 하면 '단군을 속여 소전오존素戔嗚尊의 형제'라 하며, '삼한시대 한강 이남을 일본의 땅'이라 한 일본 놈들이 적은 대로 읽게 되며, 신문이나 잡지를 본다 하면 강도정치를 찬미하는 반일본화半日本化한 노예적 문자뿐이며, 똑똑한 자제가 난다 하면 환경의 압박에서 세상을 비관하고 절망하는 타락자가 되거나 그렇지 않으면 '음모사건'의 명칭하에 감옥에 구류되어, 주리를 틀고 목에 칼을 씌우고 발에 쇠사슬 채우기, 단근질·채찍질·전기질, 바늘로 손톱 밑과 발톱 밑을 쑤시는…… 곧 야만 전제국의 형률刑律사전에도 없는 갖은 악형을 다 당하고 죽거나, 요행히 살아 옥문에서 나온대야 평생 불구의 폐질자廢疾者가 될 뿐이라.

이처럼 일본 지배의 악형을 열거한 신채호는 절규하듯 "우리는 일본 강도정치, 곧 이족異族정치가 우리 조선 민족 생존의 적임을 선언하는 동시에, 우리는 혁명수단으로 우리 생존의 적인 강도 일본을 없애는 일이 곧 우리의 정당한 수단임을 선언하노라"고 포효했다.

신채호는 두 번째, 세 번째 부분에서 무장투쟁 외의 방법으로 독립을 이루려는 개량주의적 독립운동 노선과 그 추종자들을 강력하게 비판했다. "내정독립이나 참정권이나 자치를 운동하는 자가 누구이냐"로 시작되는 두 번째 부분은 국내의 일부 개량주의세력들이 주장하는 참정권 확보운동을 비판한 것이다.

너희들이 '동양평화', '한국독립보존' 등을 담보한 맹약이 먹도 마르지 아니하여 삼천리강토를 집어먹던 역사를 잊었느냐? ……설혹 강도 일본이 과연 관대한 도량이 있어 개연히 이러한 요구를 허락한다 하자. 소위 내정독립을 찾고 각종 이권을 찾지 못하면 조선 민족은 흔히 보이는 배고픈 귀신이 될 뿐 아니냐? 참정권을 획득한다 하자. 자국의 무산계급의 혈액까지 착취하는 자본주의 강도국의 식민지 인민이 되어 몇몇 노예 대의사代議士의 선출로 어찌 굶어 죽는 화를 면하겠느냐. 자치를 얻는다 하자. 그 어떤 종류의 자치임을 묻지 않고 일본이 그 강도적 침략주의의 간판인 '제국帝國'이란 명칭이 존재한 이상에는, 그 지배하에 있는 조선 인민이 어찌 구구한 자치의 헛된 이름으로써 민족적 생존을 유지하겠느냐.

또한 신채호는 "일본 강도정치하에서 문화운동을 부르는 자가 누구이냐?"고 비판하며 "우리는 우리의 생존의 적인 강도 일본과 타협하려는 자나 강도정치하에서 기생하려는 주의를 가진 자나 다 우리의 적임을 선언하노라"고 단정을 내렸다.
세 번째 부분에서 신채호는 외교독립론을 직접적으로 비난했다.

강도 일본의 구축驅逐을 주장하는 가운데 또 다음과 같은 논자들이 있으니 제1은 외교론이니…… (일본이) 조선에 대하여 강도적 침략주의를 관철하려 하는데 우리 조선의 '조국을 사랑한다. 민족을 건지려 한다'는 이들은 한 자루의 칼, 한 방울의 탄알을 어리석고 용렬하며 탐욕스런 관리나 나라의 원수에게 던지지 못하고, 탄원서나 열국공관列國公館에 던지며, 청원서나 일본정부에 보내어 국세國勢의 외롭고 약함을 애소哀訴하여 국가존망, 민족사활의 대문제를 외국인, 심지어 적국인의 처분으로 결정하기만 기다리었도다.

의열단이 상해 황포탄에서 다나카 대장을 저격해 물의가 일자 외교 마찰을 우려하며 의열단을 비난한 임정의 일부 인사들이 외교독립론자임을 신채호는 잘 알고 있었다. 그리고 외교론자들의 주장이 준비론으로 이어지는 것도 잘 알고 있었다. 그래서 신채호는 준비론을 비판했다.

제2는 준비론이니, 을사조약 당시에 열국공관에 빗발 돋듯 하던 종이쪽지로 넘어가는 국권을 붙잡지 못하며 정미년의 헤이그 밀사도 독립 회복의 복음을 안고 오지 못하매, 이에 차차 외교에 대하여 의문이 되고 전쟁 아니면 안 되겠다는 판단이 생기었다. ……산림유생들은 춘추 대의에 성패를 생각지 않고 의병을 모집하여…… 대장이 되며, 사냥 포수의 총 든 무리를 몰아가지고 조일朝日전쟁의 전투선戰鬪線에 나섰지만 신문 쪽이나 본 이들은 그리할 용기가 나지 않았다. ……이에 이른바 준비론, 곧 독립전쟁을 준비하자 함이다.

신채호는 준비론이 갖고 있는 이론적 허점에 대해서도 냉소적으로 힐난했다.

외세의 침입이 더할수록 우리의 부족한 것이 자꾸 나타나, 그 준비론의 범위가 전쟁 이외까지 확장되어 교육도 진흥해야겠다, 상공업도 발전해야겠다, 기타 무엇무엇 일체가 모두 준비론의 부분이 되었다. ……강도 일본이 정치, 경제 양 방면으로 구박을 주어 경제가 날로 곤란하고 생산기관이 모두 박탈되어 입고 먹을 방책도 단절되는 때에, 무엇으로 어떻게 실업을 발전하며, 교육을 확장하며, 더구나 어디서 얼마나 군인을 양성하며, 양성한들 일본 전투력의 백분의 일의 비교라도 되게 할 수 있느냐? 실로 한바탕의 잠꼬대가 될 뿐이다.

이런 '잠꼬대'를 극복하기 위한 의열단과 신채호의 방책은 간단했다.

이상의 이유에 의하여 우리는 '외교', '준비' 등의 미몽을 버리고 민중 직접혁명의 수단을 취함을 선언하노라.

또한 "조선 민족의 생존을 유지하자면, 강도 일본을 쫓아내어야 할 것이며, 강도 일본을 쫓아내려면 오직 혁명으로써 할 뿐이며, 혁명이 아니고는 강도 일본을 쫓아낼 방법이 없는 바이다"라고 단언했다.

신채호와 의열단은 "구시대의 혁명으로 말하면, 인민은 국가의 노예가 되고 그 위에 인민을 지배하는 상전, 곧 특수세력이 있어 그 소위 혁명이란 것은 특수세력의 명칭을 변경함에 불과하였다. 다시 말하자면 곧 '을'의 특수세력으로 '갑'의 특수세력을 변경함에 불과하였다", "금일 혁명으로 말하면 민중이 곧 민중 자기를 위하여 하는 혁명인 고로 '민중혁명'이라 '직접혁명'이라 칭한다"고 하면서 지배계층만의 교체를 의미하는 혁명이 아니라 민중이 주인이 되는 신사회를 건설하는 진정한 혁명을 수행하자고 주장했다. 신채호는 "그러므로 우리 혁명의 제일보는 민중각오의 요구니라" 하며 민중을 각오케 하는 방법을 언급했는데, 이 대목이 바로 아나키즘적 색채가 강한 부분이다.

민중은 신인神人이나 성인聖人이나 어떤 영웅호걸이 있어 '민중을 각오'하도록 지도하는 데서 각오하는 것도 아니요, '민중아, 각오하자', '민중이여, 각오하여라' 그런 열렬한 부르짖음의 소리에서 각오하는 것도 아니다. 오직 민중이 민중을 위하여 일체 불평, 부자연, 불합리한 민중향상의 장애부터 먼저 타파함이 곧 '민중을 각오케' 하는 유일한 방법이니, 다시 말하자면 곧 먼저 깨달은 민중이 민중의 전체를 위하여 혁명적 선구가 됨이 민중 각오의 첫째 길이다.

이는 영웅에 의한 영웅사관도 거부하는 것이며, 소수의 혁명적 전위가 지배엘리트로서 혁명을 지도하는 프롤레타리아 독재도 거부하는 것으로, '먼저 깨달은 민중이 민중 전체를 위하여 혁명적 선구가 되는' 아나키즘적인 혁명사관이 담긴 것이다.

이런 연장선상에서 신채호와 의열단은 다시 준비론과 계몽론 등을 강하게 비판하고 폭력 사용을 정당화했다.

그러므로 우리의 민중을 깨우쳐 강도의 통치를 타도하고 우리 민족의 신생명을 개척하자면 양병養兵 십만이 폭탄 한 번 던진 것만 못하며 억천장億千張의 신문 잡지가 한 번의 폭동만 못할지니라.

이는 외교독립론자들의 외교활동이나 실력양성론자들의 많은 노력보다 의열단의 폭탄 한 방과 폭동 한 번이 훨씬 더 독립에 효과가 있음을 선포한 것이며, 의열단의 의혈 활동에 대한 이들의 비난을 정면에서 반박한 것이다. 또한 의열단이 이념 없는 소수의 테러집단이 아니라 민중 폭력혁명을 추구하는 혁명세력임을 밝힌 것이다. 신채호는 "3·1운동의 만세소리에 민중적 일치의 의기가 언뜻 보였지만 또한 폭력적 중심을 가지지 못하였도다. …… '민중, 폭력' 양자의 그 하나만 빠지면 비록 천지를 뒤흔드는 소리를 내며 장렬한 거동이라도 또한 번개같이 수그러지는도다" 하며 '민중'과 '폭력'이 혁명의 2대 요소임을 당당하게 밝혔다.

다섯 번째 부분에서는 "제1은 이민족 통치를 파괴하자 함이다", "제2는 특권계급을 파괴하자 함이다", "제3은 경제약탈제도를 파괴하자 함이다", "제4는 사회적 불균형을 파괴하자 함이다", "제5는 노예적 문화사상을 파괴하자 함이다" 하면서 이민족 통치와 특권계급의 통치를 모두 반대하며 민중이 주인이 되는 사회를 건설하자고 주장했다.

그런즉 파괴적 정신이 곧 건설적 정신이라…… 파괴할 기백은 없고 건설하고저 하는 어리석은 생각만 있다 하면 5백 년을 경과하여도 혁명의 꿈도 꾸어보지 못할지니라. 이제 파괴와 건설이 하나요 둘이 아닌 줄 알진대, 민중적 파괴 앞에는 반드시 민중적 건설이 있는 줄 알진대, 현재 조선 민중은 오직 민중적 폭력으로 신조선 건설의 장애인 강도 일본세력을 파괴할 것뿐인 줄을 알진대, 조선 민중이 한편이 되고 일본 강도가 한편이 되어, 네가 망하지 아니하면 내가 망하게 된 '외나무다리 위'에 선 줄을 알진대, 우리 이천만 민중은 일치로 폭력파괴의 길로 나아갈지니라.

「조선혁명선언」은 호쾌하고 호전적인 구호로 끝을 맺는다.

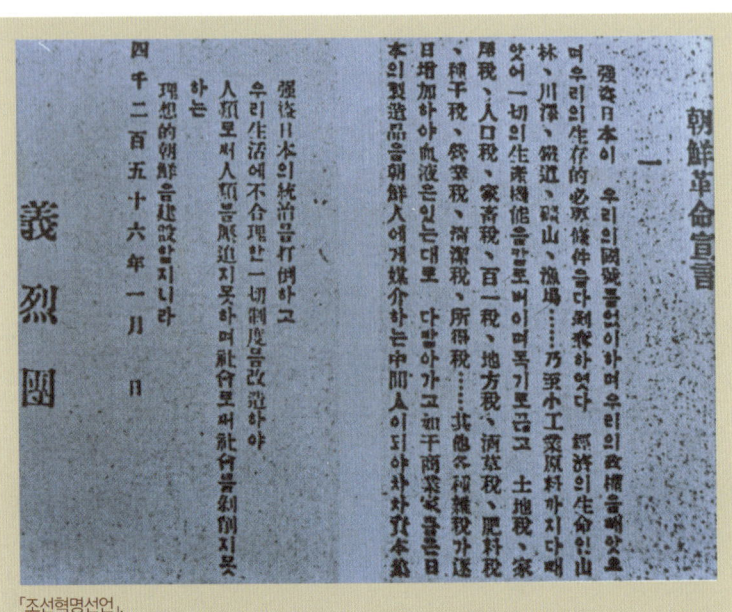

「조선혁명선언」.
1923년 신채호가 작성한 선언서로, 의열단은 이 선언을 통해 항일투쟁노선을 정당화하고 그 이념을 확립했다.

민중은 우리 혁명의 대본영大本營이다. 폭력은 우리 혁명의 유일한 무기다. 우리는 민중 속에 가서 민중과 손을 잡고 끊임없는 폭력—암살·파괴·폭동으로써, 강도 일본의 통치를 타도하고, 우리 생활에 불합리한 일체 제도를 개조하여, 인류로써 인류를 압박지 못하며, 사회로써 사회를 수탈하지 못하는—이상적 조선을 건설할지니라.

1923년 1월의 「조선혁명선언」 발표는 의열단을 한 단계 높은 경지로 도약하게 하는 계기가 되었다. 「조선혁명선언」은 의열단이 취하고 있던 노선과 방법의 정당성을 논리적으로 설파하고, 그 이념적 목표를 내외에 분명히 선포한 것이다. 이는 의열단의 폭력투쟁을 과격모

험주의로 비난하던 임정 내의 일부 외교론자들에게 던지는 경고장이기도 했다.

이 무렵 의열단은 활동을 압박하던 자금문제에서 일정 정도 벗어났는데, 이는 이른바 '레닌자금' 덕분이었다. 이동휘가 자신이 당수로 있던 한인사회당의 당원 한형권韓馨權을 레닌에게 밀사로 파견해 받은 200만 루블(260만 원)의 자금은 그 소유권 귀속 여부를 둘러싸고 임정 내부와 공산주의세력 내부를 분열시키는 부작용을 낳았지만 의열단 활동에는 단비가 되었다.

레닌자금은 상해의 독립운동가들 중 이시영을 빼고는 다 썼다는 말이 있을 정도로 다양한 용도에 사용되었는데 그중 의열단도 포함되어 있었다. 1922년 가을 한형권이 가져온 '레닌자금'의 잔금 20만 루블(26만 원) 중에서 4만 6천 7백 원의 거금이 의열단 운동자금으로 제공된 것이다. 『한국 근대민족운동과 의열단』을 쓴 김영범은 김산이 『아리랑』에서 말한 "의열단이 상해에 열두 군데의 비밀폭탄제조소를 설치했다"는 것도 이 자금 덕택이라고 추측할 정도로 이 자금은 의열단의 활동에 큰 활력소가 되었다.

의열단은 「조선혁명선언」을 발표한 이후 중국과 국내는 물론 러시아와 일본까지 활동무대를 넓혀나갔다. 1923년 하반기에는 서울, 동경, 만주 등에서 동시다발적 의거를 계획했는데, 1924년 벽두에 김지섭이 일본 황궁皇宮에 폭탄을 투척한 것도 그 일환이었다.

그러나 그 당시 의열단은 새로운 분기점을 맞이하고 있었다. 김원봉, 김상윤, 한봉근, 이종암과 함께 의열단 참모부원이었던 윤자영尹滋英이 김지섭의 의거 직후에 의열단을 이탈해 공산주의 계열의 상해청년동맹上海青年同盟에 가담해 의열단의 운동노선을 비판하고 나섰고, 이로 인해 의열단이 분열되었던 것이다.

의열단은 이후 1920년대 후반 유일당촉성운동에 참여하는 등 민족독립운동 전선의 통일운동을 전개하다가 1935년 7월 5개 민족주의 정당이 참여한 민족혁명당에 가담하면서 발전적으로 해체했다.

다물단의 밀정암살이 준 충격

1923년경 북경에는 의열단과 비슷한 성격의 조직이 하나 결성되었다. 바로 다물단이 그것인데, 그 결성과 활동을 지도한 인물이 이회영이었다. 다물단은 이석영의 큰아들 이규준李圭駿과 이회영의 아들 이규학, 유자명, 이성춘李性春 등이 주축인 조직으로, 이 역시 신채호가 선언문을 작성한 것으로 알려져 있으나 그 내용은 전하지 않는다.

다물단은 1925년 3월 말 김달하金達河 처단사건으로 북경 시내는 물론 전 중국과 국내까지 떠들썩하게 만들었다. 김달하는 일제의 고위밀정이자 중국 정부에서 고관을 지낸 한인이었는데, 한때 중국 총리를 지낸 단기서段祺瑞(1865~1936년)의 비서로 북경 내의 한인 중에서는 가장 고위직까지 오른 인물이었다. 단기서는 1916년 원세개가 죽기 직전에 총리가 되었고, 뒤이어 들어선 3정부에서도 계속 총리로 있다가 군벌들에 의해 쫓겨났다. 1925년경 그는 은둔상태에 있었다.

김달하는 국내에서 애국계몽단체인 '서북학회西北學會'에 참여한 일이 있어 북경 이주 초기에는 독립운동가들의 신임을 받았다. 또한 김달하를 이회영에게 소개해준 사람은 김창숙이었다. 김창숙은 이상재에게서 김달하를 소개받았는데, 이상재가 김달하의 처제인 김활란

金活蘭과 북경에서 열린 만국기독교청년대회에 참석하러 왔다가 김달하의 집에 묵게 된 것이 두 사람이 만난 계기였다.

그러나 김달하가 차차 친일적 본색을 드러내자 문제가 발생했다. 이 대목을 김창숙의 『벽옹 73년 회상기』을 통해 살펴보자.

내가 김달하와 알게 된 것은 이때부터였다. 그는 제법 학식이 풍부하고 이승훈, 안창호와도 친하여 관서의 인물로 일컬어지고 있었다. 나는 그와 상종하며 경사를 토론해 보고 그 해박한 지식에 서로 얻는 바 있어 기뻤다. 당시 사람들이 그를 일본의 밀정이라 의심을 두었는데 나는 실로 눈치 채지 못했다. 하루는 도산島山(안창호)을 달하 집에서 만났다.

도산이 웃으면서 나에게 물었다.

"소봉小峰(김달하)을 일본의 밀정으로 생각하시오?"

"나는 전혀 모르오. 정말 그가 밀정 노릇을 하는 줄 안다면 당신은 어찌해서 상종하고 있소?"

"돌아다니는 말은 있지만 나는 믿지 않고 있소. 다만 농담으로 해본 것입니다."

그 뒤 하루는 달하가 서신으로 만나자 하여 갔다. 이야기로 밤이 깊어져, 그는 천하의 대세를 통론하다가 문득 우리나라 독립운동가들이 파당을 일삼는 데 이르러 독립을 성취할 가망이 없다면서 슬픈 기색으로 눈물을 흘렸다. 그러더니 내 손을 잡고 은근히 묻는 것이었다.

"선생은 근래 경제적으로 자못 곤란한 터인데 숨기지 말고 말씀해 주시오."

"곤란하기야 하지만 분투하는 혁명가의 본색이 그렇지 않겠소?"

"천하에 자기 식생활도 해결하지 못하는 혁명가가 있단 말이오? 만약 자기 식생활도 해결하지 못한다면 소위 혁명운동은 빈 말에 지나지 않는 것이오."

그는 이렇게 말하고서 다시 나의 손을 굳게 잡고 낙루를 하며 말을 이었다.

"선생은 끝내 성공하지도 못할 독립운동에 종사하시니, 무엇 때문에 이같이 고생을 사서 한단 말입니까? 곧 귀국할 결심을 하여 안락한 가정의 낙을 얻는 것만 같지 못합니다. 내가 이미 선생의 귀국 후 처우 등의 절차를 조선총독부에 보고하여 승낙을 얻어놓았습니다. 경학원 부재학 한 자리를 비워놓고 기다리고 있으니 선생은 빨리 도모하기 바랍니다."

나는 대노하여 그를 꾸짖었다.

"네가 나를 경제적으로 곤란하다고 매수하려 드는구나. 사람들이 너를 밀정이라 해도 뜬소문으로 여겨 믿지 않았더니 지금 비로소 헛말이 아닌 줄 알았다."

나는 와락 그의 손을 뿌리치고 돌아와서 김달하가 밀정 노릇 하는 실상을 널리 알렸다.

이처럼 김달하가 김창숙을 회유하려다가 실패한 지 얼마 안 된 1925년 3월 말 오후 여섯 시경, 이인홍李仁洪과 이기환李箕煥은 안정문安正門 내 차련호동車輦胡同 서구내로북西口內路北 23호의 문을 두드렸다. 바로 김달하의 집이었다.

하인이 나와 "누구시냐?"고 묻자 두 사내는 달려들어 뒷결박을 짓고 입에 재갈을 물려 한구석에 틀어박아 놓은 채 안으로 들어갔다.

가족과 함께 방 안에 있던 김달하가 "누구냐?"라고 외치며 자리에서 벌떡 몸을 일으키며 손을 바지로 가져갔다. 그보다 먼저 이인홍이 그를 제압하며 권총을 꺼내들고 다가가 김달하의 권총을 압수했다. 가족들을 차례로 묶은 다음 김달하를 따로 떨어져 있는 뒤채로 끌고 갔다. 몇 시간 후 겨우 결박에서 벗어난 가족들은 뒤채에서 목에 올가미가 걸린 채 죽은 김달하의 시신을 발견했다.

이 사건은 다물단과 의열단의 합작품이었다. 다물단원이자 의열단원인 유자명이 처단계획의 중심에 있었다. 그리고 여기에는 이회영과 김창숙이 깊숙이 개입되어 있었다. 이회영과 김창숙은 김달하의 이중적 태도, 곧 겉으로는 독립운동가로 위장하고 실제로는 일제의 밀정 노릇을 하는 데 분개해 유자명을 불렀다. 두 사람의 설명을 들은 유자명이 다물단과 합작해 김달하를 처단했던 것이다.

그런데 이 사건은 결과적으로 이회영 일가에게 큰 타격을 입혔다. 먼저 이회영의 딸 이규숙이 공안국에 피검되었는데, 그 배경에는 사촌오빠이자 다물단원인 이규준이 있었다. 이규준은 이규숙이 하교하는 것을 기다리고 있다가 그녀를 음식점으로 데리고 갔다.

"내일 학교를 마치면 김달하 선생 집으로 가서 김달하가 어느 방에 있는지, 집안 식구는 누가 있는지 자세히 알아서 알려주겠니?"

이회영의 딸 이규숙과 아들 이규창은 북경의 경사京師제일소학교에 다녔는데 공교롭게도 김달하의 두 딸이 같은 학교에 다녔다. 김달하의 딸 김유옥金幽玉은 이규숙과 동갑으로 친하게 지냈고, 김달하의 부인 김애란金愛蘭은 이은숙에게 가끔 경제적 도움을 주기도 했다.

이규숙은 사촌오빠의 부탁을 거절하지 못하고 다음 날 김유옥과 함께 김달하의 집으로 갔고, 이인홍과 이기환은 이규준이 이규숙을 통해 알아온 김달하의 집 내부 사정을 토대로 즉시 행동을 개시했던 것이다.

비록 지금은 실권했지만 한때 단기서 정부의 실세였던 김달하가 살해되자 중국 공안당국은 대대적인 수사에 나섰고, 그 결과 이규숙이 집안 내부 사정을 탐문하고 갔다는 사실이 밝혀졌다. 어린 이규숙은 이 사건으로 1년여 동안 공안국에 구금되어 있었다.

이회영 일가의 수난은 이뿐만이 아니었다. 아들 이규학이 이 사건과 관련되어 급히 상해로 도피해야 했다. 그런데 그 와중에 이규학의 두 딸(이학진, 이을진)이 성홍열로 사망했으며 이회영의 6개월 된 어린 아들 이규오까지 죽고 말았다. 이회영은 순식간에 아들 하나와 손녀 둘을 저세상으로 보내게 되었다.

딸은 공안국에 구금된 상황에서 아들은 상해로 도피하고, 어린 아들과 손녀 둘이 연달아 사망했으니 그 고초는 견디기 힘든 것이었다. 월봉月峰 한기악韓基岳이 그 비참한 일들의 뒤처리를 도맡아준 것이 그나마 힘이 되었으나, 설상가상으로 이회영의 어린 딸 이현숙李賢淑마저 뇌막염에 걸려 한기악이 자선병원으로 데려가 사정사정해 겨우 입원시켰다. 하지만 병원에서도 결과는 하늘에 맡기자고 할 정도로 이현숙의 병은 중증이었다.

이회영 일가의 비운은 여기에서 끝나지 않았다. 김달하가 제거된 후 그 내막을 모르던 이회영의 부인 이은숙이 아들 이규창을 데리고 조문을 갔는데 이것이 독립운동가 사회에서 문제가 되었다. 이은숙은 김달하의 소행은 나쁠지 몰라도 그의 부인 김애란은 평소에 가끔 경제적 도움을 주던 처지였으므로 예의상 조문을 갔다. 그런데 이것이 '우당이 김달하의 죽음을 애석하게 여겨 부인을 조문 보냈다'는 소문으로 번지면서 물의가 일었던 것이다.

당시 이런 비난이 얼마나 거셌는지 한세량韓世良의 집에 유숙하고 있던 김창숙과 신채호는 절교편지를 보내올 정도였다. 김달하의 밀정 행위를 성토하고 그를 제거하기로 함께 논의했던 김창숙이 절교편지를 보낸 것은 이회영을 밀정으로 의심했다는 뜻이다. 그만큼 당시 한인사회에는 긴장감이 팽배했다.

이회영은 이 편지를 받고 그저 탄식할 수밖에 없었다. 그런데 이런 비난은 이회영에게 대단히 위험한 것이었다. 이은숙의 당시 회고를 들어보자.

"그때의 북경은 우리 독립군의 행동이 대단히 험할 때라. 다물단 한 사람은 육혈포六穴砲를 차고 우리 집에 무슨 눈치가 있나 하고 종종 다니니 살얼음판 같은지라."

다물단 조직을 지도한 이회영을 다물단이 감시하는 상황이 벌어진 것이다. 이런 일촉즉발의 상황에 돌파구를 연 사람은 이은숙이었다.

"내가 무심히 있다가는 가군(이회영)의 신분이 위험한지라. 하루는 아침 일찍 규창을 데리고 집안 식구들 모르게 칼을 간수하여 단재, 심산이 있는 집에 찾아가니 아침 식사 중이었다."

김달하가 백주에 처단되었듯이 이회영도 김달하와 연결된 일제의 밀정으로 오인받는다면 같은 처지에 놓일 수도 있었다. 실제로 이 사건이 있은 지 3년 후인 1928년 10월 임시정부 외무총장을 역임한 박용만이 의열단원 이해명李海鳴(이태룡)에 의해 피살되기도 했다. 김달하가 일제의 밀정이라는 사실은 김창숙의 회고에서 보듯 의심할 여지가 없었으나 박용만은 달랐다. 박용만은 둔전사업을 벌이기 위해 대륙농간공사大陸農墾公司를 운영하던 중 국내에 밀행해 조선총독부 고

위관계자와 밀담을 나눴다는 혐의로 살해되었다. 당시 박용만을 조선총독부와 연결시켜준 인물이 김달하라는 말이 떠돌았으나 확인된 사실은 아니었고, 그가 밀정이란 명확한 증거도 없었다. 오늘날 많은 연구자들은 박용만은 밀정이 아니었다고 판단하지만 당시 이는 밀정으로 의심받는 것이 어떤 대가를 치러야 하는 상황인지를 보여주는 사건이었다.

이은숙의 심정은 절박했다. 명문가 출신의 아녀자가 외간남자를 찾아간다는 것 자체가 절박하지 않으면 못 할 일이었다. 이은숙은 김창숙과 신채호에게 "김달하를 당초 우리 영감에게 소개한 사람이 누구냐"고 따지며 이회영의 무고함을 주장했다.

사실 이회영에 대한 소문은 그야말로 소문일 뿐이었으나 당시 독립운동가들의 상황은 이런 내용을 냉정하게 따져 판단할 정도의 여력이 없었다. 여운형도 상해에서 한때 일본의 밀정이자 공산당원인 아오키[靑木]와 어울려 다니다가 밀정으로 오인받아 청년들이 권총을 차고 여운형의 종적을 탐문하는 바람에 한동안 바깥출입을 못 하기도 했다.

그러나 이회영을 김달하의 밀정행위와 관련 있는 인물로 보는 것은 여러모로 생각해도 무리였다. 이은숙이 김창숙과 신채호에게 "지금 당장 내 딸 규숙이 공안국에 잡혀가 있지 않은가?" 하며 따진 것처럼 이회영은 김달하 처단사건과 관련이 있으면 있었지 밀정행위와는 관련이 없었다.

이규창의 회고에 따르면 당시 이은숙은 이렇게 요구했다고 한다.

"두 분은 나의 영감이 추호도 잘못이 없음을 만천하에 표명하시오. 만약 그렇게 하지 않으면 내가 이 자리에서 자결하고 말겠소."

그러자 김창숙과 신채호도 "잘못 알고 그랬다"며 사과하지 않을 수 없었다. 김창숙은 1927년 상해에서 일제에 체포되어 혹독한 고문 끝에 앉은뱅이가 되었을 정도로 독립정신이 철저했고, 신채호 또한 일제에 체포되어 여순감옥에서 옥사할 정도였으니, 두 사람이 이회영을 오해한 것은 일제에 대한 이런 철저한 적개심이 낳은 소동이었다.

    결국 이회영은 용감한 부인 덕분에 오해를 풀 수 있었다. 자신이 활동을 지도한 다물단의 밀정처단이 이런 물의가 되어 돌아오고 말았으니 이 또한 순탄치 않은 그의 운명 탓인지도 모른다.

8. 극도의 곤경 속에서

재중국조선무정부주의자연맹 발족하다

이회영이 아나키스트가 된 것은 젊은 아나키스트들에게 큰 힘이 되었다. 게다가 문명 높은 신채호까지 아나키즘에 가세한 것은 천군만마를 얻은 것과도 같았다. 북경의 한인 아나키스트들은 조직적 운동을 전개할 때가 되었다고 판단했다. 1924년 4월 말 북경에서 결성된 재중국조선무정부주의자연맹은 이런 판단하에 만든 조직이었다.

재중국조선무정부주의자연맹 결성대회에 참석한 사람은 이회영, 이을규, 이정규, 정화암, 백정기, 유자명 등 여섯 명이었다. 정화암의 회고에 따르면 당시 신채호는 순치문順治門 내 석등암石燈庵에 칩거하며 『사고전서四庫全書』를 섭렵하고 역사편찬에 몰두하느라 참석하지 못했고, 유림柳林은 성도대학成都大學에 재학 중이라 참석하지 못했다. 오장환은 회의장소를 이회영의 숙소로 추측하는데 이곳이 북경의 아나키스트들이 자주 모이던 장소라는 이유에서였다. 이들은 석판石版 순간지旬刊誌 「정의공보正義公報」를 발행해 자신들의 운동노선을 천명했는데, 이회영이 극도의 궁핍 속에서도 그 발행자금을 부담했다.

「정의공보」는 이회영의 편집방침에 따라 아나키즘 선전, 독립운동 이론 제공, 공산주의와 이론 대결, 독립운동진영 내부의 불순수한 면 등을 비판한 선전지였다. 특히 흥사단의 무실역행론을 비판하고 국민대표회의에 대해서도 비판한 사실은 이회영을 비롯한 아나키스트들이 민족주의 일부의 실력양성론과 공산주의세력의 프롤레타리아 독재에 강한 반감을 갖고 있었음을 보여준다.

재중국조선무정부주의자연맹(이하 무련無聯)이 발족되어 「정의공보」를 발간하자 일제는 온 신경을 곤두세웠다. 무련이 의열단처럼 직접적인 실력행사를 할까 봐 우려했기 때문이다. 그리고 실제로 북경의 아나키스트들은 1923년 늦가을 모아호동帽兒胡同사건을 일으켜 북경 전역에 파문을 일으켰는데, 일제도 이 사건이 아나키스트들의 소행임을 인지하고 있었다.

모아호동사건이란 북경의 모아호동지역에서 벌어진 강탈사건을 말한다. 아나키스트인 정화암은 천진과 북경 사이를 흐르는 영정하永定河 근처의 하천부지를 개발해 독립운동 근거지로 만들려는 계획을 세우고, 그 개간비용을 마련하기 위해 국내에서 고명복 모녀를 데려왔다. 고명복의 이모는 이근홍李根洪의 첩이었는데, 이근홍은 유명한 친일파이자 순종황후의 친정아버지인 윤택영과 가까운 사이였다.

이근홍은 고명복 모녀가 북경에 있다는 소식을 듣고 윤택영을 보내 모아호동의 아문구衙門區 내로 그들의 거처를 옮겼다. 모아호동의 아문구 내는 귀족들이 사는 특수지역으로 아무나 출입할 수 없었다. 정

모아호동 거리.
재중국조선무정부주의자연맹은 귀족들이 사는 특수지역인 모아호동 아문구 내에 있는 고명복 모녀의 집에 잠입해 귀금속을 빼내와 북경 전역을 놀라게 했다.

화암은 고명복의 이모가 가산을 정리해 북경에 찾아오자 이 자금을 이용하려 한 것이다. 그러나 고명복 모녀는 정화암의 계획이 독립운동과 관련이 있는 듯하자 태도를 바꾸었다.

그때가 1923년 늦겨울로 북경의 아나키스트들은 극심한 빈곤에 시달리고 있었다. 그러자 이들 사이에서는 고명복 모녀와 그 이모의 재산은 친일파 이근홍이 민족을 팔아 부당하게 갈취한 돈이라며 이를 탈취해 독립운동 자금으로 써도 나쁠 것이 없다는 의논이 일었다. 고명복 모녀를 북경까지 데려온 정화암은 언젠가는 이들을 회유해 영정하 개발계획에 참여시킬 생각이었기 때문에 과격한 행동에는 반대했다. 그러나 아나키스트들과 가깝게 교류하던 김창숙이 실행을 강하게 주장했고, 이을규·이정규·백정기 등 다른 아나키스트들도 이에 찬성해 결행하는 것으로 기울었다.

이들은 정화암의 애인이자 고명복 모녀와 친한 이자경李慈卿에게서 아문구 내 집 구조와 주변상황을 자세히 들었다. 아문구 내는 귀족들의 거주처라 경비가 삼엄했으나 김창숙, 이을규, 이정규, 백정기는 무사히 잠입해 귀금속들을 빼내어 돌아오는 데 성공했다.

귀족들의 거주지에서 일어난 이 사건은 당연히 다음 날 각 신문마다 대서특필되었고, 사람들은 그 대담성에 혀를 내둘렀다. 귀족들의 거주지에서, 그것도 유력한 친일파 윤택영의 보호를 받는 사람의 재산이 없어진 사건인지라 북경 공안국의 수많은 수사진이 총동원되어 수사에 나섰다. 경찰은 고명복 모녀의 집안 내부 사정을 자세히 알 수 있는 사람은 그녀들을 북경으로 데려온 정화암과 이자경밖에 없다고 판단하고 이들을 잡기 위해 수사력을 집중했다.

정화암과 이자경은 북경대학에 다니던 소완규蘇完奎의 배려로 대학 기숙사에 숨어 있었으나 수사망은 점점 더 좁혀왔다. 정화암의 회고록 『이 조국 어디로 갈 것인가』에는 이때의 상황이 실감나게 묘사되어 있다.

수사망은 드디어 북경대학까지 뻗쳐왔다. 나는 우당 이회영과 의논하여 난진창(만청인집거지滿淸人集居地)으로 갔다. 그곳은 북경대에서 10킬로미터쯤 떨어진 곳으로 이시영의 아들 이규창李圭昶(이회영의 아들과는 다른 인물)이 살고 있었다. 내가 난진창으로 피한 지 3시간 후에 내가 있던 곳도 수색당했다. 간발의 차이였다.

빼앗은 물건도 북경 밖으로 빼내야 했으나 비상망을 피해 가지고 나가는 것은 매우 위험한 일이었다. 그런데 백정기가 그 책임을 맡고 나섰다. 그는 물건을 인력거에 싣고 서진문 밖에서 농사를 짓고 있던 박 노인 집으로 갔다. 그러나 백정기가 박 노인 집에 도착했을 때 막 경찰이 그곳을 수색하고 나오는 길이었다. 말 그대로 위기일발의 순간이었다. 재치 있는 백정기는 인력거에서 내려 대문 밖에 서 있는 박 노인에게 큰 절을 하며 둘러댔다.

"삼촌을 찾아뵈려고 조선에서 오는 길입니다."

박 노인도 재빨리 사태를 눈치 채고 중국 경찰에게 조선에서 온 조카라고 설명하고는 서로 얼싸안고 반가워했다. 중국 경찰도 이 모습을 보곤 의심 없이 돌아가버렸다.

경찰이 이회영과 나의 관계를 알게 되었으므로 더 이상 난진창에도 머물 수가 없었다. 사흘 만에 다시 천진으로 피신했다. 난진창은 내가 떠난 지 4일 후에 수색당했다.

간신히 수사망을 피하긴 했으나 이후 행동이 자유스럽지 못해 많은 고생을 겪었다. 모아호동사건으로 김달하 제거계획은 당장 실행에 옮길 수 없었고 탈취한 물건도 바로 처분할 수 없었다. 우선 사태가 잠잠해지길 기다려야 했다. 동지들도 북경과 천진 부근에 흩어져 기회를 기다렸다.

이처럼 귀족거주지에 거침없이 들어가 물건을 들고 나오는 대담한 아나키스트들이 무련이란 조직까지 결성했으니 일제가 긴장하는 것은 당연했다. 아나키스트들은 필요할 경우 폭력 사용을 주저하지 않았던 것이다.

무련에 닥친 가장 큰 난관은 자금난이었다. 무련이 기관지 「정의공보」를 9호까지 내고 부득이 휴간한 이유도 자금이 부족했기 때문이다. 활동할 수 있는 자금 자체가 없었고, 그렇다 보니 맹원들의 생활난이 이중 삼중으로 겹쳐 극히 곤란한 지경에 처했다. 무련은 논의 끝에 당분간 각자 분산해 운동의 활력을 찾아보기로 했다.

이회영과 유자명은 북경에 남아 국내와 연락을 취하며 자금조달 활동을 하기로 했고, 이을규·이정규·백정기·정화암은 상해로 가기로 했다.

극심한 자금난

젊은 아나키스트들이 상해로 떠난 이후 이회영의 북경생활은 점점 더 어려워졌다. 그가 북경의 이안정에서 천안문 남쪽 영정문永定門 내의 관음사觀音寺 호동胡同으로 이사한 이유도 그곳의 집값이 저렴해서였다. 1년에 두어 차례씩 와서 운동자금을 주던 임경호가 구타를 당하고 북경에 발길을 끊은 것이 결정적 타격이었다. 이규창은 이 시절을 "일주일에 세 번 밥을 지어먹으면 재수가 대통한 것"이라며 북경의 제일 하층민이 먹는 '짜도미'로 쑨 죽 한 사발로 때우는 때가 많았다고 회고했다.

김창숙의 『벽옹 73년 회상기』에도 이회영의 어려운 생활형편이 드러나 있다.

우당 이회영은 곧 성재省齋(이시영)의 형이다. 가족을 데리고 북경에 우거한 지 여러 해가 되었다. 생활형편이 극난한 모양이었지만 조금도 기색을 나타내지 않아 나는 매우 존경하였다. 하루는 내가 우당 집으로 찾아가서 함께 공원에 나가 바람이나 쏘이자고 청하였더니 거절하였다. 그의 얼굴을 살펴보니 자못 초췌한 빛이 역력했다. 내가 마음속으로 의아하게 생각하여 그의 아들 규학圭鶴에게 물었더니, "이틀 동안 밥을 짓지 못하였고 의복도 모두 전당포에 잡혔습니다. 아버지께서 문 밖에 나서지 않으려는 것은 입고 나갈 옷이 없기 때문입니다" 하여 나는 깜짝 놀라 주머니를 털어 땔감과 식량을 사오고 전당포에 잡힌 옷도 찾아오게 하였다. 이윽고 규학이 의복을 들고 와서 올리니 우당은, "이것은 심산心山 선생한테서 나온 것이 아니냐?"고 하기에 나도, "선생이 나한테 실정을 말씀하지 않다니 원망스럽소이다" 하고 한바탕 서로 웃었다. 그로부터 우의가 날로 더욱 친밀해졌다.

극심한 생활고를 겪던 이회영은 결국 궁여지책으로 아내 이은숙을 국내로 보낼 수밖에 없었다. 이은숙은 생활비라도 다소 마련해오기로 하고 귀국길에 올랐다. 이때의 광경을 이은숙의 자서전을 통해 보자.

작별하고 나올 때 가군께서 내가 떠나는 걸 보지 않으려고 그러셨던지, 현숙이가 7세라, 엄마를 따라 나서는 걸 저의 부친께서 데리고 들어가며 달래시기를, "네 어머니는 속히 다녀올 제 과자 사고 네 비단옷 해 가져올 거다" 하며 달래시던 말씀 지금도 역력하도다. 슬프다. 이날이 우리 부부 천고영결千古永訣이 될 줄 알았으면 생사간生死間에 같이 있지 이 길을 왜 택했으리요.

무사히 귀국한 이은숙은 친척과 이회영의 동지인 이득년, 유진태俞鎭泰 등에게 다소간 변통해 북경에 보낼 수 있었다. 특히 우당의 의형제인 이 진사가 1백 원을 주어 부쳤는데, 이은숙의 회고대로 "그 돈을 부친 후로는 1백 원이란 다시 생각할 수도 없는" 거금이 되었다. 모든 재산을 팔아 독립운동에 바친 터라 더 이상 돈을 마련할 방도가 없었다.

이은숙이 귀국한 1925년 무렵 국내의 항일의지는 크게 약화되었다. 3·1운동 직후 곧 독립이 다 된 듯하던 기운이 꺾이자 독립은 요원한 것이 되어 독립운동가나 그 가족들의 자금 모금에 극히 냉담했다. 심지어 독립운동 자체를 불가능한 것으로 여기는 인식이 퍼져 있기도 했다.

독립운동자금 모금을 위해 국내에 잠입했던 김창숙은 당시의 정황을 기록으로 남겼는데, 금강산을 거쳐 부산의 범어사까지 내려간 그는 국내 사람들에게 이렇게 말했다.

"내가 이번에 위험을 무릅쓰고 들어온 것은 나라 사람들이 호응해 줄 것을 진심으로 기대했던 것이오. 전후 8개월 동안 겪고 보니 육군六軍(천자의 군대, 많은 숫자의 군사라는 뜻)이 북을 쳐도 일어나지 않을 지경이고 방금 왜경이 사방으로 깔려 수사한다니 일은 이미 낭패되었소. 나는 실로 다시 압록강을 넘어 갈 면목이 없지만 한 번 실패로 다시 일어나지 못하는 것도 혁명가의 일이 아닙니다. ……내가 지금 가지고 나가는 자금으로는 황무지 개간사업을 거론하기도 만 번 어려울 것이니…… 출국하는 대로 당장 이 돈을 의열단 결사대의 손에 직접 넘겨주어 왜정 각 기관을 파괴하고 친일 부호들을 박멸하여 우리 국민들의 기운을 고무시킬 작정이오……."

유림 대표 김창숙의 모금 성적이 이렇게 실망스러울 정도였으니 활동공간이 좁은 이은숙의 경우는 말할 필요도 없을 것이다. 이은숙은 자금 모금은커녕 자신 한 몸 추스르기도 어려워 친척 집을 전전하며 일을 도와주는 것으로 호구지책을 삼았다. 게다가 이은숙은 국내로 잠입할 때 이미 임신해 있었고, 이듬해 2월에 막내 이규동李圭東을 순산했으나 이후 산후조리 때문에 활동은 더욱 위축되었다. 하물며 이 진사가 준 1백 원을 부친 일을 일제 경찰에서 알아차리고 수사에 나서 이은숙의 처지는 더욱 곤란해졌다. 며느리인 조규진이 시집을 때 가져왔던 한복을 판 돈이라고 말을 맞추어 다행히 구속은 면할 수 있었다.

이은숙은 『동아일보』 사장 김성수의 동생 김연수金秊洙가 경영하는 고무공장에서 여공생활을 하기도 하고, 유곽遊廓 기생들의 옷을 수선해주는 등 근근이 돈을 모아 중국으로 보냈다.

이런 형편이었으니 아내를 고국에 보냈어도 이회영의 형편은 나아지지 않았다. 상황이 나아지기는커녕 천진에 살고 있던 이석영 일가와 합가合家까지 해야 했다. 영의정 이유원이 물려준 만석 재산을 독립운동에 모두 쓰고 자신 한 몸 의탁할 곳이 없었던 것이다. 이석영 부부와 아들이 북경으로 와서 함께 거주하니 그렇지 않아도 궁핍한 생활은 더욱 어려워졌다.

이때의 상황에 대해 아들 이규창은 형수의 입을 빌려 자서전에 적었다.

쌀이 없어 종일 밥을 못 짓고 밤이 다 되었다. 때마침 보름달이 중천에 떴는데 아버님께서 시장하실 텐데 어디서 그런 기력이 나셨는지 처량하게 통소를 부셨다. 하도 처량하여 눈물이 저절로 난다며 통소를 부시니 사방은 고요하고 달빛은 찬란한데 밥을 못 먹어서 배는 고프고 이런 처참한 광경과 슬픈 일이 어디 있겠는가. 시어머님도 안 계시는

데 아버님 진지를 종일 못 해 드리니 얼마나 죄송한가 생각을 했다.

이회영이 이렇게 굶으며 지내던 무렵 구세주처럼 찾아온 인물이 성암星巖 이광이었다. 일본 와세다대학과 중국 남경의 민국대학을 졸업한 이광은 신민회원이었고, 이회영과 함께 경학사와 신흥무관학교를 운영한 가까운 동지였다. 그는 임정 임시의정원 의원과 외무부 북경 주재 외무위원을 겸임하며 한중 양국의 외교적 사항을 처리할 만큼 중국통이었는데, 1년여 동안 소식이 두절되었다가 불쑥 나타난 것이었다. 그동안 이광은 섬서성陝西省 출신의 하남성河南省 독판 호경익胡景翼의 행정고문이 되어 있었다.

극심한 가난에 시달리던 이회영 일가에게 이광의 출현은 하나의 복음이었다. 이광이 호경익에게서 상당한 자금을 받아왔기 때문이다. 이광은 이 자금으로 '할 일'이 있다며 상해의 아나키스트들을 불렀다.

상해의 젊은 아나키스트들이 권총과 폭탄을 구해 올라오는 동안 이회영은 천진으로 이주하기로 결정했다. 이미 어느 정도 알려진 북경을 떠나 천진을 새로운 운동 근거지로 삼기로 한 것이다. 북경 집에는 이석영이 그대로 살고 이회영은 천진의 프랑스 조계지 대길리大吉里로 이주했다. 프랑스 조계지는 내전 때 부호들의 좋은 피난처였기 때문에 집값이 비쌌으나 일본 영사관 경찰의 수색을 피할 수 있었다. 이때 이광의 자금으로 천진에 집 두 채를 구했는데, 한 채는 이회영 일가가 살고 다른 한 채는 상해에서 오는 동지들의 숙소로 삼았다.

그동안 무기를 구입해오라는 연락을 받은 상해의 아나키스트들은 무기 중개상 조기천曹基天을 통해 권총과 폭탄 십여 개를 구입한 후 두꺼운 책을 폭탄과 권총 모양으로 오려내 그곳에 넣고 천진으로 향했다. 다행히 아무 일 없이 천진까지 오는 데 성공했다.

이을규, 이정규, 백정기, 정화암, 이상일李相日, 이기인李基寅 등 상해의 아나키스트들이 대거 도착하자 천진은 재중국한인아나키즘운동의 본거지로 변했다. 그 소식을 들은 이광은 이회영의 집으로 달려와 '할 일'에 대해 설명했다.

독립운동에 획기적 전기가 있을까 기대하며 위험을 무릅쓰고 무기를 운반해온 이들은 이광의 설명을 듣고 실망했다. 이광의 계획은 결국 독판 호경익의 정적을 제거하는 일이었기 때문이다. 이런 일에 섣불리 나섰다가는 자칫 한인 독립운동가들의 중국 내 입지가 축소될 수 있었다. 정화암의 회고대로 "잘돼봤자 소득은 없고 잘못되면 중국 군벌과의 싸움이 되어 무모한 희생만 따르는 것"이었다.

그러나 호경익에게서 상당한 자금을 받았으므로 거행하지 않을 수도 없었다. 그런데 이런 곤란한 문제는 호경익이 1925년 말 세상을 뜨자 자연스럽게 해결되었다.

천진에 모인 아나키스트들은 이광이 준 자금으로 식생활은 해결할 수 있었으나 점차 생활비가 떨어져갔다. 생활규모를 줄여야 했으므로 이회영은 집세가 싼 천진 남개南開의 대홍리大興里에 방 두 칸을 빌려 이사했다. 새로운 일거리를 찾고, 규모를 줄이기 위해 정화암은 북경으로 가고 이을규·이정규·백정기만 천진에 남았는데, 이회영과 이규창 그리고 세 동지가 한 방에 기거하고 다른 방은 송동집 아주머니와 이현숙이 썼다.

생활비가 떨어져 굶다시피 하는데 설상가상으로 송동집 아주머니가 병이 들어 입원해야 했으나 입원비가 있을 리 만무했다. 이정규가 생각 끝에 프랑스 조계지의 예수교병원에 찾아가 입원시켜 달라고 호소했다. 병원장은 이정규의 유창한 영어에 반해 입원을 허락했으나 송동집 아주머니는 결국 입원한 지 얼마 안 되어 이역만리 타국에서 세상을 뜨고 말았다.

이 어려운 시절 이회영은 음악 속에서 배고픈 현실을 잊으려는 듯 양금洋琴과 단소, 퉁소 등을 불고, 이을규에게 단소를 가르쳐주기도 했다. 그야말로 세상이 편안하면 평생을 무욕하게 살아갈 올곧은 선비였으나 세상은 그의 도피를 허락하지 않았고, 그 또한 이런 세상을 피하거나 숨지 않고 고난을 달게 받아들였다.

이 무렵 상해에서는 한·중·일 세 나라의 아나키스트들이 조직적인 대중운동을 전개하려는 움직임이 크게 일었다. 이들은 대중운동의 두 축인 노동운동과 농민운동을 활발히 전개하기로 방침을 정했다. 노동운동은 상해에 노동대학을 설립해 노동운동가를 조직적으로 배출해 공산주의와 이론적으로나 실천적으로 맞서 싸우기로 한 것이고, 농민운동은 복건성福建省에 농민 자위 조직인 민단편련처民團編練處를 설립해 군벌, 마적 들에 맞선 것을 뜻한다. 중국인 아나키스트 진망산秦望山, 진춘배陳春培, 양용광梁龍光 등이 한국 동지들의 참가를 요청했던 것이다.

이을규 형제가 중국 아나키스트 이석증 등과 함께 상해노동대학의 주비위원籌備委員이 되었는데, 이을규는 편지를 보내 이 대학에 중·고등학교도 부설하기로 했다며 이규창을 상해로 보내라고 했다. 학비가 면제일 뿐만 아니라 장차 대학까지 갈 수 있다는 호소식이었으나 상해까지 갈 여비가 없었다. 뱃삯만 6원이었는데, 모두 합해야 2원밖에 없어 이규창은 무임승차를 했으나 선표船票가 없어 식사를 할 수 없었다. 다행스럽게도 배에서 만난 오송吳淞대학생들이 이규창을 '동

천진의 남개중학교.
학비를 면제해주겠다는 소식을 듣고 이규창은 상해로 갔으나, 그곳 사정은 복잡했다. 다시 천진으로 돌아온 이규창은 우여곡절 끝에 남개중학교에 입학했다.

양귀와 싸우는 고려 독립운동가 자손'이라며 밥을 사주었다.

이규창은 상해의 프랑스 조계 애인리愛仁里 12호를 찾았다. 김달하 처단사건에 연루되어 상해로 피신한 형 이규학의 거처였다. 이규학은 상해 임정 요인의 자녀들이 그랬던 것처럼 독립운동을 하는 한편 영국인이 경영하는 전차電車회사의 검표원으로 일해 생계를 유지했다. 당시 상해 임정 요인들 중에는 자녀들이나 조카들이 영국 전차회사의 검표원으로 일해 받는 봉급의 일부를 보조받아 생계를 유지하는 사람들이 많았다.

이규창은 애써 상해에 도착했으나 중국 정세가 복잡해지는 바람에 노동대학과 부설중학교 개교가 불투명해졌다. 이규창은 천진으로 되돌아갈 수밖에 없었다. 그나마 이규학과 이을규, 이정규, 유자명 등이 여비를 보조해 무전여행을 하지 않게 된 것만도 다행이었다. 게다가 김구가 "부친께 안부를 여쭈라"며 지갑을 몽땅 털어 대양 3원을 준 것도 보탬이 되었다.

다시 천진으로 돌아온 이규창은 명문 남개중학교 입학시험을 치러 합격했다. 그러나 등록금이 없었다. 그는 어린 나이였지만 용기를 내어 학교 창설자인 장백령張伯玲을 찾아갔다. 다행히 지사인 장백령은 "열심히 공부해 한국 독립에 이바지하라"는 말과 함께 무료로 입학 수속을 해주었다. 이 소식을 들은 우당은 "한 가지 근심은 사라졌다"며 안도했다.

일제의 체포를 피해 수만 리를 걷다

1927년 4월 말경, 누군가가 이회영의 집 문을 두드렸다. 이회영은 얼른 문 안쪽에 몸을 감추었고 이규숙이 대신 나섰다.

"이회영 씨가 이 집에 살지?"

"이 집에 그런 분 안 계셔요. 그런데 당신은 누구세요?"

"나는 일본 영사관에 있는데 이회영 씨를 찾아왔다."

"그런 분 안 계시다니까요."

"방을 좀 봐야겠다."

그러나 다행히 그는 문 안쪽에 숨어 있는 이회영을 못 보고 그냥 돌아갔다.

당시 이회영은 독립운동가 김사집金思集과 함께 살고 있었다. 이회영도 어려운 형편이었으나 김사집이 의탁할 곳이 없어 함께 거주했던 것이다. 이회영은 구러시아 조계지 공원으로 피신했고, 그사이 김사집은 일본 영사관에서 이회영을 찾는 배경을 수소문했다.

김사집이 알아낸 바로는 나석주羅錫疇 의사사건과 관련이 있는 듯하다고 했다. 의열단원 나석주는 1926년 12월 28일 서울 시내 중심가인 남대문통 2정목 동양척식주식회사 경성지점과 식산은행에 폭탄을 던졌고, 뒤이어 총격전을 벌여 경기도 경찰부 다바타[田畑唯次] 경부보와 동양척식주식회사 토지개량부 오모리[大森太四郎] 차석 등 세 명을 사살해 세모歲暮의 서울을 경악에 빠뜨렸다. 일제는 일체의 보도를 금지하다가 사건 발생 후 16일이 지난 1927년 1월 13일에야 보도 금지를 해제했는데, 그나마 이 사건을 알린 『동아일보』 호외의 제2면과 제3~제4면의 대부분을 삭제했을 정도로 민감하게 반응했다.

이 사건과 이회영은 무관하지 않았다. 그 배경에 김창숙과 유자명이 있었기 때문이다. 유자명의 회고에 따르면 나석주는 유자명이 북경에서 신채호와 함께 있을 때 찾아와 이렇게 말했다고 한다.

"저는 폭탄과 권총을 가지고 서울로 가서 일본 원수놈들과 싸우다가 마지막 탄알로 자살해 내 생명을 내 손으로 끊을 생각입니다."

그러면서 나석주는 유자명에게 이 소원을 실현할 수 있도록 도와달라고 했고, 나석주는 유자명의 소개로 김원봉을 만나 의열단에 가입했다.

공교롭게도 이때 국내에서 돌아온 김창숙이 결사대원을 찾고 있었다. 김창숙은 국내에서 모금을 하며 "출국하는 대로 당장 이 돈을 의열단 결사대의 손에 직접 넘겨주어 왜정 각 기관을 파괴하겠다"고 한 약속을 지키기 위해 결사대원을 찾았던 것이다. 이를 위해 김창숙은 상해에 있던 이시영과 김구를 찾아가 이렇게 말했다.

"인심이 이미 죽었으니 만약 비상수단을 써서 진작시키지 않으면 국외에 있는 사람들도 장차 돌아갈 곳이 없어 궁박하게 됨을 면치 못할 것이오. 지금 내가 약간 가지고 온 자금으로 대규모 사업을 착수하기는 실로 어렵습니다. 청년 결사대에게 자금을 주어 무기를 가지고 국내로 들어가서 왜정 기관을 파괴하고 친일 부호를 박멸하여 국민의 의기를 고취시켜 봅시다. 그런 연후에 다시 국내와 연락을 취하면 되겠지요."

이에 김구가 답변했다.

"나와 친한 결사대원으로 나석주, 이승춘李承春(일명 이화익)이 천진에 머물고 있고, 의열단원도 그곳에 많이 거주하고 있으니 당신은 유자명과 상의해 먼저 무기를 구해 가지고 천진으로 가서 기회를 보아 실행하는 것이 옳겠소."

그 순간 나석주를 머리에 떠올린 유자명은 김창숙과 함께 무기를 구입해 천진으로 갔다. 천진에서 유자명의 소개로 김창숙을 만난 나석주는 "이미 죽기로 결심한 바 오래되었습니다" 하며 폭탄과 권총, 여비를 넘겨받아 국내로 향했다.

중국 선박 이통호利通號를 탄 나석주는 유창한 중국어를 이용해 중국인 노동자 마충대馬忠大 등으로 위장해 인천에 잠입한 후 서울로 들어와 거사를 일으켰고 그의 말처럼 자결했다.

이처럼 나석주의 거사에는 김창숙과 유자명이 깊숙이 개입되어 있었다. 김창숙, 이회영, 신채호는 북경 독립운동의 거두였다. 또한 유자명은 이회영과 같은 무련의 조직원이었으므로 당시 천진에 살던 이회영이 이 사건과 무관할 수는 없었다.

일본 영사관원의 추적을 받은 이회영은 며칠간 피신해 상황을 지켜보기로 하고 구러시아 공사관 공원으로 피신했으나 일제의 추적은 계속되었다. 무슨 낌새를 눈치 챈 것이 분명하다고 판단한 이회영은 상해로 피신하기로 결정했다. 그러나 두 딸을 데리고 갈 수가 없었다. 고심 끝에 이규숙과 이현숙은 천진시에서 운영하는 빈민구제원貧民救濟院으로 보내고 이회영과 이규창, 김사집은 상해로 떠나기로 했다. 두 딸을 빈민구제원에 보내야 하는 형편에 여비가 있을 리 없어 무전여행을 할 수밖에 없었다. 그것도 비밀리에 떠나야 했는데 주변 상인들에게 외상도 많았으니 결과적으로는 도주하는 셈이었다.

1927년 5월 3일 새벽, 세 사람은 몰래 집을 나서 상해로 가는 진포선津浦線 철로를 따라 걷기 시작했다. 천진에서 시작된 무전여행은 하북성河北省을 지나 산동성山東省 평원平原을 거쳐 제남濟南까지 이어졌다.

그러나 걷는 것도 순탄하지 않았다. 진포선 일대는 군벌들 사이의 내전으로 건물과 도로가 대부분 파괴되어 부서진 벽을 의지해 밤을 보내야 했다. 곤하게 자다 깨서 쳐다보면 하늘의 별만 총총했다. 이렇게 굶으며 계속 걸어 근 3개월 만에 도착한 곳이 강소성江蘇省 서주徐州였다.

서주에 도착하자 여관 안내자가 숙박을 권유했다. 여관에서 잘 돈이 없었지만 김사집은 다짜고짜 안내자를 따라가 여장을 풀었다. 이회영이 대책을 묻자 김사집은 송호宋虎(송호성) 동지가 산동성 제2군단 사단장으로 있다는 말을 들었다며 그를 찾아보겠다고 했다.

송호라면 이회영이 더 잘 알고 있었다. 송호는 신흥무관학교 출신에다가 북경 이회영의 집에 거주한 적도 있었다. 기골이 장대하고 얼굴이 검어 이은숙이 '흐이티[黑體]'라는 별명을 붙여주었을 정도로 친한 사이였으니 김사집의 말이 사실이라면 지옥에서 구세주를 만나는 셈이었다.

여관에서 이틀간 휴식을 취한 김사집은 제2군단장에게 정중하게 서신을 써서 보냈다. 3일 후 병사가 여관으로 군단장의 서신을 가지고 와서 김사집을 찾았다. 여관 주인은 군단장과 서신을 주고받는 일행을 놀란 눈으로 바라보며 황급히 안내했다. 그러나 편지 내용은 실망스러웠다. 송호 사단장은 현재 관내에 없고 안휘성安徽省에 주둔하고 있는데 거리가 멀어 연락할 수 없다고 했다.

여관비를 마련할 방도가 없어진 이들은 한밤중에 몰래 여관에서 빠져나와 철로를 따라 서주에서 2백 리 남쪽의 숙현宿縣을 향해 걸었다. 도중에 어느 마을에 들러 하룻밤을 청하니 헛간밖에 없다고 해서 헛간에 옥수숫대를 깔고 잠을 청했다. 이회영은 새벽에 측간에 갔다 오다가 보따리가 없어진 것을 발견하고 주인에게 말해보았으나 주인은 모르쇠로 버틸 뿐이었다. 할 수 없이 이규창의 겉옷을 팔아 1원 50전을 마련했다. 드디어 숙현에 도착했는데 숙현에서 남경까지만 4백여 리, 남경에서 상해까지는 8백여 리나 떨어져 있었다.

그런데 이회영이 갑자기 생각을 바꿔 천진으로 되돌아가겠다고 했다. 이회영은 김사집에게 겉옷을 판 돈 중 3분의 1을 주었고, 두 사람은 눈물을 흘리며 헤어졌다. 이회영은 이쯤이면 일본 영사관에서 자신을 찾는 것을 포기했을 것이라고 판단해 딸들이 있는 천진으로 돌아가기로 한 것이다.

이회영 부자는 다시 서주로 돌아와 석탄화물차를 타고 석탄광으로 유명한 임성臨城 역에서 하룻밤을 묵었다. 편지를 쓰기 위해 지필묵을 구하던 중 이규창은 역무원이 자신과 같은 남개중학 출신임을 알게 되었고, 그 역무원의 도움으로 겨우 천진까지 도착할 수 있었다.

이규창은 석탄화물차에서 새까매진 의복을 백하白河 강변에서 빨아 입고 빈민구제원에 있는 이규숙을 찾아갔다. 그런데 뜻밖에도 이규숙은 큰 보따리를 가지고 나와 저당 잡혀 쓰라고 하며 음식까지 사주었다. 보따리에는 여름 비단옷이 들어 있었는데 이규숙은 훗날 이때의 사정을 이렇게 회상했다.

"우리 형제는 빈민구제원으로 들어가고 아버님과 동생(규창)은 무전여행으로 상해로 가시다 도중에서 그 변변치 못한 행장을 도난당하시고 할 수 없이 회환하신다는 엽서를 받고 그날 밤 고통스러웠던 것을 어찌 다 형언하리오. 당장 오시면 돈이 있어야겠는데 어찌할 바를 모르고 걱정만 하다가 같이 있는 중국 여자에게 사정을 하였더니 그 여자도 의협심이 강한지라, 자기 여름 비단옷 몇 벌을 빌려주면서 이거라도 저당 잡혀 쓰라고 하며 주던 것을 지금도 잊을 수 없다."

이규숙이 준 의복을 전부터 다니던 전당포에 가지고 가니 주인은 이규창에게 "너 참 오래간만이다" 하며 5원을 주면서 이것도 많이 주는 것이라 했다. 이규창이 이를 받아 이회영이 기다리는 곳으로 가니 이회영은 매우 피곤했는지 벽에 기대앉아 잠을 자고 있었다. 이미 환갑이 지난 노인에게 수만 리 무전여행은 무리일 수밖에 없었다.

이규창은 이회영과 '잔점棧店(식사를 스스로 지어 먹는 싼 숙소)'에서 하룻밤을 지내고 국내의 이은숙에게 편지를 보냈다. 무전여행을 한다는 편지에 놀랐던 이은숙은 일주일 후에 조선은행을 통해 10원을 보내주었다. 이회영은 그 돈으로 천진의 빈민가인 금탕교金湯橋 소왕장小王莊에 방을 한 칸 얻었다. 전당포에 잡힌 이불을 찾아와 덮으니 비록 천진의 빈민가 토방이었지만 수개월 만에 처음으로 자보는 편안한 잠이었다.

그해 동짓달 15일경 식량이 다 떨어지자 이불을 저당 잡혀 배고픔

금탕교.
일제의 감시를 피해 수백 리를 걸어 다니던 이회영은 아내 이은숙이 보내준 돈으로 천진의 빈민가인 금탕교 소왕장에 방을 한 칸 얻을 수 있었다.

을 면했으나 그것도 며칠이었다. 곤란의 극치인 춥고 배고픈 상황이 계속되었다. 게다가 무전여행과 추위와 배고픔에 시달린 이회영의 몸은 많이 쇠약해져 있었다.

견디다 못해 이규창이 집주인에게 사정을 털어놓자 집주인이 방법을 하나 가르쳐주었다. 새벽 네 시에 금탕교 건너 일본 조계나 프랑스 조계에 가보면 부잣집 대문 앞에는 밤새 때고 남은 매탄煤炭재를 버리는데 그것을 주워다 때라고 했다. 이규창은 집주인에게 자루와 쇠갈퀴 등을 빌려 영하 20도의 새벽길을 나섰다. 그나마 겨울옷은 모두 저당 잡혀 집주인이 입던 다 떨어진 상의까지 빌려 입어야 했다.

매탄 줍는 아이들을 '야해자野孩子', 곧 '들의 아이들'이라고 불렀는데 그 숫자가 수십 명이었다. 이것도 경쟁이 심해 하인이 석탄재를 버리면 얼른 몸을 석탄재 위에 던져 다른 야해자들이 줍지 못하게 해야 많이 주울 수 있었다. 이규창도 그렇게 전신을 던져가며 자루에 석탄 찌꺼기를 담아 집에 와서 불을 피울 수 있었다.

한기寒氣는 겨우 면했으나 이번에는 먹는 것이 문제였다. 이규창은 옥수수 가루 한 줌에 시장에서 상인이 버린 배추 시래기를 잘게 썰어 넣고 죽을 쑤었다. 오랜만에 따뜻한 데서 옥수수 우거지죽이나마 먹고 잠을 잘 수 있었다. 그러나 이회영의 쇠약해진 몸은 쉽게 회복되지 않았다.

하루는 이규창이 석탄재를 줍고 집에 오니 이회영의 전신이 무력한 것이 곧 세상을 뜰 것만 같았다. 15세의 어린 이규창은 당황한 끝에 화로에 석탄을 넣어놓고 프랑스 조계지의 서개西開에 사는 김형환에게 달려갔다. 김형환은 이광의 외숙으로 이회영이 천진을 탈출하기 전까지 자주 만나던 사이였다.

김형환은 깜짝 놀라며 사정을 들은 후 "지금 천진에서는 우당 선생이 근 1년간 행방불명이 되었다고 한다"며 대양 5원을 주었다. 이규창은 20여 리를 단숨에 달려와 집 근처 시장에서 쌀과 고기, 채소를 사 음식을 만들어 올리니 이회영은 어디서 났느냐는 말도 없이 다 먹었다. 식후에 이규창이 자초지종을 이야기하니 "네 용기가 가상하다"며 칭찬해주었다.

세모에 고국에서 이은숙이 20원을 부쳐주었는데 이는 중국 돈 대양 25원으로 환전할 수 있었다. 그 덕에 전당포에 맡긴 이불과 겨울옷을 찾아와 편안하게 잠을 잘 수 있었다. 이런 일이 있은 후 빈민촌 소왕장에서는 이회영의 집이 화제가 되었다. 이회영이 중국 남방 귀인으로 군벌 사이의 내전 때문에 천진으로 피난 와 고생하다가 고향에서 큰돈을 보내와 생활이 피었다고 소문이 난 것이다. 이회영은 토방에 온 후 백지에다 묵란墨蘭을 치고 글씨를 써서 벽에다 붙여놓았는데, 집주인이 문장을 아는 이회영을 내전을 피해 온 남방 귀인이라고 짐작했던 것이다. 한번은 소왕장에 문을 연 대중 찻집에 왕희지王羲之 체의 주련柱聯을 써주어 융숭한 대접을 받은 적도 있었다.

그러나 이런 일도 잠시뿐, 이회영은 다시 극도의 가난에 시달렸다. 하지만 이 무렵 천진의 빈민가를 찾아온 김종진을 아나키스트로 만들 만큼 이회영의 내면은 신념으로 가득 차 있었다.

9 만주운동의 새바람

김좌진과 연합하다

김종진은 북만주로 갈 예정이었으나 연로한 이회영의 비참한 생활을 보고 차마 발길이 떨어지지 않았다. 그러나 이회영은 태연히 북만주행을 권했고 둘은 천진 역에서 작별했다. 김종진은 고향 홍성을 떠나 만주와 북경, 광동, 베트남을 거쳐 운남까지 떠돌아다니며 숱한 고비와 만남, 헤어짐을 겪었지만 천진 역에서 이회영과 작별할 때처럼 북받치는 서러움을 느낀 적은 없었다고 회고했다.

1927년 10월 하순, 김종진은 이렇게 천진을 떠나 중동선中東線 목단강牧丹江 역에 내렸다. 북만주에 도착한 김종진은 가장 먼저 백야白冶 김좌진을 찾았다. 고향 홍성에서부터 먼 길과 긴 세월을 거쳐 자신을 찾아온 동생을 보고 김좌진은 감격했다. 더구나 당시 김좌진은 참모의 필요성을 절감하고 있던 때였다.

1920년대 중반, 독립운동진영에는 통합의 기운이 거세게 일어 만주지역의 독립운동단체들도 크게 셋으로 통합되었다. 압록강 바로 북쪽의 서간도 중심의 참의부參議府와 북부 길림吉林 중심의 정의부正義府, 김좌진이 이끄는 북만의 신민부新民府가 그것이었다. 이들은 해당 지역 교민들에게 사실상 정부 역할을 했다.

신민부는 대한독립군단의 김좌진, 남성극南星極 등과 대한군정서의 김혁金爀, 조성환 등 북만주지역의 독립운동단체들이 1925년 3월 목릉현穆陵縣에서 부여족夫餘族 통일회의를 개최해 결성한 조직으로 중앙집행위원장에 김혁, 군사부위원장 겸 총사령에 김좌진을 선출했다. 신민부는 영안, 주하珠河(지금의 상지), 목릉, 밀산密山, 액목額穆, 돈화敦化, 안도安圖 지역의 50만 주민과 교민자치 행정 조직 총판總辦 15개소를 관할했는데 행정기관과 법원, 군대를 갖추고 있었다.

신민부는 결성되자마자 일제와 군벌의 결탁 때문에 시련을 겪었다. 만주 군벌 장작림은 1925년 6월 조선총독부 경무국장 미쓰야 미야마쓰[三矢宮松]와 이른바 「삼시협정三矢協定(원명은 '불령선인不逞鮮人의 취체방법에 관한 조선총독부와 봉천성 정부의 협정')」을 맺어 독립운동가를 체포해 조선총독부에 넘겨주기로 합의했는데 이 합의에 따라 수많은 독립운동가들이 체포되어 일제에 넘겨졌다. 그리고 1927년 2월에는 중동선 석두하자石頭河子에서 중앙집행위원장 김혁까지 체포되어 신민부는 큰 타격을 입었다.

김좌진은 이에 정면으로 맞서기 위해 북벌에 나서 장작림 군벌을 해체시키려던 중국 국민당 정부와 한·중 연합전선을 결성해 일제와 장작림을 상대로 무장투쟁을 벌이기로 했으나 중국 국민당 측 대표인 공패성貢沛誠과 사가헌史可軒이 도리어 장작림에게 체포되는 바람에 무위로 돌아갔던 것이다.

　김종진이 김좌진을 찾아간 때가 바로 이 무렵이었다. 김종진은 만주 교포들을 경제적으로 안정시키는 한편 이를 토대로 독립군을 양성해 독립을 전취하려는 계획을 실천에 옮기기로 했다. 치밀한 성격의 김종진은 자신이 구상했던 계획을 수행하기 전에 신민부에서 관할하는 만주 각지의 실태 파악에 나서기로 했다. 교포들의 실태를 파악한 다음 그 기초 위에서 실정에 맞는 계획을 수립하기로 한 것이다.

　김좌진도 이런 계획에 적극 찬동해 김종진은 1928년 초에 여정에 올라 무려 8개월 동안 북만주 각지를 순행했다. 교포들의 거주지가 대부분 신개척지이고, 또한 일제의 감시도 피해야 했으므로 기차나 마차를 이용하기가 쉽지 않아 백 리, 이백 리씩 눈길을 걸어서 다녀야 했다. 체포될 위험이 있었으므로 조직망을 통해 소개된 인물을 찾아가기 전에 반드시 적정敵情을 살핀 후 마을에 들어가야 했는데, 이 순방은 눈이 쌓인 엄동에 시작해 삼복더위까지 겪은 후에야 끝이 났다. 이 순방을 통해 김종진은 만주지역 주민들의 어려운 사정을 샅샅이 알게 되었다.

　교포들은 먼저 중국인 토착 지주들의 일상적 착취에 시달렸다. 중국인 지주들은 척박한 불모지대를 애써 개간해 옥토로 만들어놓으면 갖은 명목으로 임대료를 올리거나 빼앗기 일쑤였다. 또한 일제는 일제대로 친일파들을 앞세워 교포사회 내부를 분열시켰다. 그뿐만이 아니었다. 당시 김종진과 함께 활동했던 이을규는 "좌익들이 그 지방에 끼어 있거나 넘나드는 곳에서는 반드시 운동자 상호간은 물론이고 주민들 사이에서도 불화와 알력이 일어나고 있다는 사실"을 목격했다고 회고했듯이 공산주의와 민족주의 진영 사이의 반목과 질시도 큰 문제였다.

김종진은 이런 문제점들을 해결하기 위해 교포사회를 '경제적 공동체 성격의 농촌자치 조직'으로 재편하자는 구상을 내놓았다. 여기에는 4년제 소학교와 3년제 중학교를 설립하고, 중학 출신의 성적 우수자를 선발해 1년간의 단기 군사교육으로 정예간부를 양성하는 것 등을 주요 계획으로 삼았다.

그러나 이런 운동을 수행해나갈 동지의 충당이 가장 큰 문제였다. 김종진은 천진에서 독립운동의 대선배인 우당 이회영에게 들은 이야기를 김좌진에게 전하고 아나키스트들과 제휴하자고 권했다. 군인다운 솔직한 성격을 지닌 김좌진은 즉석에서 그들을 북만으로 부르라고 했고, 김종진은 천진의 이회영과 상해의 이을규에게 편지를 보냈다.

김좌진이 이렇듯 순순히 아나키스트와의 연합전선을 받아들인 데는 신민부의 복잡한 속사정이 자리 잡고 있었다. 당시 신민부는 큰 어려움을 겪고 있었다.

신민부는 1927년 12월 위하현葦河縣 석두하자에서 개최된 총회에서 김좌진의 군정파軍政派와 김돈金墩 등의 민정파民政派로 양분되었다. 신민부가 이처럼 두 파로 양분된 가운데 1928년 8월 정의부에서 삼부(정의부·참의부·신민부) 통합회의를 개최하자고 제의했다. 만주지역의 모든 운동단체를 하나로 통합하자는 것이었다.

그런데 이 삼부통합회의에 신민부의 민정파와 군정파가 각각 대표를 파견함으로써 대표성 문제가 발생했다. 회의를 개최한 정의부는 이를 해결하기 위해 양파가 '대표문제를 타협'하거나, '공동으로 출석'하거나, 이 모두가 불가능할 때는 '준비회를 열어 심사기관을 조직해 결정하라'고 제안했다.

민정파는 세 번째 심사기관을 조직하자는 제안을 받아들였으나 신민부 대표는 당연히 자신들이라고 생각한 군정파는 3개항을 거부함으로써 대표권은 민정파에게로 돌아갔다. 1929년 3월 길림에서 정의부와 신민부의 민정파와 참의부 일부가 합쳐져 민족유일당 성격의 국민부가 조직되었다. 그러자 군정파는 참의부 일부 세력과 삼부통합회의를 탈퇴해 혁신의회를 조직했다. 혁신의회도 통합적 성격이 없는 것은 아니었지만 이를 통해 김좌진의 군정파는 고립되었다.

김종진이 아나키스트와의 연합전선을 제시한 것이 이 무렵이었다. 그러나 김좌진처럼 철저한 민족주의자가 아나키즘을 이해하는 것은 쉬운 일이 아니었다. 1929년 1월 김좌진은 중단되었던 삼부합작협의를 위해 김종진을 대동해 길림으로 갔는데 우연히 유림을 만났다. 안동 출신의 단주旦洲 유림도 아나키즘 계열의 독립운동가였는데, 김종진의 소개로 인사를 나눈 두 사람은 곧 격론을 벌였다. 김좌진은 외국에서 유입된 사상 자체를 별로 탐탁하게 생각하지 않았으나 유림의 주장은 달랐다.

"사상은 사상으로만 막을 수 있으니까 공산주의에 대항하려면 그 사상보다 한 걸음 더 나아간 무정부주의라야 합니다."

그러나 김좌진은 수긍하지 않았다.

"주의主義는 주의로만 대항할 수 있다고 생각할 수도 있지만 주의가 궁극의 목적이 아니라 인간의 행복이 궁극의 목적이오. 또 우리 민족의 복리가 염원인 이상 그 목적을 위해서나 우리의 특수한 처지를 보나 우리에게 알맞은 이론을 세워야지 꼭 외국인들이 주장한 무슨 주의라야 될 것은 아니오."

김좌진이 1918년 만주로 망명해 대종교에 입교한 데서 알 수 있듯이 신민부 군정파는 대종교 출신들이 주축을 이루고 있었다. 이들은 단군의 자손은 모두 한 국민이라는 생각에서 출발한 정당제도와 위원제도를 갖춘 중앙집권국가의 설립을 추진했다. 따라서 중앙집권제를 부인하는 아나키스트들과 노선 합의를 보기는 쉽지 않았다. 그러나 아나키즘은 현실에 따라 응용 가능한 이론이었으므로 김좌진은 결국 아나키스트들이 주장하는 신민부 개편에 동의했다.

김좌진 동상.
김좌진은 북로군정서를 조직하고 총사령이 되어 사관양성소를 설립하고 병력을 양성했다. 1920년 10월 21일부터 26일까지 6일간 계속된 청산리 전투의 지휘를 맡아 일본군 1,200여 명을 사살하는 성과를 거두었다. 충청남도 홍성군 홍성읍 고암리 소재.

그 결과 1929년 탄생한 조직이 재만在滿조선무정부주의자연맹이었다. 연맹원은 김종진, 이을규를 비롯해 김종진이 만주 각지를 순시할 때 새로 얻은 동지들이었다. 해림의 이붕해李鵬海와 엄형순嚴亨淳, 밀산의 이강훈李康勳, 석두하자의 김야봉金野蓬, 산시山市의 이달李達, 신안진의 이준근李俊根 등 열일곱 명이었다. 이붕해는 신민부의 경비대장, 이종주李鍾柱는 군사부위원이었고, 이강훈도 역시 신민부 군정파 소속이었다. 재만조선무정부주의자연맹은 이처럼 신민부와 아나키스트의 연합전선이었다.

재만조선무정부주의자연맹(이하 연맹)은 3개항의 강령을 갖고 있었다.

① 우리는 인간의 존엄과 개인의 자유를 완전 보장하는 무지배 사회의 구현을 기약한다.
② 사회적으로 모든 사람은 평등하므로 각인은 자주, 창의, 또는 상호부조적 자유 합작으로써 각인의 자유발전을 기한다.
③ 각인은 능력껏 생산에 근로를 바치며 각인의 수요에 응하여 소비하는 경제질서의 확립을 기한다.

연맹은 또 6개항의 당면 강령을 세웠다. 그중 제1항이 "우리는 재만동포의 항일반공사상 계몽 및 생활개혁의 계몽에 헌신한다"는 것이고, 다른 조직과 차별성을 보여주는 강령인 제4항은 "우리는 한 명의 농민으로서 농민대중과 같이 공동 노작勞作하여 자력으로 자기생활을 영위하는 동시에 농민들의 생활개선과 영농방법의 개선 및 사상의 계몽에 주력한다"는 것이었다. 곧 그간 만주의 독립운동가들이 자신의 생계를 재만농민들에게 의지함으로써 발생한 문제들을 '한 명의 농민'이 됨으로써 없애겠다는 뜻이었다. 그리고 제6항은 "우리는 항일독립전선에서 민족주의자들과는 우군적友軍的인 협조와 협동작전적 의무를 갖는다"는 것이었다. 이는 신민부 군정파의 견해가 상당 부분 관철된 결과였으며, 이로써 연맹의 정치적 노선은 '항일, 반공, 친민족주의'가 되었다. 연맹에 군정파 간부들이 가입한 데는 그 무렵 신민부가 북만지역의 공산주의 단체로부터 받아온 비판 때문이기도 했다. 좌익단체인 북만조선인농민총동맹은 신민부를 이렇게 비판했다.

"신민부는 조선 독립을 표방하고 있지만 사실은 독립운동이 아니라 독립의 가면을 쓰고 자금을 징수해 농민들을 괴롭히고 있다."

이는 농민들을 자신들의 영향력 아래 두려는 의도적 비난이었으나 가난에 시달리던 농민들의 공감을 얻어 반 신민부 정서가 확산되었다. 사실 독립운동을 위한 자금 징수는 불가피한 측면이 있었다. 신민부는 1925년 10월에 개최된 총회에서 호당 6원씩의 의무금을 징수할 것을 결의하고 가능한 지역부터 징수했다. 신민부는 목릉현 소추풍에 성동사관학교城東士官學校를 운영하며 500여 명에 달하는 독립군을 길러냈는데 이런 일들이 자본 없이 될 수는 없었다. 그리고 신민부도 기본적으로는 병농일치제인 둔전제屯田制를 군사행정의 기본으로 삼고 있었으므로 '독립의 가면' 운운은 자의적인 것에 지나지 않았다.

신민부 군정파는 이러한 비난에 대응할 이론적 토대가 부족했고 아나키스트들은 운동할 공간이 부족했다. 양자의 이런 필요성이 둘을 하나로 묶어주었고, 그 결과 1929년 7월 한족총연합회韓族總聯合會가 출범했다.

아나키스트들은 한족총연합회(이하 한족총련)의 위원장에 김좌진, 부위원장에 권화산權華山을 추대함으로써 최고위직을 모두 북만의 운동선배들에게 양보했다. 그 대신에 실질적 직책은 김종진(농무農務 겸 조직선전위원장), 이을규(교육위원장) 등이 맡았다.

한족총련은 만주지역 독립운동에 새바람을 일으켰다. 농촌자치 조직을 건설하면서 과거 일부 독립운동가들이 그랬던 것처럼 농민들 위에 군림하지 않고 스스로 '한 명의 농민'을 자처하고 똑같이 일하며 운동하는 방식으로 농민들에게 신뢰감을 주었던 것이다. 이들은 '집단 부락集團部落'을 건설하고 이를 '협동조합'으로 묶어 자치적으로 운영하고, 학교를 설립해 경제와 교육이 유기적 관계를 맺는 등 안정적인 농촌사회를 만들려고 했다.

이런 안정적 토대 위에 군사학교를 설치하고 농한기에는 군사교육을 시켜 독립군을 양성하려 했다. 이를 위해 통솔부統率部를 설치해 운영했다. 한족총련 교육위원장 이을규는 당시 활동을 이렇게 회고했다.

"과거의 다른 단체와 같이 권력과 위세를 부리지도 않고…… 자기네(농민)의 의견을 존중하면서 다 같이 일하고…… 부락적으로 집결하여 이웃끼리 서로 도우며 안전하게 살자고 하는데 누구 하나 반대할 이유가 없었다. 또 중국 지주와 중국 관청과의 토지 매매, 임대 등의 교섭을 대행해준다고 하니 이런 고맙고 편리한 일이 또 있겠는가. 이것이야말로 하늘에서 떨어진 복이요, 캄캄한 밤중의 빛이었다."

한족총련이 농민들의 지지를 받으며 세력을 확장하자 일제뿐만 아니라 공산주의세력도 긴장했다. 소련 국경과 인접한 북만주는 소련의 영향력이 직접 미치는 곳이어서 다른 지역보다 공산주의 활동이 활발했다. 당시 한족총련은 해림지역을 중심으로 활동했는데, 인근의 영안현을 중심으로 활동하는 공산주의세력과 끊임없이 충돌했다. 한족총련에서 활동했던 정화암의 회고를 들어보자.

우리는 각 지방 단위로 자위대를 편성하고 지역경비를 맡게 하였다. ……한때는 공산세력권인 영안현에서 불시에 습격해오거나 일본이 중국 호로군護路軍과 결탁하여 교민을 납치해가는 경우가 종종 있었다. 해림의 자위대는 임무가 막중했다. ……일본의 무장군인이 기차에서 내리면 해림 전역은 비상구역이 되었고 우리는 한층 경비태세를 강화하였다. 해림을 중심으로 한 한족총련지역과 영안현을 중심으로 한 공산지역은 항상 팽팽한 대결상태에 있었다. 어쩌다 잘못하여 상대방 지역으로 들어가게 되면 서로 죽고 죽이는 비극이 벌어지기도 했다.

한번은 신안현에 있던 김종진에게 공산주의자 김남천金南天이 찾아와 대중 앞에서 토론회를 열자고 제의하기도 했다. 이에 따라 한족총련에서는 김종진과 이을규 등이 나서고 공산주의 계열에서는 김남천 등 두 명이 나서 1백여 명의 농민들 앞에서 일대 격론을 벌였다. 토론에 참가했던 이을규는 이때의 상황을 이렇게 전했다.

"만주에서 그들의 반민족적이고 비인도적인 행동을 열거 성토하여 '민족의 죄인이요, 인류의 반역자'라고 단죄하고 '소련의 주구는 물러가라'고 호령하자 청중들이 만세를 부르며 일제히 호령하는 바람에 그자들 십여 명 일당은 형세 불리함을 알고 도망하였다."

그러나 공산주의에 대한 이런 극단적 대응은 서로의 감정을 극도로 악화시켰다. 중동선 일대에 이 소문이 퍼지자 위기감을 느낀 공산주의세력은 암살이란 극한적 방법을 세웠는데, 비극적이게도 그 대상에 김좌진이 들어 있었다.

한족총련은 북만 교포들이 미곡 생산뿐만 아니라 도정搗精 과정에서도 중국인 지주들에게 많은 피해를 보는 것을 막기 위해 산시에 정미소를 차렸다. 미곡 도정뿐 아니라 위탁판매까지 함으로써 교포들의 이익을 극대화하기 위한 사업이었다. 그러나 이런 목적에서 설치한 정미소는 결과적으로 백야 김좌진의 무덤이 되었다.

김좌진이 사망한 1930년 벽두는 그가 오랜만에 희망에 차 있던 때라는 점에서 그의 죽음은 더욱 애석했다. 신민부가 군정파와 민정파로 갈라진 데다 삼부통합회의마저 실패해 위기에 처해 있을 때 아나키스트들과 연합한 것이 성과를 거두자 김좌진은 과거의 자신감을 회복했다. 이로써 희망에 차 있던 1930년 1월 20일, 김좌진은 정미소에서 공산주의자 박상실朴尙實에 의해 저격당해 숨을 거두었다. 일제가

김좌진 생가지.
김좌진이 태어나 성장한 곳으로, 1991년부터 이곳의 성역화사업이 추진되어 생가지와 문간채, 사랑채가 복원되었다. 충청남도 홍성군 갈산면 행산리 소재.

그토록 제거하려고 애쓰던 청산리대첩의 영웅이 같은 동포의 손에 목숨을 잃었으니 일제로서는 쾌재를 부를 일이었다.

현재 만주의 일부 인사들은 김좌진이 "일제와 결탁, 변절했기 때문에 암살됐다"는 주장을 펴고 있는데, 이는 암살을 합리화하기 위한 변명에 불과하다. 당시 만주에는 화요파, 서울·상해파, ML파 등 세 개의 공산주의세력이 서로 경쟁하고 있었는데, 그중 김좌진을 암살한 것은 화요파 만주총국이었다.

김좌진이 암살되자 김종진, 엄형순, 이붕해 등이 박상실의 배후를 김봉환金奉煥(일명 김일성金一星)으로 지목하고, 전 해림을 뒤져 예배당에 숨어 있던 김봉환을 잡아 조사한 후 처형했다는 것이 그간 아나키스트들의 주장이었다. 그런데 최근 만주에서는 이와 다른 주장이 나오고 있다.

박상실은 일명 박상범朴尙範 또는 김신준金信俊 등으로도 알려져 있는데, 최근의 증언들은 그가 조선공산당 만주총국에서 파견한 무장공작대원 공도진公道珍이라고 전한다. 공도진은 동북항일연군 제3군 제1사 정치부 주임, 중공中共 북만임시성위臨時省委 조직부장으로 활동하던 이복림李福林과 동일인물이라는 주장인 것이다.

그러나 1931년 9월 11일자의 『동아일보』 보도는 또 다른 측면을 말해준다.

> 모처에 도착한 정보에 따르면…… 전 신민부 수령 백야 김좌진 씨를 총살한 박상실(최영석)이 이번에 아성현阿城縣 호로군 총사령부의 손에 체포되어 그곳 영심처슈審處에서 사형 판결을 받고 수일 전에 형을 집행코자 봉천奉天으로 압송되었다 한다. ……지난번에 아성현 중국 관헌의 손에 조선인공산당 11명이 잡히는 통에 박상실도 체포되었는데 ○○군軍 ○○모험대장冒險隊長 고강산高岡山도 그때 잡혔다가 박상실의 얼굴을 알아보고 곧 동지에게 알려 법정에 고발하여 사형을 받게 되었다 한다.

이 보도는 민족주의단체의 행동대장인 고강산이 박상실을 알아보고 그가 김좌진을 암살한 장본인이라고 알려 사형을 받게 되었다는 것이다.

한족총련은 '고故 백야 김좌진 장군 사회장 장의위원회社會葬葬儀委員會'를 결성해 장례를 치르기로 했으나 영하 20~30도의 엄동설한에 땅을 팔 수가 없어 우선 초빈草殯하여 안치했다가 봄에 정식으로 장례를 치르기로 했다. 김좌진의 장지는 해림과 산시 사이의 석하 역石河

驛 동북방 산록이었다. 북만에도 봄이 깃든 그해 4월 중순 국내외에서 몰려든 수천 명의 조문객의 애도 속에 김좌진은 땅속에 묻혔다.

일본 조계지의 은행을 털다

김좌진이 암살된 후 북만에는 '다음에는 김종진이 암살된다', '이을규가 암살된다' 등 온갖 소문이 무성했다. 그러나 한족총련은 소문에 구애받지 않고 활동을 계속했다. 김좌진이 남긴 커다란 공백을 권화산 등 기존의 신민부 사람들과 김종진, 이을규 등 아나키스트들이 메우면서 활동을 계속해나갔다.

문제는 운동자금이었다. 한족총련은 일부 독립운동가들이 보여주었던 군림 태도를 비판하며 '한 명의 농민'을 자처하다 보니 운동자금이 절대적으로 부족했다.

바로 이런 시기에 멀리 북경에서 복음이 전해졌다. 국내에 잠입했던 아나키스트 신현상申鉉商(1905~1950년)이 막대한 운동자금을 구해왔다는 소식이 들려왔다. 충청남도 예산 출신의 신현상은 고향에서 미곡상을 하는 친지 최석영崔錫榮이 호서은행湖西銀行에 상당한 신용이 있는 점을 이용해 8만 원의 거금을 빼내 중국으로 망명했던 것이다.

무련은 이를 기회로 활발한 운동을 전개하기로 하고 그 일환으로 재중국조선무정부주의자 대표회의를 개최하기로 했다. 북만의 김종진과 이을규가 이 회의에 참석할 대표로 선출되었는데 이들은 일제의 감시가 심한 중동선을 수천 리 우회해 3일 만에 천진에 도착했다. 아나키즘의 지도자 이회영을 만나기 위해서였다.

소왕장 빈민촌에 나타난 김종진과 이을규를 보고 이회영은 너무 반가운 나머지 손을 잡고 눈물을 흘렸다. 두 사람은 만주운동의 정황에 대해 자세히 보고했고, 이회영은 신현상이 최석영, 차고동車鼓東(일명 차학로車學輅)과 함께 자금을 빼내온 경위와 앞으로 운동계획에 대해 설명했다.

김종진과 이을규는 북경으로 가서 이회영이 소개해준 연락책인 민국대생民國大生 정래동丁來東을 만났다. 정래동의 연락을 받고 달려온 신현상과 차고동은 거금 8만 원을 빼내기는 했으나 해외 반출에 어려움이 많아 일단 일부만 가져왔다는 것과 북경에 안전한 연락장소가 생기면 나머지도 모두 가져올 계획이라고 했다.

드디어 상해와 복건 등지에서 동지들이 몰려와 재중국조선무정부주의자 대표회의가 열렸다. 김좌진이라는 큰 별은 떨어졌지만 북만의 운동에 새바람을 일으켜 커다란 성과를 거두고 있다는 김종진의 보고에 아나키스트들은 고무되었고, 만주운동에 전력을 기울이기로 합의했다. 장차 독립전쟁을 일으키려면 만주 교포들을 무장시키는 것 외에는 방법이 없다는 데 이의를 제기한 인물은 아무도 없었다.

회의가 연일 계속되자 체력의 한계를 느낀 이회영은 아들 이규창을 대신 참석시킬 정도로 이 회의에 큰 관심을 가졌다. 만주라는 운동 토대와 이를 뒷받침할 자금과 사람까지 있으니 독립운동사에 새로운 전기가 마련되리라고 믿어 의심치 않았던 것이다.

그러나 이때 예기치 않은 사건이 발생했다. 새벽녘에 아나키스트들의 한 숙사宿舍를 중국 경찰을 앞세운 일본 영사관 경찰이 급습한 것이다. 김종진과 이을규를 비롯해 돈을 꺼내 온 신현상·최석영·차고동, 민국대생 정래동·오남기·국순엽, 김성수 그리고 이규창까지 체포되어 중국 경찰서에 갇혔다.

신현상과 최석영이 북경으로 잠입했다는 정보를 입수한 일제는 조선 강도단이 잠입했다고 사칭해 중국 경찰에 그들의 체포를 의뢰하는 한편 소재를 탐문해 숙소를 급습했던 것이다.

이 아나키스트들은 국내로 압송되면 장기간 투옥되는 것은 물론 경우에 따라 사형까지 각오해야 했으므로 절체절명의 위기였다. 만약 유기석柳基石(일명 유서柳絮)이 없었다면 이들의 운명은 예측하기 어려웠을 것이다. 한때 흥사단에도 관련했던 유기석은 중국대학을 졸업한 아나키스트로 중국 정계에 지인이 많았다. 당시 북경 시장 장음오張蔭梧도 그들 중 한 명으로 같은 아나키스트였다. 유기석은 부랴부랴 장음오에게 달려가 일제의 간계라고 주장했다. 그 결과 국내에서 자금을 들여온 신현상과 최석영을 제외하고는 모두 석방되었다.

석방된 것은 천만다행이었으나 문제는 사라진 운동자금이었다. 이 자금을 바탕으로 세웠던 계획, 특히 만주에서의 운동계획이 물거품이 되고 말았다.

김종진과 이을규는 자금을 가져오겠다고 북만 동지들에게 호언했으므로 딱하기 그지없었다. 동지들과 상의한 결과 김종진은 북만으로 돌아가되 이을규는 복건성으로 가서 자금을 구하기로 하고, 나머지 동지들도 조속한 시일 내에 만주로 가기로 했다. 이을규는 만주로 떠나는 김종진을 북경 정양문 역까지 나가 배웅했는데, 이것이 두 사람의 마지막 만남이 되었다. 얼마 후 복건성으로 가기 위해 상해로 가는 태고양행 소속의 기선에 오른 이을규가 의친왕을 망명시키려던 대동단사건과 관련해 체포되었던 것이다.

한편 이규창에게서 북경사건에 대해 들은 이회영은 즉각 이사하기로 결심했다. 이규창까지 한때 구금되었으니 일제가 자신을 찾아내리라 판단한 것이다. 이회영은 금탕교 건너 금탕교장金湯橋莊이란 곳을 새로운 숙소로 정해 곧 이사했고, 북경의 동지들에게 이 사실을 알렸다.

이을규, 백정기, 오면직, 장기준, 김성수, 김동우 등이 천진으로 찾아와 근처에 큰 방을 구해 함께 거주했다. 그러나 문제는 북만으로 보낼 자금을 마련하는 것이었다. 이회영과 백정기 등 천진의 아나키스트들은 숙의를 거듭한 결과 무슨 수를 써서라도 운동자금을 마련해 만주로 가야 한다는 결론에 도달했으나 아무리 생각해도 방법이 없었다. 이때 기발한 방법을 제시한 인물이 송순보宋淳甫와 김지건이었다. 이들은 이회영에게 이렇게 제안했다.

"일본 조계 한복판인 욱가旭街에 있는 중일합자 은행 정실은호正實銀號를 터는 것이 어떻겠습니까?"

은행을 털자는 제의였다. 백정기가 송순보에게 자세하게 설명하라고 했다.

"내가 어떤 사람하고 상의했는데 정실은호는 입지조건이나 내부 구조가 간단하니 이곳을 터는 것이 어떻겠느냐고 제안합디다."

마작판을 털자는 의논까지 나오던 판이었다. 그보다는 일본 자본으로 운영되는 중일합자 은행을 터는 것이 나아 보였다. 중국의 사법권이 미치지 못하는 일본 조계지 한복판에 있으니 양심에 거리낄 것도 없었다. 문제는 경계가 극도로 삼엄하다는 것이었다. 위험부담을 감수하는 수밖에 없다고 생각한 아나키스트들은 이틀 후를 거사날짜로 잡았다.

거사 당일 장기준, 양여주(오면직), 송순보, 김동우, 김성수 등이 권총을 휴대하고 일본 조계지를 향해 길을 떠났다. 정화암은 그들이 돌아올 길목에서 기다렸고 이회영은 경찰들이 득실거리는 조계지의 은행을 털러 간 젊은 동지들이 무사히 돌아오기를 간절히 기도했다.

양여주와 장기준은 창구에서, 김지강과 김동우가 정문과 후문에서 동시에 총을 뽑은 시간은 12시 15분이었다. 천진에서 가장 경비가 삼엄한 일본 조계지 한복판, 그것도 대낮에 느닷없이 나타난 권총 든 사나이들을 본 은행원들이나 손님들은 꼼짝도 할 수 없었다. 그들은 은행원을 시켜 자루에 돈을 담게 했다. 책상 위에 놓인 돈을 담으라고 하고 금고문을 열라고 위협했다.

그러나 은행원은 금고에 돈이 없다며 대신 서랍에 들어 있던 돈만 내주었다. 물론 은행 금고에 돈이 없을 리는 없지만 옥신각신할 시간이 없었고, 은행강도가 아니었으므로 총을 쏘아 인명을 살상할 수도 없어 그들은 주는 것만 받아 가지고 나왔다. 숙소에 돌아와 세어 보니 당초 기대했던 액수에는 미치지 못했지만 그런대로 다급한 대책은 세울 수 있는 3천 수백 원이 들어 있었다.

다음 날 『중국대공보中國大公報』를 비롯한 도하 각 신문에는 이 사건이 대서특필되었다. 신문 기사를 보니 금고문을 열라고 더 이상 실랑이하지 않고 은행을 빠져나온 것이 천만다행이었다. 그들이 은행을 빠져나간 지 불과 2~3분 후에 경찰이 출동했고 30분 뒤에는 일본 조계에 비상경비망이 쳐졌다는 보도였다. 조금만 지체했으면 백주에 시가전이 벌어질 뻔했다.

중국 경찰도 모든 수사력을 동원해 범인체포에 나섰다. 서둘러 현금을 다른 곳으로 옮겨야 했으며 사람들도 천진을 떠나야 했다. 하지만 엄중한 경비망을 뚫고 돈을 옮기는 것이나 천진을 빠져나가는 것은 쉬운 일이 아니었다. 정화암이 돈을 옮기기로 했다. 그는 가방에

천진 일본 조계지.
만주에서 활동하던 독립운동가들은 늘 극심한 생활고에 시달렸고, 활동자금이 부족했다. 그들은 임시 방편으로 일본 조계지 한복판에 있는 중일합자 은행을 습격하기도 했다.

돈을 넣고 와이셔츠와 양말로 덮은 후 그 위에 담배와 성냥, 기타 일용품을 아무렇게나 얹고 중국인으로 가장해 천진 역으로 갔다. 개찰구는 무사히 빠져나와 북경행 기차를 탔으나 차내 검표가 기다리고 있었다.

검표원 옆에는 조선인 편의대원便衣隊員이 붙어 서서 승객을 감시했다. 검표원은 정화암의 차표를 편의대원에게 건네주었고 편의대원은 몇 차례나 정화암을 주시하다가 돌려주었다. 편의대원이 계속 자신을 감시하자 정화암은 가방을 열고 종이와 봉투를 꺼낸 후 봉투에 '천진 주재 일본 영사관 귀중'이라고 크게 쓴 후 '북경에 급한 볼일로 가는 중인데 약속한 일은 3일 후에 돌아와 연락하겠다'는 내용의 편지를 써 중간의 풍대豐臺 정거장에서 우체통에 넣었다. 일본 영사관과 관련 있는 인물처럼 꾸민 것이다.

기차가 북경에 도착하자 그 편의대원은 재빨리 출구로 나갔다. 경찰에 연락한 것이 아닌지 걱정되었으나, 정화암은 모든 것을 운명에 맡긴 채 태연하게 걸어 나왔다. 그런데 출구에서 그 편의대원이 갑자기 가방을 낚아챘다. 가방을 몇 번이고 흔들어 보고 만져도 보던 편의대원은 고개를 갸우뚱거리며 돌려주었다. 정화암은 아무렇지도 않은 듯 가방을 받아 역사를 빠져나와 세 번이나 차를 갈아타며 이리저리 돌아 민국대생 정래동의 숙소로 갔다. 나중에 알고 보니 그 편의대원은 아편장사 단속이 목적인 사람이었다.

돈도 무사히 옮겼으니 만주로 가는 일만 남아 있었다. 이제 모두 천진을 떠나야 했다. 그런데 혼기가 찬 이규숙이 문제였다. 가난한 망명객의 딸에게 번듯한 혼처가 있을 리 없었고, 이회영도 딸을 항일정신 없는 인물과 맺어주고 싶지는 않았다.

아나키스트들은 장기준과 이규숙을 결혼시키는 것이 적당하다는 판단하에 이회영에게 의향을 물었다. 장기준은 정실은호를 털 때도 앞장선 인물이니 혁명가로 손색이 없다고 생각한 이회영은 흔쾌히 승낙했다. 장기준과 이규숙은 그야말로 형식에 불과한 예를 치르고 부부가 되었고, 같이 만주로 떠나기로 했다. 국내에 머물고 있던 이은숙이 소식을 나중에 듣고 어머니도 모른 채 혼사를 치른 것을 못내 섭섭해했지만 어쩔 수 없는 상황이었다.

드디어 1930년 9월경 천진의 아나키스트들은 만주를 향해 떠났다. 이회영은 북만행보다는 복건성의 농민자치운동에 더 적합하리라는 판단을 하고 아들 이규창과 일단 상해로 가기로 했다.

한꺼번에 움직이는 것은 위험했으므로 인원을 3진으로 나누었다. 제1진으로 막 결혼한 장기준과 이규숙 그리고 이현숙이 가기로 했고,

제2진으로 백정기와 오면직(양여주), 제3진으로 정화암 등이 가기로 했다. 제1진이 떠난 다음날 2진이 출발하고, 그다음 날 제3진이 출발하는 방식으로 천진의 아나키스트들은 만주로 갔다. 전원이 무사히 만주에 도착했는데 이규숙은 몸속과 짐에 권총 십여 정과 폭탄 십여 개를 감추고 무사히 도착해 사람들은 '역시 혁명가의 자제'라며 감탄했다.

원군을 맞이한 한족총련은 내부를 정돈하고 다시 본격적으로 운동을 추진했다. 아나키스트들은 농민들 위에 있지 않고 농민들 속으로 들어가 농민들과 고락을 함께하며 운동을 전개했으므로 농민들의 지지를 받았다. 한족총련은 모든 것을 교민들의 자치로 결정하기로 하고, 1년에 한 번씩 각 지역 대표자 총회를 열어 중요한 사항들을 결정했다. 그리고 일제, 공산주의세력과 싸우기 위해 각 지방 단위의 자위대를 편성해 지역경비를 맡게 했다.

또한 자유연합에 의한 지방자치제로 전환할 것을 제의해 총회에서 가결되었으나 한족총련 중앙부서의 간부 중 일부 민족주의자들이 거세게 반발하고 나섰다.

자유연합적 지방자치에 대한 반발

자유연합적 지방자치제에 대한 반발은 한족총련 내부에서 먼저 나왔다. 백정기의 연극을 놓고 중앙관리들과 일촉즉발의 충돌이 벌어질 뻔한 적도 있었다. 백정기는 농민들의 의식을 고취시킬 목적으로 고령자高嶺子에서 연극을 공연했는데, 연극 내용은 전체적으로 항일투쟁을 고무시키는 내용이었지만 독립운동가의 이중적 태도를 부분적으로 비판한 것이 문제가 되었다.

일제의 폭정으로 만주로 쫓겨난 부부가 열심히 노력한 끝에 넉넉해지자 권력 있는 어느 관리자가 독립군을 사칭하며 순박한 부부에게 접근해 재산과 부인의 미모를 욕심내 남편을 일제의 첩자라고 누명 씌워 모략하는 내용이었다.

중앙관리들은 이런 비판에 대해 민감하게 반응했는데, 이는 중앙집권체제를 지향하는 민족주의자들과 자유연합에 의한 지방자치제를 추구하는 아나키스트들 사이에 언제든지 충돌이 일어날 수 있음을 보여준 사례였다. 1931년 여름, 결국 대종교 출신의 민족주의자들은 한족총련을 탈퇴하고 말았다.

여기에 한족총련의 재건에 자극받은 공산주의세력의 공세가 더해졌다. 공산주의세력은 또다시 한족총련의 주요 간부 암살에 나섰다. 재만조선무정부주의자연맹의 최초 결성자 가운데 한사람이자 한족총련 간부차장인 이준근李俊根과 김야운金野雲이 이 암살공작에 희생되었다. 두 사람은 석두하자에 있던 김좌진의 동생 김동진金東鎭의 집에서 저격당했다.

그뿐만이 아니었다. 공산주의세력의 암살목표는 한족총련의 사실상 리더인 김종진에게 맞춰졌다. 김종진은 1931년 7월 11일 해림 역 근처에 있는 조영원趙永元의 집에 갔다가 역시 공산주의자들에 의해 어디론가 납치되었다. 김좌진의 휘하에 있던 조영원은 아나키스트들이 북만운동의 주도권을 잡으면서 자신이 소외된 데 불만을 품고 공산주의세력에 협조한 것이다. 1931년 9월 11일자 『동아일보』는 김종진이 박래춘朴來春, 이백호李白湖, 이익화李益和 등에게 살해되었다고 보도했다. 그의 나이 31세, 한창 조국광복에 매진할 연부역강한 나이였다.

한꺼번에 맹장 셋을 잃은 한족총련은 망연자실했다. 게다가 병 때문에 상해로 호송된 백정기까지 더하면 한꺼번에 네 명의 활동가가 사라진 것이다. 한족총련은 이런 잇따른 불행에 넋이 빠져 수습할 엄두조차 내지 못했다. 일제에게 당한 것이라면 광복전선에 바친 순국이라고 자위라도 하겠지만 같은 동포에게 당한 것이니 망연자실할 수밖에 없었다.

그러나 넋을 잃고 있을 여유조차 없었다. 일제가 북만 일대에 걸쳐 대규모 군사작전을 전개했기 때문이다. 사실 1931년 여름은 아나키스트, 민족주의자, 공산주의자로 갈려 싸울 때가 아니었다. 이즈음 일본 군부는 만주 전체의 점령 계획을 짜고 있었다. 만주 주둔 관동군의 일부 장교들은 심양(봉천) 북쪽 유조구柳條溝의 만철선로滿鐵線路를 폭파하고 이를 중국군의 소행이라고 우기며 만주를 본격적으로 침략했다. 1931년 9월 18일에 발생한 9·18사변(일명 만주사변)이었다.

당시 관동군의 주요 지휘관들은 사령관 혼조 시게루[本庄繁] 대장, 참모장 미야케 미쓰노리[三宅光治] 소장 등이었으나 만주사변의 주도자는 일개 중령에 불과한 봉천특무기관장 이시하라 간지[石原莞爾]였다. 이시하라가 만주사변을 일으킨 목적은 만주를 중국에서 분리시켜 일본의 위성국을 수립하는 데 있었다. 일개 영관급 정치장교가 만주에 대한 국가정책을 수립해 상부의 명령도 없이 독단적으로 실행에 옮긴 것인데 이들에 대한 통제력을 상실한 동경의 정치가들은 군부의 돌출행위를 추인할 수밖에 없었다.

일제는 다음 해(1932년) 3월 1일 이른바 '건국선언'을 발표하고 청

나라의 마지막 황제 부의溥儀를 집정執政으로 하는 '만주국'을 수립했다. 1934년 3월 1일에는 '만주국'을 '만주제국滿洲帝國'으로 개칭하고 부의가 황제에 올랐으나 명목뿐인 황제에 불과했다.

일본군은 만주사변의 예비작업으로 마적과 공산당을 소탕한다는 구실을 내세워 북만 일대에서 대규모 수색전을 벌였다. 수색작전에서 가장 주요한 소탕대상은 독립운동가들이었다. 한족총련의 아나키스트들은 일제의 대규모 군사작전을 맞아 앞으로의 진로에 대해 토의한 결과 일제와 공산주의자들과 직접 대결하다가 희생당하는 것보다 일단 후퇴해 훗날을 도모하는 것이 현명하다고 판단을 내렸다. 이에 따라 그들은 8월 하순부터 철수를 시작했지만 철수도 쉽지 않았다. 이때 김좌진의 처제 나혜정의 도움을 받아 무사히 빠져나오는 데 성공했다. 장기준과 이규숙, 이현숙은 장춘(만주국 수도 신경)으로 피했으며, 송순보는 남만주로 피신했다. 이로써 피땀 흘려 닦았던 만주운동은 수포로 돌아가고 말았다.

10 1930년대, 상해의 풍경

일제를 공포에 빠뜨린 아나키즘 조직들

젊은 아나키스트들을 북만으로 떠나보낸 이회영이 천진에서 쓸쓸하게 상해로 떠날 준비를 하고 있던 1930년 10월 중순, 막냇동생 이호영이 찾아왔다. 이호영은 형 이회영의 소재지를 모르다가 북경 연락책인 민국대생 정래동과 오남기를 만나 형의 거처를 알게 되어 찾아온 것이었다. 형제는 눈물만 흘릴 뿐 한동안 말을 못 했다.

구국의 일념으로 전 재산을 팔아 망명길에 오른 지 벌써 20년이나 지났다. 그 많던 재산은 독립운동에 다 쏟아 붓고 수중에는 돈 한 푼 없었다. 이틀을 자고 다시 북경으로 떠나는 동생에게 이회영은 자신의 여비 일부를 나누어주었는데 이것이 두 사람의 영이별이 되었다. 1933년 이호영과 그의 아들 형제 등 가족이 모두 북경에서 사망했다고 전해질 뿐 자세한 경위는 아직 알려져 있지 않다.

애인리 12호.
다물단사건에 연루되어 상해로 피신한 이회영의 아들 이규학의 거처였다. 그는 영국인이 경영하는 전차회사의 검표원으로 일해 생계를 유지했으며, 독립운동가들을 지원했다.

    이회영은 1930년 10월 말경 아들 이규창과 함께 상해에 도착했다. 실로 오랜만에 온 상해였다. 상해의 프랑스 조계 애인리에는 김달하 처단사건 때 피신한 큰 아들 이규학이 그때까지 전차회사 검표원으로 일하며 살고 있었다. 이회영은 이규학의 집 근처에 있는 정자간亭子間이란 값싼 방을 구해 이규창과 함께 거주하며 식사는 이규학의 집에서 했다.
    이회영이 왔다는 소식을 듣고 모인 임정 요인들이 간단한 환영만찬을 베풀었다. 김구, 이동녕, 이시영, 조완구, 조소앙, 김두봉, 홍남표, 이유필, 조상섭, 안공근 등 임정 요인들은 "우당이 상해에 왔으므로 우리 독립운동의 앞길이 한층 희망을 가질 수 있게 되었다"는 말로 환영해주었다.
    당시 임정 요인들의 생활은 지극히 곤란했다. 백범 김구의 『백범일지』에는 임정 요인들의 생활상이 적나라하게 나온다.

"나는 임시정부 정청에서 자고, 밥은 돈벌이 직업을 가진 동포의 집으로 이집 저집 돌아다니며 얻어먹었다. 동포의 직업이라 하여 전차회사의 차표 검사원인 '인스펙터'가 제일 많은 직업이어서 70명가량 되었다. 나는 이들의 집으로 다니며 아침저녁을 빌어먹는 것이니 거지 중에도 상거지였다. 다들 내 처지를 잘 알므로 누구나 내게 미운 밥은 아니 주었을 것으로 믿는다."

항주杭州 지강芝江대학을 졸업한 엄항섭嚴恒燮은 프랑스 공무국에 다녔는데 그 역시 월급을 쪼개 김구나 이동녕 같은 임정 요인들을 먹여 살리는 데 보탰다. 임정이 그나마 버틸 수 있었던 데는 젊은 청년들의 이런 자기희생이 큰 힘이 되었다.

상해에는 이석영과 이시영도 살고 있었다. 이시영은 프랑스 조계의 한 초옥草屋에서 아들 이규홍과 함께 자취했고, 이동녕과 조완구도 자취를 했다. 영의정 김홍집金弘集의 사위로 젊은 나이에 승정원 부승지 등의 고관직을 지낸 이시영이나 조완구 같은 명문가의 후예들이 독립운동가가 된 다음에는 스스로 부엌에 출입할 수밖에 없었다. 그나마 밥 지을 쌀이나 있으면 다행이었다.

이규창은 상해에서 임시정부 부설학교인 인성학교仁成學校에 다녔다. 인성학교에는 여운형, 손정도, 안창호, 김두봉, 김승학, 조상섭, 선우혁 등 저명한 독립운동가들이 교장이나 교사로 재직했고,「일본외무성특수조사문서」에 따르면 1929~1932년에는 이규창을 비롯해 오십여 명의 학생들이 이 학교에 다니고 있었다.

1931년 9월경 만주를 탈출한 동지들이 상해로 속속들이 모여들었고, 이회영의 상해생활도 활기를 띠었다. 다시 한번 상해는 아나키즘

운동의 중심지가 되어갔다. 백정기, 원심창, 박기성, 엄형순, 김성수, 이달 등은 방 하나를 얻어 같이 자취를 했다. 만주에서 빈 몸으로 겨우 빠져나왔으니 생활이 넉넉할 리 없었다. 입으로 불면 날아갈 듯 찰기라고는 전혀 없는 안남미安南米로 지은 밥과 절인 고등어가 한 끼 식사의 전부였다.

이 무렵 사학자 현채玄采의 아들 현영섭玄永燮이 경성제대에 다니다 상해로 왔다. 현채는 훗날 조선총독부 산하 조선사편수회에도 간여했으나 한때는 신민회의 중심인물인 전덕기와 함께 활동해 이회영도 아는 사이였다. 현영섭은 젊은 독립운동가들이 혼숙하는 모습을 보고 "국제도시 상해의 독립운동가들 생활이 이런 줄은 꿈에도 몰랐다"며 자신의 돈을 생활비에 보태기도 할 정도로, 그들은 어려운 가운데서 독립운동을 하고 있었다.

이회영과 젊은 아나키스트들은 상해에 본격적으로 아나키즘 조직을 건설했다. 상해의 일인들과 친일 주구들을 공포에 몰아넣은 남화한인청년연맹南華韓人靑年聯盟(이하 남화연맹)이 탄생한 것이다. 만주사변 발발과 때를 맞추어 결성된 남화연맹은 무련의 산하 기관이었다. 이회영, 유자명, 백정기, 정화암, 이강훈, 엄순봉, 오면직, 김동우, 김광주, 나월환, 이용준(일명 천리방千里芳), 박기성(일명 박수현朴守鉉), 원심창, 김광주, 이규창 등이 참석한 창립대회에서는 이회영을 의장에 추대했으나 이회영은 한사코 거절했다.

"내가 의장의 직을 감당하지 못해서가 아니라 장래에 조직을 이끌어갈 사람은 여러분들이니 여러분들 중에서 의장이 나와야 한다는 뜻이오."

그러면서 이회영은 유자명을 의장으로 추천했다. 젊은 청년 동지들

은 이회영의 사양과 추천을
받아들이며 "앞으로도 노선
생老先生의 지도 편달을 바란
다"고 의결한 후 유자명을 의
장 겸 대외책임자로 추대했다.
중앙집권을 배격하는 아나키
즘 조직의 수장은 의장보다는
대외책임자의 성격이 강했다.
내부의 일은 모두 함께 의논해
처리하고 외부 접촉의 혼선을
피하기 위해 대외책임자를 두
는 식이었다.

남화연맹은 산하에 남화구
락부南華俱樂部를 두는 한편

김성수.
김성수는 1919년 밀양에서 3·1운동을 주도한 후
에 중국으로 망명했다. 의열단, 남화한인청년연맹
등에 가입해 친일분자 숙청작업에 앞장섰다.

기관지 『남화통신南華通信』을 발간했다. 기관지 인쇄는 이규창이 맡았
는데, 이규창은 자서전 부록에 남화한인청년연맹의 강령, 규약, 선언
을 덧붙여놓기도 했다.

'우리의 일체 조직은 자유연합의 원칙에 의거한다', '우리는 절대
자유, 평등의 이상적 신사회를 건설코자 한다'는 등의 강령과 '본 연
맹은 강령에 의해 사회혁명을 수행함을 목적으로 한다'는 등의 규약
이 있었는데 일반적 운동 조직과는 아래와 같은 것들이 다르다.

② 본 연맹은 강령의 목적 수행을 위해 맹원 전체가 승인하는바 모든
방법을 채용한다. 당 강령에 저촉되지 않는 본 연맹원 각 개인의 자

유발의 또는 자유합의에 의한 행동은 설사 그것이 본 연맹으로서는 직접 관여하지 않은 것이라 하더라도 그것에 대해 아무 간섭도 하지 않는다.
⑥ 본 연맹의 사무를 처리하기 위해 서기부를 둔다. 단 맹원 전체의 호선에 의해 피선된 서기부 약간 명을 두되 그 임기는 각 1년으로 한다.
⑧ 연맹원은 자유로 탈퇴할 수 있다.

남화연맹은 "친애하는 조선민족 여러분! 우리 조선이 일본 제국주의의 강압으로 약탈당한 이래 우리 2천 3백만은 자유의 빛을 잃고 기아와 모욕으로 억눌려 날로 멸망의 구렁에 떨어져가고 있다"로 시작되는 선언문을 작성해 왕정과 자본주의 국가, 공산주의 국가를 맹렬히 비난하며 절대 자유연합사회의 구현을 주장했다.

또한 남화연맹은 민족개량주의자들의 자치론이나 참정권론에 대해서도 강하게 비판했다.

"압제하에 부여하는 자치나 참정권을 승인하는 것은 우리 스스로가 우리 자신을 그들에게 팔아넘기는 수작인 것이다."

그리고 공산주의에 대해서도 "2천 3백만의 자유를 러시아에 팔아넘긴다"고 강하게 비판했으며 "압박자의 지위에 있는 자를 모조리 타도하고 무정부자유의 신사회를 건설하기 위해 모이자! 청년 아나키스트 기치 아래 모이자!"라고 주장했다.

남화연맹은 이러한 기치 아래 선전전도 전개했지만 이런 간접활동보다 직접행동에 중점을 두었다. 그러나 자금이 없었다. 당장 먹고살기도 힘든 판이었다. 목숨을 바치겠다는 젊은이들은 있었으나 권총과 폭탄 같은 무기를 구입할 자금이 없는 상황이었다.

이런 곤란한 상황에 돌파구를 마련해준 인물이 중국의 아나키스트 왕아초王亞樵와 화균실華均實이었다. 이들이 이회영과 정화암을 찾아와 항일공동전선을 펴자고 제의한 것이다. 원래 아나키즘은 국제주의 운동인 데다가 다른 것도 아닌 항일공동전선을 펴자는 제의였으니 한인들이 거절할 이유가 없었다.

게다가 왕아초와 함께 하면 도움을 받을 것이 한두 가지가 아니었다. 이들은 중국 정계의 핵심과도 선이 닿아 있었는데, 안휘성 출신의 왕아초는 광동성과 광서성을 기반으로 하는 서남西南 계열의 정치세력인 호한민胡漢民, 백숭희白崇禧, 이종인李宗仁 등과 깊은 관계를 맺고 있었다. 또한 중국군의 핵심인 상해 주둔 19로군十九路軍과도 밀접한 사이였다.

그러나 이회영에게 더욱 중요한 것은 그들이 자금과 무기를 대겠다고 제안한 사실이었다. 무기와 자금만 있으면 일제와 치열한 무장투쟁을 전개할 수 있었던 것이다.

드디어 1931년 10월 말 상해의 프랑스 조계지에 모인 한·중·일 세 나라의 아나키스트들은 '항일구국연맹抗日救國聯盟'을 결성했다. 이회영, 정화암, 백정기 등 일곱 명의 한국인과 왕아초, 화균실 등 일곱 명의 중국인, 사노[佐野], 이토[伊藤] 등의 일본 아나키스트들이 참여했다. 항일구국연맹은 기획부·선전부·연락부·행동부·재정부의 5부를 두었는데, 이회영이 의장 격인 기획위원을 맡았고, 왕아초는 재정부를 맡았다.

왕아초는 남화연맹과 항일구국연맹에 매달 재정적 지원을 하다가 한인들이 경제 문제를 스스로 해결하도록 해주겠다며 프랑스 조계 내 성모원로聖母院路에 인쇄소를 차려주고, 조계 밖에 미곡상을 차려주기도 했다. 또 한인 동지 몇 사람을 19로군에 집어넣고, 19로군을 통해 무기를 가져오기도 했다.
　이회영과 정화암, 왕아초 등은 아래와 같은 목표를 세웠다.

① 적 군경 기관 및 수송 기관의 조사 파괴, 적 요인 암살, 중국 친일
　분자 숙청.
② 중국 각지의 배일 선전을 위한 각 문화 기관의 동원계획 수립, 선전
　망 조직.
③ 이상에 관한 인원 및 경비의 구체적 설계.

　항일구국연맹은 이런 목표들을 실행하기 위해 흑색공포단黑色恐怖團이란 직접행동대를 조직했다. 붉은색이 공산주의의 색깔이라면 아나키즘의 색깔은 흑색이었다. 흑색공포단은 이회영과 정화암이 지휘하고 왕아초가 재정과 무기 공급을 책임졌다. 자금과 무기가 공급되자마자 흑색공포단은 날개라도 단 듯 활발한 활동을 전개했다.
　그중 하나가 국민당 정부의 외교부장 왕정위汪精衛를 상해 북군역[北軍站]에서 저격한 것이다. 이 일은 한인 이용준과 중국인 화균실, 일본인 사노가 함께 했으나 왕정위에게는 부상만 입히고 그 부관만 절명케 했다. 왕정위는 국민당 좌파를 이끌며 장개석과 대립하던 급진적 민족주의자로, 이 무렵에는 대일 굴욕외교를 거듭해 친일파로 분류되었다.
　흑색공포단은 멀리 북쪽으로 올라와 일제의 화북 교통요지인 천진을 맹타해 일본의 수송선을 끊으려는 계획도 세웠다. 이 임무를 맡은 유기석은 이용준과 함께 상경해 북경 민국대생 정래동, 오남기, 국순

엽 등과 협의해 천진의 일청기선과 일본 영사관을 공격했다. 1931년 12월 유기문은 일제의 육군과 군수물자를 싣고 입항한 11,000톤급의 일청기선에 폭탄을 던졌다. 그 결과 선체 일부를 파손시키고 많은 사상자가 났다. 같은 시각 이용준은 천진 일본 영사관에 폭탄을 던져 영사관 건물을 파괴했다. 또한 복건성 하문廈門의 일본 영사관에도 폭탄을 던져 폭파시켰다.

이 모든 일들이 불과 며칠 사이에 발생했다. 중국 내 각 신문들은 이를 항일구국군의 활동이라고 대서특필했다. 자금과 무기 공급이 가능해지자 짧은 시간 안에 이런 일들이 가능했던 것이다.

심지어 왕아초는 장개석 암살을 제의하기도 했다. 왕아초와 같이 일했던 정화암이 "왕아초는 그의 정치적 활동을 살펴보면 무정부주의자라기보다 정치에 관계하여 테러를 책동하는 유민"이라고 규정지은 것은 중국 내부 정치에 한인 아나키스트들을 끌어들이는 이런 행동 때문이었다. 왕아초는 장개석이 살해되면 자신과 가까운 호한민, 백숭희, 이종인 등의 서남파가 집권한다며, 그렇게 되면 한국 독립운동에 큰 도움이 되리라는 논리로 정화암을 설득했다. 장개석의 휴양지인 여산까지 무기도 운반해주겠다는 제의에 한인들은 이럴 수도 저럴 수도 없는 처지에 빠졌다.

장개석을 암살하기도 어렵거니와 설혹 제거한다고 해도 새 정부가 한국 독립운동을 적극 도울 것이란 보장도 없었다. 만일 실패해서 한인 독립운동가들이 장개석을 저격하려 했던 사실이 밝혀지면 한인 독립운동가들은 곤란에 빠질 것이 분명했다.

그래서 한인 아나키스트들은 이중정책을 쓸 수밖에 없었다. 왕아초의 요구를 받아들이는 척하고 실제 저격은 하지 않는 절충안이었다.

정화암이 승낙하자 왕아초는 백정기를 실행자로 지목했다. 그의 강직한 성격을 높이 산 것이다. 정화암은 백정기에게 흑색공포단의 입장, 특히 한인 독립운동가들의 처지를 충분히 설명한 후 양여주와 함께 여산으로 보냈다. 왕아초는 햄과 빵 속에 권총과 폭탄을 감춰 여산까지 운반해준 후 이제나저제나 암살소식을 기다리고 있었는데, 정작 신문은 장개석의 저격이 아니라 그가 여산을 떠났다는 사실만 보도했다.

상해로 돌아온 백정기와 양여주는 실망을 감추지 못하는 왕아초에게 워낙 경비가 심해 어쩔 수 없었다고 변명했지만 정화암에게는 저격하려고 마음만 먹었다면 얼마든지 가능했다고 했다.

백정기와 윤봉길의 엇갈린 운명

일제를 공포에 떨게 했던 흑색공포단의 활동은 1932년 2월에 발생한 상해사변으로 인해 급격한 전환을 맞이한다. 상해사변이란 일제의 만주 점령으로 중국 대륙 전체에 항일운동이 확산되고, 특히 상해 정세가 일제에게 불리하게 돌아가자 일본 군부에서 상해마저 점령하려고 일으킨 사건이었다. 심양의 노구교를 끊어놓고 중국군의 소행이라 우기며 만주를 전면 침공한 일제가 이번에 마련한 명분은 매수한 중국인에게 일본의 대표적 불교종단인 일련종日蓮宗의 탁발승을 저격하게 한 것이었다.

1932년 1월 28일, 일본 조계의 경비를 담당하던 일본 해군육전대가 상해를 점령하려고 하자 상해에 주둔하고 있던 중국의 19로군과 장치중張治中 근위부대가 저지에 나섰다. 채정해蔡正楷가 이끄는 중국

19로군은 예상과는 달리 일본 해군육전대를 거듭 패퇴시켰다. 그러자 일제는 남경의 장개석 정부에 압력을 넣어 19로군의 즉각 해체와 배상을 요구했다.

장개석 정부는 일본과 전면전을 치를 역량이 부족하다는 판단 아래 채정해에게 전투를 중지하고 즉각 후퇴하라고 명령했으나 19로군의 장병들은 이 명령을 거부하고 끝까지 싸우겠다고 다짐했다. 이에 일제는 본국에서 시라카와 요시노리[白川義則] 대장과 조선군사령관을 역임한 우에다 겐키치[植田謙吉] 중장이 이끄는 96사단 등 3개 사단을 파견했다. 반면 확전을 우려한 장개석은 더 이상 증원군을 파견하지 않아 19로군은 고립된 상태에서 고군분투하다가 결국 상해에서 퇴각했다.

상해사변은 항일구국연맹의 진로에도 큰 변화를 가져왔다. 상해사변 때 임정에서도 일제와 적극적으로 맞서 싸우자는 성명을 발표한 것처럼 19로군이 일제와 전면전을 벌이자 많은 사람들이 지지했다. 그러나 19로군이 장개석 정부의 전투중지 명령을 어긴 것 때문에 19로군과 남경 정부 사이에는 긴장감이 흘렀다. 항일구국연맹의 왕아초는 19로군을 배경으로 활동했는데 이렇게 되자 남경 정부에서 왕아초를 요주의 인물로 주시하게 되었다. 더구나 국민당 정부의 비밀경찰 격인 남의사藍衣社의 두월생杜月笙과 왕아초는 양립할 수 없는 견원지간이어서 왕아초와 화균실은 홍콩으로 피신할 수밖에 없었다.

그 직전 일제는 상해 점령 전승 축하식 겸 일왕의 생일인 천장절天長節 기념식을 열기로 했고, 남화연맹은 이날을 그냥 보내지 않기로 결정했다. 기념식장인 홍구虹口공원(지금의 노신공원)에 폭탄을 투척하기로 한 것이다. 남화연맹의 정화암은 일본인 종군기자를 통해 기념식에 대한 자세한 정보를 들었다.

실행을 자청한 인물은 백정기였다. 백정기는 중국 최대의 도시 상해를 점령했다고 자만에 빠져 있는 일본군 고위장성들을 저승길 동무로 삼겠다며 그 의기가 대단했다. 그는 자신이 지금까지 살아온 것이 이 일 때문이었다고 하며 거사가 벌써 성공한 듯 기쁨에 들떠 있었다.

사실 이런 거사는 남화연맹이 적격이었다. 당시 백범 김구가 김오연金吾淵을 정화암에게 보낸 것은 남화연맹에서 거사를 준비하는지 탐문하기 위해서였다. 김구의 의도를 읽은 정화암은 거사계획이 없다고 잡아뗐다. 오히려 그는 역심문을 통해 임정의 윤봉길이 당일 11시 조금 넘어 거사한다는 정보를 입수했다. 11시경이면 식전에 참석한 외국사절들이 전부 퇴장하고 일본 고관들과 군인들만 남게 되므로 이때 투탄하려는 계획이었다. 외국과의 외교관계를 고려한 것이었다.

남화연맹은 임정보다 앞선 10시경에 폭탄을 던지기로 계획을 잡았다. 외국사절들에게 다소 피해가 있을지라도 나라를 빼앗긴 민족으로서는 당연한 저항이라고 판단했던 것이다.

왕아초에게서 폭탄도 입수했으니 남은 문제는 무사히 식장에 입장하는 것이었다. 한인이나 중국인은 물론 상해의 일본인 거류민들조차도 일본 영사관에서 발행하는 출입증이 있어야만 입장이 가능했다. 왕아초는 일본 영사관에 아는 사람이 있다며 출입증 정도는 쉽게 구할 수 있다고 호언했다. 당시 사건을 기획한 정화암의 회고를 보자.

4월 29일! 아침부터 비가 많이 내렸다. 백정기는 완전한 준비를 마치고 출입증만을 기다렸다. 그러나 출입증을 구해주겠다던 왕아초와 화균실로부터는 아무런 연락이 없었다. 시간은 자꾸 가는데 출입증은 오지 않으니 우리의 가슴은 설레었고 초조해졌다. 예정된 시간이 지나버렸다. 우리가 실망하고 있을 무렵, 일본인 종군기자가 헐레벌떡 뛰어왔다.

"당신들의 계획은 대성공을 했소. 지금 홍구공원이 아수라장이 되었소."

임정에서 통쾌한 거사를 해냈다. 그 종군기자는 우리가 그 일을 해낸 것으로 알고 취재하려고 뛰어온 것이다.

정화암과 백정기는 힘이 쭉 빠졌다. 일본인 종군기자의 생각과는 달리 임정 한인애국단 소속의 윤봉길이 벌인 거사였다. 백정기는 다 받아놓은 밥상을 놓쳤다는 듯 분해했고 정화암은 어쨌든 우리 민족이 던졌으니 마찬가지 아니냐며 그를 위로했다. 그 덕분에 살아 있지 않느냐는 말은 아무도 하지 않았다. 그들의 목숨은 이미 조국에 바친 것이었기에 조금이라도 영광된 자리에서 죽게 되기를 항상 갈구해왔던 것이다. 후일 정화암은 자신들이 실패한 원인을 이렇게 설명했다.

"그런데 결국 우리는 거사하지 못하고 백범은 성공하지 않았습니까? 그 차이는 이래서 났습니다. 백범은 단순한 분입니다. 그러므로 '윤봉길이 도시락으로 위장한 폭탄과 물통으로 위장한 폭탄을 들고 왜놈 옷에, 왜놈 게다 신은 채, 왜놈으로 행세해 통과시키면 들어가서 거사하고 통과시키지 않으면 거기서 분풀이하면 되지 않겠는가? 어떤 쪽이든 큰일을 터뜨리면 되는 것 아닌가? 더 따질 것이 무엇이냐?' 하고 생각했던 것입니다. 그래서 성공했던 것입니다."

윤봉길의 거사로 상해 방면 일본군 최고사령관 시라카와 대장이 즉사했고, 제3함대 노무라[野村吉三郞] 사령관은 눈알이 빠졌으며, 96사

김구(왼쪽)와 윤봉길(오른쪽), 윤봉길의 시계(맨 오른쪽).
1932년 상해 홍구공원 폭탄투척사건은 김구가 조직한 한인애국단 소속의 윤봉길이 벌인 거사였다. 사진의 시계는 윤봉길이 거사 직전에 김구의 시계와 바꾼 것이라고 한다.

단장 우에다는 발이 잘렸다. 그뿐만 아니라 상해 주재 일본 공사 시게미즈 마모루[重光葵], 총영사 무라이[村井倉松], 상해 일본인 거류민단 서기장 토모노[友野盛] 등도 중상을 입었다.

사건 직후 상해 일본 영사관은 폭탄거사의 배후를 남화연맹이라고 지목했다. 사건이 일어나자 전 상해에 남화연맹에서 벌인 일로 소문이 났던 것이다. 일본 영사관 경찰은 이회영과 정화암 등을 체포하려 했다. 그때 백범 김구가 통신사를 통해 성명을 발표했다.

"나 백범 김구는 한국 황해도 안악 땅에서 맨손으로 왜군 쓰지다 대위를 때려 죽여 민 황후의 원수를 갚았으며, 나 김구가 애국단원 이봉창과 윤봉길을 시켜 일황 저격사건과 상해 홍구사건을 일으킨 것일 뿐 다른 한국 기관이나 한국인이 관련된 사실은 없다."

임정 산하 한인애국단 소속의 거사라는 것을 알게 된 일제는 프랑

남상.
윤봉길의 거사로 일제의 감시망이 조여오자 이회영은 멀리 도망가는 대신 상해 근교의 남상으로 피신했다.

스 조계까지 들어와 임정 관련자들을 잡으려고 혈안이었다. 미리 연락을 받은 임정 요인들은 모두 피신했으나 미리 연락받지 못한 도산 안창호는 프랑스 조계 보강리寶康里의 교민회장 이유필李裕弼의 아들과 만나기로 한 약속을 지키러 가다가 체포되고 말았다. 그런데 이유필은 체포되지 않고 안창호만 체포되었다고 해 물의가 일었다. 이유필이 밀정이 아니냐는 의심을 받았던 것이다. 하지만 이유필도 이듬해 체포되어 3년형을 복역하면서 사실무근으로 밝혀졌다.

윤봉길의 거사는 이회영도 위험하게 했다. 그러나 이회영은 멀리 도망가는 대신 상해 근교의 남상南翔으로 피신하는 길을 택했다. 그곳에는 유자명이 교편을 잡고 있는 농촌학원이 있었는데 인적이 드문 곳이었다. 그리고 남화연맹은 계속 상해에 남기로 했다. 임시정부가 피신한 상해에는 남화연맹만 있는 셈이었다.

11 무장투쟁의 길과 순국

무장투쟁의 길로

윤봉길의 거사는 한인들의 항일의지를 세계에 과시한 쾌거였으나 그렇다고 상해를 점령한 일본군이 물러갈 리는 없었다. 남화연맹은 상해를 떠나지 않았으나 일본군이 점령한 상황에서 활동공간은 극히 좁아졌다. 일제가 더욱 기승을 부리는 것은 물론 중국 내부 사정도 어려워졌다. 왕정위 외교부장 저격사건을 왕아초가 주도한 사실이 드러났고 한인 아나키스트들에게도 악영향이 미쳤다. 자칫 잘못하면 중국 내부의 분쟁에 휩싸여 한인들이 희생될 가능성이 커졌다.

　이회영은 이 위기를 정면으로 돌파하기로 했다. 상해를 떠나 만주를 새로운 운동무대로 삼기로 한 것이다. 당시 만주는 일제가 완전히 점령하고 있었으므로 어떤 면에서는 상해보다 더 위험했다. 그러나 이회영의 고집을 꺾을 수 없었다. 『우당 이회영 약전』에서는 이회영이 이렇게 말했다고 전한다.

인간으로 세상에 태어나서 누구나 자기가 바라는 목적이 있네. 이 목적을 달성한다면 그보다 더한 행복은 없을 것이네. 그리고 그 목적을 달성하기 위해서 그 자리에서 죽는다 하더라도 이 또한 행복 아닌가. 남의 눈에는 불행일 수도 있겠지만 죽을 곳을 찾는 것은 옛날부터 행복으로 여겨왔네. 같은 운동선상의 동지로서 장래가 만 리 같은 귀중한 청년자제들이 죽음을 제 집에 돌아가는 것으로 여겨 두려움 없이 몇 번이고 사선을 넘고 사지에 뛰어드는데, 내 나이 이미 60을 넘어 70이 멀지 않았는가. 그런데 이대로 앉아 죽기를 기다린다면 청년동지들에게 부담을 주는 방해물이 될 뿐이니 이것은 내가 가장 부끄러워하는 바요, 동지들에게 면목이 없는 일이네.

이 말에는 평생을 비타협적으로 항일저항운동에 바친 이회영의 진면목이 잘 나타나 있다. 이회영이 중국에 망명한 것은 '이 목적'을 달성하기 위해서였다. '그 목적을 달성하기 위해서 그 자리에서 죽는다 하더라도 이 또한 행복 아닌가'라는 말에는 이회영의 철학이 담겨 있다. 결과보다 중요한 것이 과정이라는 인생관이었다. 올바른 목적을 설정하고 그것을 달성하기 위해 살아가는 것이 참인생이라는 뜻이다. 이회영이 중국으로 망명한 목적은 항일무장투쟁과 교육입국을 위한 것이었다. 항일무장투쟁으로 나라를 되찾고, 되찾은 나라를 바로세우기 위한 교육이 이회영이 평생에 걸쳐 실천한 삶이었다.

이회영은 만주로 가서 항일무장투쟁을 전개하기로 결정했다. 『우당 이회영 약전』과 정화암의 회고록 『이 조국 어디로 갈 것인가』에서는 이회영이 중국 국민당의 거물인 오치휘와 이석증을 만나 이 문제를 논의했다고 전한다. 만주로 가려 한다는 이회영의 말에 두 중국인 아나키스트는 이렇게 답변했다.

"만주는 중국 못지않게 한국도 이해관계가 깊고 더욱이 백 만의 교민이 살고 있으니 한국인들이 조금만 힘을 모아 도와준다면 중국으로서도 만주 문제 해결에 매우 큰 도움이 될 것이오. ……만약 한국인들이 만주에서도 상해 홍구공원에서 윤봉길 의사가 일으킨 것과 같은 의거를 일으키며 광범한 항일전선을 펼 수 있다면 장래에 중국 정부로서도 당연히 만주를 한국인들의 자치구로 인정해야만 하지 않겠습니까?"

만주를 한국인들의 자치구로 인정하겠다는 말에 이회영은 고무되었다. 만주는 역사적으로 한민족의 고토였다. 그러나 문제는 역시 자금이었다. 이회영이 되물었다.

"한국인들을 단결시켜 한·중 공동전선을 펴는 것은 가능할지 모르지만, 항전의 필수요소인 무기와 재정이 우리에게 결여되어 있다는 것은 그대들도 잘 아는 바가 아닙니까?"

오치휘와 이석증이 답변했다.

"그대들처럼 물욕과 영예를 모르는 담백한 무정부주의자들이 중심이 되어 온 힘을 기울일 결심이라면, 우리가 장학량에게 연락하여 자금과 무기를 제공하도록 해줄 것이며, 또 장학량의 심복으로 만주에 남아 있는 인물들에게 비밀연락이 되게 알선해주겠소."

만주군벌 장학량이 도와준다면 큰 도움이 될 것이었다. 1931년 만주사변 당시 장학량은 북경의 협화의원協和醫院에서 신병을 치료하고 있었다. 사실 일본군의 만주 침략은 충분히 예견된 일이어서 일제 도발 직전인 9월 12일에 장학량은 장개석의 요청으로 북경 근교 석가장 石家庄에서 회동해 이에 대해 논의했다. 이때 장개석은 일본군이 도발 하더라도 즉각 응전하지 말고 국제연맹에 제소하는 외교적 방식을 택 하자고 제안했고 장학량은 이를 받아들였다. 9월 18일 일본군의 도발 때 장학량이 휘하의 동북군에게 싸우지 말고 무저항, 철퇴를 명령한 것은 장개석과의 이런 합의에 따른 조치였다.

그러나 국제연맹은 이런 도발에 무력했고 일본은 도리어 상해까지 점령한 후 화북 이북으로 진출하려고 했다. 장학량은 이런 현실에 커 다란 불만을 가지고 일본군과 항전할 기회를 노리고 있었다. 이런 때 에 백만 교포의 지원을 받을 수 있는 한인 아나키스트들의 가세는 만 주 정세에 큰 변수가 될 수 있었다. 정화암의 회고록에 따르면 이석증 을 통해 이런 제안을 받은 장학량은 며칠간 고민하다가 무기 공급을 해주기로 승낙했다고 한다.

이 통보를 받은 이회영은 만주로 떠나려 했으나 젊은 아나키스트들 이 계속 반대했다. 『우당 이회영 약전』에서는 이때 이회영이 만주행 제1진론을 꺼냈다고 한다.

"내 늙은 사람으로서 덥수룩하게 궁색한 차림을 하고 가족을 찾아 간다고 하면, 누가 나를 의심하겠는가? 내게 무슨 증거될 일이 없지 않 은가? 그리고 나는 만주에 가면 곧바로 사위 장기준에게 의탁할 수 있 으니 주거에 관한 걱정도 없지 않은가? 내가 먼저 가서 준비공작을 해 놓을 테니 그대들은 내가 연락을 하거든 2진, 3진으로 뒤따라오라."

이회영의 고집을 꺾을 수 없음을 안 아나키스트들은 그의 만주행에 동의할 수밖에 없었다. 이회영과 아나키스트들은 만주에서 할 일을 상의해 결정했다.

① 만주에 조속히 연락 근거지를 만들 것.
② 주변정세를 세밀히 관찰하고 정보를 수집할 것.
③ 장기준을 앞세워 지하 조직을 건설할 것.
④ 일본 관동군 사령관 무등武藤(무토)의 암살계획을 세울 것.

이회영이 만주에 무사히 도착했다고 연락하면 남화연맹은 즉시 오치휘와 이석증에게 연락해 장학량과 연결한 후 한·중·일 세 나라 아나키스트들이 만주로 가서 유격대를 조직하기로 결정했다.

그런데 최근 중국 쪽에서 나온 사료들을 살펴보면 이회영이 지금까지의 기록보다 훨씬 치밀하고 조직적인 계획하에 만주로 떠났음을 알 수 있다. 먼저 장홍張泓 주편主編의 『동북항일의용군－요녕권遼寧卷』에 따르면 당시 동북민중항일구국회東北民衆抗日救國會에서 상위常委 총무조장을 담당하고 있던 중국인 노광적이 이회영을 만났다고 한다. 노광적은 9·19사변으로 일본군이 만주를 점령한 후 만주에서 북경을 거쳐 상해로 왔는데 어느 날 저녁 이회영이 찾아왔다는 것이다. 이회영은 20여 세 아래의 노광적에게 이렇게 말했다.

"나는 전에 통화에 산 적이 있소. 일본이 만주를 침략했으니 한국인과 중국인은 당연히 연합해서 항일투쟁을 전개해야 하오. 일본인은 중·한 관계를 파탄내기 위해서 우리들로 하여금 서로 살상하게 함으로써 어부지리를 꾀하려 하고 있소."

이회영은 이런 상황에서 자신이 하려는 일에 대해 설명했다.

"우리는 암살단과 무장부대를 조직해야 하며 또 일본 천황 등을 제거할 필요가 있소."

암살단을 조직해 일본 천황 등을 제거하고 무장부대를 조직해 만주를 점령한 일본군과 맞서 싸워야 한다는 주장이었다. 그러면서 이회영은 장학량을 만나고 싶다고 했다. 이회영이 장학량을 만났다는 기록은 없지만 앞서 설명한 대로 장학량은 무기를 공급해주겠다고 승낙했다. 노광적은 동북민중항일구국회에서 팽진국彭振國을 상해로 파견하자 이회영을 만나도록 주선하고 또 거물급 인물인 동북난민구제회 이사장 주경란朱慶瀾도 만나게 해주었다. 1932년 주경란이 북경에서 요길흑遼吉黑(요녕성·길림성·흑룡강성)민중후원회를 결성했는데 이때 이회영은 북경으로 와서 봉천회관에 있던 노광적을 만난 것이다.

『동북항일의용군』에 따르면 이회영은 이런 과정을 거쳐 요녕민중자위군 총사령 당취오唐聚五(1891~1939년)와 연결되었다고 한다. 당취오는 장학량 휘하의 장수로 1932년 3월 환인현에서 열린 비밀회의에서 요녕민중구국회와 요녕민중자위군을 결성하고 군사위원회 위원장과 요녕민중자위군 총사령에 선임되었다. 장학량과 연결되어 있는 당취오가 지휘하는 요녕민중자위군은 급속도로 세력을 확장해 37로군의 군사는 20만 명이나 되었다. 당취오의 부대는 한국의 양세봉梁世奉이 지휘하는 조선혁명군과도 연계해 투쟁했다.

이회영은 이런 당취오 부대와 연계해 항일무장투쟁을 전개하기 위해 만주로 가려는 것이었다. 이런 구상이 실현된다면 전황은 과거와는 전혀 다르게 전개될 가능성이 컸다. 명실상부한 한중연합군이 결성되는 것이고, 만주의 수많은 교포들도 대거 입대할 것으로 예상되었다.

정화암은 당시 이회영에게 이렇게 주의를 주었다고 전한다.

"선생님이 꼭 만주로 가시겠다니 더 이상 만류는 하지 못하겠습니다. 그러나 지금 이곳 사정도 마찬가지지만 만주 사정도 과거와는 크게 달라서 위험합니다. 만주에 안착하실 때까지 아무리 친한 사람에게라도 만주로 가신다는 말씀을 절대로 하지 마십시오."

이회영은 평생을 혁명가로 살아 보안의식이 몸에 배어 있었다. 그러나 꼭 만나고 가야 할 사람이 있었다. 둘째 형 이석영이 근처에 살고 있었다. 생전에 다시 볼 수 있을지 알 수 없는 터에 작별인사도 하지 않고 떠날 수는 없었다.

이회영이 아들 이규창과 함께 찾아갔을 때 이석영은 혼자가 아니었다. 연충렬延忠烈과 이태공李太公이란 청년이 함께 있었다. 연충렬은 임정 요인 엄항섭의 처조카이고, 이태공도 임정 요인의 친척이었다. 이회영은 이석영에게 작별인사를 했다.

"어디 가는가?"

"예, 만주로 가려 합니다."

이석영과 이회영은 칠순이 다 된 나이에도 정처 없이 유랑해야 하는 망국민의 신세를 한탄하며 헤어졌다. 그러나 이회영은 희망에 차 있었다. 이제 무장투쟁다운 무장투쟁을 전개할 수 있다고 생각했던 것이다. 그는 무장투쟁으로 일본군을 내쫓는 '이 목적'을 달성하기 위해서라면 죽어도 좋다고 생각했다.

운명의 만주행

1932년 11월 초, 달빛이 환한 밤이었다. 이회영은 아들 이규창과 단 둘이 상해의 황포강 부두로 향했다. 이규창은 이회영과 함께 영국 선적인 남창호南昌號에 올랐다. 허름한 중국옷을 입은 이회영이 자리 잡은 곳은 제일 밑바닥인 4등 선실이었다. 이규창은 부친이 무사히 안착하기를 빌며 큰절을 올린 후 배에서 내렸다. 이윽고 기선이 대련을 향해 출발하는 것을 보고 이규창은 백정기와 엄형순의 숙소로 가서 부친이 떠났다고 전했다.

이회영은 흔들리는 남창호 밑바닥에 자신의 몸을 맡겼다. 1910년 망명한 때로부터 만 22년의 장구한 세월을 오직 한 가지 목적을 위해 살아온 이회영은 그간 숱한 고초를 겪었지만 이제 새로운 투쟁의 역사가 열릴 것이라고 여겼다.

만주로 출발하기 직전 이회영은 서울에 있는 부인 이은숙에게 자신이 상해를 떠난다는 사실을 편지로 알렸다. 이은숙의 『서간도시종기』에는 이와 관련된 내용이 실려 있다.

> ……하루는 상해에서 가군(이회영)의 편지가 왔는데 별말씀 없으시고 다만 몇 자뿐으로, "지금 신지新地(새로운 곳)로 가서 안정이 되면 편지한다" 하시고는, "지금 떠나니 답장 말라"고 하셨다. 어찌된 일인지 놀랍고도 궁금하여 우관又觀(이정규) 선생께 가서 편지를 보이고는 어떻게 된 영문이냐고 물었더니, 그분 역시 생각하시면서, "아마 만주는 못 오실 것이고, 남경으로 가시는 모양이오" 하며 궁금해하신다. ……이 편지는 10월(음력) 상순에 왔는데 회답도 할 수 없고, 마음이 산란하기가 한량없어 그날부터 침식이 불안하였다.

국내에 있던 이정규도 이회영이 만주로 가리라고는 상상하지 못하고, 중국 정부를 따라 남경으로 간다고 생각했다. 그러나 이회영에게는 일가 모두가 집단 망명한 것, 삼한갑족으로 아나키스트가 된 것,

66세의 노구에 무장투쟁을 전개하러 만주로 가려는 것 등 사람들의 상상을 뛰어넘는 파격적인 면이 있었다.

최근 발견된 '동북의용군사령부' 명의의 문건은 "동북항일의용군 창시인 이회영은 중화민국 21년(1932년) 11월 8일 조직위의 파견으로 배를 타고 상해에서 출발했다"고 하며 이회영을 '동북항일의용군'의 창시자로 기록해놓았다. 또한 『동북항일의용군-요녕권』은 "의용군 제3군단 지휘부는 이회영에게 요동에서 배치할 구체적 임무를 주었다"고 전하기도 한다. 의용군 제3군단 지휘부와 연합해 무장투쟁을 전개하러 간다는 뜻이다.

이규창은 만주에서 도착 편지가 오기를 매일같이 기다렸다. 그러나 편지는 오지 않았다. 마침내 전보가 왔는데 만주가 아니라 국내에서였다. 그것도 아버지 이회영이 아니라 어머니 이은숙이 이규학에게 보낸 전보였다. 전보는 간단했으나 너무나도 충격적인 내용을 담고 있었다.

11월 17일 부친이 대련大連 수상경찰서水上警察署에서 사망.

청천벽력 같은 일이었다. 이규창은 곧 백정기에게 이 전보를 보였다. 깜짝 놀란 백정기는 일단 국내 모친께 서신을 보내 자세한 내막을 알아보라고 말했다.

이은숙의 자서전 『서간도시종기』에는 좀 더 자세한 내용이 실려 있다.

······현숙을 데리고 통동通洞서 경경불매耿耿不寐(마음에 걱정이 있어 잠을 못 이룸)하고 있는 지가 7, 8일이 되는 10월(음력) 19일, 신경新京(장춘) 여

식(규숙)한테서 편지가 오기를, "오늘 영사관(일본)에서 저에게 조사를 하러 왔는데, 아마 아버님께서 저에게로 오시다가 대련 수상경찰에 피착被捉된 것 같으니, 어머님께 조사가 오거든 다른 말씀 마시고 딸이 신경서 산다고만 하세요" 하는 내용이었다. 하도 놀랍고 마음이 초조해 즉시 편지를 가지고 가서 우관께 여식 편지를 보이니, 우관께서도 놀라며, "선생님께서 어쩌자고 만주로 오셨단 말인가?" 하시고는 걱정스러워 하더니, "어쩌면 그놈들이 우당장께서 상해를 떠나셨다는 소문을 듣고 우리네 뒤를 떠보는지도 모르니 며칠 더 기다려 봅시다. 아무리 생각해봐도 북만은 왜놈들 기세가 잔뜩 차서 오실 수가 없었을 것이니, 너무 걱정 말고 기다려 봅시다" 하거늘, 우관 말씀을 듣고 일분 안심이 되나 어찌 마음 놓을 수가 있으리오. ……밖에서, "현숙아!" 부르시는 음성이 시외숙모시라, 급히 나가보니 시외숙모께서 전보를 주시면서, "신경에서 통동으로 전보가 왔다고 가져왔기에 내가 왔다" 하시며 전보를 주고 가신다. 어떤 전보인가 하고 의당 선생에게 주었더니, 선생이 보시더니, "이게 웬일인가? 내가 전보를 잘못 보았나. 이 전보에는 선생님께서 오늘 오전 다섯 시에 돌아가셨다고 하는데, 내가 일어日語를 잘 모르니 어디 내가 우편국에 가서 자세히 알아보고 오겠다" 하시고 황망히 나가셨다. 좀 있다가 들어오시면서 말을 못 하시고는 낙루하시며, "정말 돌아가신 전보다" 하니, 슬프도다. 6, 7년을 고심열성苦心熱誠으로 수만리 이역에서 상봉할 날만 고대하였더니, 이런 흉보를 받게 될 줄이야. 하늘이 무너지는 듯 호천망조呼天罔措하며 붕성지통崩城之痛(남편의 죽음을 슬퍼하여 우는 아내의 마음)을 당한 이내 박명 무슨 낯을 들고 다니리오.

대련항 부두.
이회영은 중국군과 연합해 항일무장투쟁을 전개하기 위해 상해를 떠나 만주로 가려고 했으나 요동반도 남단부에 있는 대련항 부두에서 체포되었다.

믿기 어려운 일이었다. 이회영은 좀처럼 흔적을 남기지 않았다. 그렇기에 만주와 북경, 천진과 상해를 넘나들면서도 한 번도 체포되지 않았던 것이다. 이회영은 이렇게 쉽게 체포될 인물이 아니었다.

당시 국내에는 이 사건에 대해 의견이 분분했다. 『만주일보滿洲日報』에 "거동이 수상한 노인이 사망했다"는 보도가 실렸는데 국내에는 그 노인이 이회영이라는 설로 변하면서 의혹이 증폭되었던 것이다. 그래서 대련 관동청關東廳 경무국은 "18일자 『만주일보』에 그 노인이 목매 죽은 듯이 게재하였으나 그 기사의 내용은 오보"이며, "피의자 자살 운운은 전연 사실이 없는 것이며 이환광이라고 한 것도 실상 그 이름이 아닐뿐더러 이회영이라는 사람도 아니다"라고 국내 기자에게 전화로 밝혔다.

당시 『동아일보』와 『조선일보』, 『중앙일보』 등 국내 신문들은 '대련 수상서 유치중 괴怪! 액사縊死(목매 죽음)한 노인', '배에서 내리자 경찰에 잡혀서 취조 도중 유치장 창살에 목매 죽은 이상한 노인', '○○운동의 중대인물' 등의 제목으로 이 사건을 연일 크게 보도했다. 좀 더 자세한 내용은 1932년 11월 21일자 『중앙일보』를 통해 살펴보자.

지난 17일 새벽 대련 수상서 유치장에서 취조 중의 조선 노인 한 명이 감방 창살에 내건 빨랫줄로 목을 매어 자살한 사건이 돌발해 그날 아침부터 대련 수상서는 당황한 빛을 띠워 긴장한 공기에 싸여 있다. 지난 5일 상해로부터 입항한 영국 배 남창호를 수상서에서 임검할 때 동서同署 고등계 도코시마[床島] 특무特務가 거동이 수상한 4등 선객 한 명을 발견하고 그의 주소 씨명을 물었는바 그는 산동성 제남濟南의 양楊이라는 중국인이라고 함으로 동 특무는 그의 언어 행동이 중국인으로 간주하기 어려운 데다가 얼마 전부터 상해, 천진 방면의 불온 조선인의 책동을 엄계하여 오던 끝임으로 즉시 본서로 인치하여 엄중 취조한 결과 그는 조선 경북 출생의 이환광李煥光(67세)이라고 자칭하고 중국 각지를 굴러다니며 ××청년당青年黨 기타 불온 조선인과 내왕하던 사실도 있는 것 같아서 동 서에서는 중요 인물로 간주하고 계속 취조를 엄중히 하였던바 그 후 취조에도 여전히 중국 내지의 친구들을 방문하였을 뿐이라 하고 그 외에는 함구불언하였다. 그래서 16일 밤에도 때마침 후쿠다[福田] 고등계 주임이 당직이었음으로 오후 11시까지 취조를 한 후 제2호 유치장에 구금하였던 바 17일 오전 5시 20분경 드디어 전기와 같이 자살을 한 것이다.

또 다른 보도로는, '우당 이 노인의 서거는 사실로 판명', '그동안 억측구구하던 이회영 씨 서거설은 사실로 판명되었다', '유해는 화장까지 하여' 등의 제목으로 게재되었다. 그중 1932년 11월 24일자 『중앙일보』 보도를 보자.

우당 이회영 노인의 서거설에 대하여 여러 가지로 풍설이 구구하던 터인데 23일 아침 신경新京에 있는 그의 따님 규숙 씨로부터 서울에 있는 그의 자당과 오빠 되는 규룡圭龍 씨에게 확실한 부음을 전해왔다 한다. 그 기별의 내용에 의지하면 우당 노인은 지난 5일 상해로부터 대련에…… 상륙하려는 즈음에 수상경찰서원에게 체포를 당해 주소 성명 등을 심문하매 씨는 낙양洛陽 땅에 사는 양모楊某라 자칭하였으나 여러 가지로 경찰의 의혹을 받아 마침내 대련 경찰서에 유치되었다. 그리하여 누차 경찰의 취조를 당하면서도 노장한 기개로 한마디 진술과 답변이 없었으며 사상적으로 불굴 침착한 점에는 취조하는 계원들도 놀랐는데 아무리 취조해도 도리가 없음으로 동 서 후쿠다 고등계 주임은 심문의 방침을 고쳐 본적지로 신분을 조사케 하는 일방 그의 행선지와 목적지 등까지 일일이 조사할 수 있는 데까지 조회하려 하였으나 일체를 함구불언함으로 취조도 일시 중단하고 말 형편이었다 한다. 그런데 지난 17일 아침 다섯 시경에 이르러 그가 감금되었던 제2감방 속에서 3척 여의 노끈으로 자일[自縊?]하였다는 바 이 급보를 들은 중국 검찰관은 향취香臭 의사를 대동하고 동일 아침 아홉시 반경에 실지 검진을 마치고 시역소市役所로 넘기어 가매장假埋葬한 후 신경에 있는 그의 따님 규숙 씨에게 이 사실을 통지하였던바, 이 비보를 들은 규숙 씨는 19일 대련에 이르러 그 유해를 다시 화장하여 유골을 신경으로 가져왔다 하며 유족으로는 서울에 있는 이규룡李圭龍(우당 장자) 씨만 23일

대련 수상경찰서.
66세의 노인 이회영은 혹독한 고문을 받았으나 끝내 함구했다. 죽음을 각오한 항거였고, 동지들을 지키기 위한 외로운 투쟁이었다.

밤 11시 경성 역발 열차로 신경에 향할 터이라 한다.

이 신문보도에서 '자일[自縊?]'이라고 의문부호를 쓴 것은 이회영이 고문치사당하지 않았느냐는 의문을 제기한 것이다. 당시 일제, 특히 독립운동을 관할하는 고등계의 고문은 혹독하기로 유명했다. 대나무 꼬챙이로 손톱 밑과 발톱 밑을 찌르는 것은 고문의 전초전에 지나지 않았다.

그런데 지금껏 이회영의 사망지가 대련으로 알려져 왔으나『동북항일의용군-요동권』에서 "불행히도 일본 대련 수상경찰국에 체포되어 여순감옥에 투옥된 후 적에게 살해되었다"고 전하는 것처럼 여순감옥이었을 가능성이 높다.

　국내 신문보도에서는 이회영이 대련에 도착한 것이 5일이며 그가 사망한 때를 17일로 적은 반면, '동북의용군사령부' 명의의 문건에는 11월 8일 상해를 출발해 11월 13일 대련 수상경찰서에 체포된 것으로 기록되어 있다. 이 기록은 의용군 측에서 이회영을 맞으러 나갔던 사람들이 1932년 11월 22일에 의용군 사령부에 보고한 기록이란 점에서 더 정확할 것이다. 이 문건은 당시 북평에 있던 동북민중항일총지휘부에서 동북의용군사령부에 이회영의 파견 사실을 통보했고, 의용군 측에서는 김효삼金孝三, 김소묵金小默, 양정봉梁貞鳳, 문화준文華俊 등 네 명을 대련으로 파견해 이회영을 맞이하게 했다고 전한다.

　대련 부두로 나간 이들은 이회영 등이 일제 경찰에게 체포되는 것을 목도했다. 그래서 다방면으로 이회영을 구하려 했으나 아무 소용이 없었다고 보고했다. "반도叛徒(반역자)가 팔아넘겼다"는 것이었다. 이 문건은 또 11월 17일 이회영의 사망 사실을 신경(장춘)에 있는 이회영의 딸 이규숙에게 통보한 것도 자신들이라고 했다. 이은숙의 자서전에는 일본 영사관에서 통보한 것으로 기록되어 있으나 일본 영사관에서 장기준과 이규숙 부부의 거처를 알았으면 그냥 두었을 리 없다. 또한 중국 검찰관이 통보했다는 국내 신문의 기사로 봐서 여순감옥 내의 중국인 조직들이 통보했을 가능성이 크며, 이 조직이 일본 영사관을 사칭했을 수도 있다.

　66세 노인 이회영은 혹독한 고문에도 끝내 함구했다. 일제는 본적지를 조회하려 했으나 그 자체도 이회영은 거부했던 것이다. 죽음을 각오한 항거였고, 젊은 동지들을 지키기 위한 칠순 노인의 외로운 투쟁이었다.

이회영이 고문사했다는 것은 그의 시신을 목격한 딸 이규숙의 증언에서도 드러난다. 다시 이은숙의 자서전을 보자.

여식 규숙이가 대련에 도착하여 바로 수상경찰서를 찾아가 저의 부친 함자를 대니, 형사들이 영접은 하나 꼼짝을 못 하게 지키고는, 여러 신문 지국장들이 여식을 면회하자고 청하나, 형사들이 허락을 안 해주니 어찌하리오. 당시 여식 연령이 22세로 저의 부친께서 고문에 못 이겨 최후를 마치셨다는 의심을 가지고…… 형사가 시키는 대로 시체실에 가서 저의 부친 신체를 뵈었다. 옷은 입으신 채로 이불에 싸서 관에 모셨으나 눈은 차마 감지를 못 하시고 뜨신 걸 뵙고 너무나 슬픔이 벅차기가 막힌데, 형사들은 재촉을 하고 저 혼자는 도리가 없는지라. 하는 수 없이 시키는 대로 화장장火葬場에 가서 화장을 하고 유해遺骸를 모시고 신경으로 왔으니 슬프도다.

이규숙의 현장 증언을 들은 이규창도 자서전에 이렇게 썼다.

"규숙 누님이 급히 대련 경찰서로 가 그놈들에게 사정을 문의하니 폐일언하고 자결하였으니 화장하여서 유해를 가져가라고 위협 공갈까지 하며 강제로 시체를 대강 누님에게 보이고 중국 의복 따파오[大袍], 모자, 신발만을 갖게 하고 안면을 확인시키고 화장하여버렸다. 안면을 확인할 때 선혈이 낭자하였고 따파오에도 선혈이 많이 묻어 있었다고 한다."

이규숙의 이러한 증언들은 이회영이 일제 고등계 형사들에게 고문사했음을 말해준다. 『동아일보』 1932년 11월 24일자는 '의문의 마승麻繩(삼노끈) 출처'라는 제목으로 이회영이 자살했다는 일제의 발표에

여순감옥(위), 이회영의 옷과 신발(아래).
지금까지 이회영은 대련 수상경찰서에서 고문사당했다고 알려져 있으나 최근 밝혀진 기록에 따르면 여순감옥에 투옥된 후 순국했을 가능성이 높다. 옷과 신발은 당시 이회영이 착용했던 것이다. 독립기념관 소장.

의문을 제기하기도 했다.

"그가 칠순의 노령으로 자결한 데 대하여 그가 생전에 한마디 한 구절의 유언도 남기지 않고 돌아갔기 때문에 억측을 허할 수 없으나 이에 대한 대련 경찰서 측의 말에 의하면 그의 자결에 사용된 삼노끈의 출처를 아직 알 수 없으므로 그는 만일의 경우 죽음을 각오하였던 것 같으며 그의 죽음은 어떠한 크나큰 비밀을 숨기기 위한 것이 아닌가 추측된다 한다."

칠순 노령의 이회영이 고문당한 이유는 이 '비밀'에 있었다. 만에 하나 그가 자결했다고 해도 이는 타살이지만 이회영은 유언 한마디 없이 자결할 인물은 아니었다. 철저하게 감시했을 일본 경찰들이 삼노끈 반입을 허용했을 리 없다. 고문사하자 당황해서 자결한 것으로 위장했던 것이다. 이는 부랴부랴 이회영의 시신을 화장해 고문사의 흔적을 남기지 않은 것에서도 알 수 있다.

1932년 11월 17일. 우당 이회영은 이렇게 여순감옥에서 인간해방, 민족해방의 제단에 자신의 몸을 바쳤다. 삼한갑족의 후예로 태어나 전 재산과 생애, 목숨까지 인간해방, 민족해방에 바친 것이다.

밀고자들

이회영이 체포된 것에는 커다란 비밀이 담겨 있었다. 그의 체포와 죽음에 밀정이 관련되어 있었던 것이다. 젊은이도 아니고 고령의 노인을, 그것도 수많은 중국인 선객 중에 그를 정확히 집어내 심문했다는 것은 대련 수상서에서 그가 온다는 사실을 미리 알고 있었다는 뜻이다.

그래서인지 그의 사후 상해 한인사회에 이회영이 밀정 때문에 희생되었다는 소문이 퍼져나갔다. 당초 남화연맹에서는 이 소문을 무시해버리려고 했다. 너무 엄청난 내용이었기 때문이다. 그러나 무시해버리기에는 소문의 내용이 구체적이었다.

당초 밀정으로 거론된 인물은 위혜림韋惠林이었다. 위혜림은 독립운동세력에게 일본 영사관 측의 정보를 주던 인물이었다. 정보를 수집하자니 이쪽의 정보도 일부 주는 경우가 있었는데, 그만 주어서는 안 될 정보를 준 것이 아닌가 하고 의심했던 것이다.

위혜림은 자신의 결백을 밝히기 위해서라도 반드시 그 밀정을 알아내겠다고 다짐했다. 위혜림의 조사 결과 포착된 인물이 바로 이태공과 연충렬이었다. 이회영이 작별인사차 이석영을 찾아갔을 때 함께 있던 자들이었다.

정화암과 백정기, 엄형순은 이규창에게 두 사람을 유인하라고 했다. 이규창은 연·이와 상해 한인청년당, 한인소년동맹 등에서 같이 활동했기 때문에 잘 아는 사이였다. 그러나 윤봉길 의거 이후 각자 활동을 중단한 채 분산되어 만나는 게 쉽지 않았다. 또한 일제가 상해를 점령한 상황에서 자칫하면 체포될 위험이 있었으므로 마음대로 돌아다닐 수도 없었다.

이규창은 이태공과 연충렬이 다닐 만한 곳으로 찾아다니던 중 드디어 그 둘을 만났는데, 그것도 공교롭게도 중부仲父 이석영의 집에서였다.

이규창은 태연하게 이런저런 이야기를 하다가 불쑥 이런 말을 꺼냈다.

"과거처럼 청년단체를 조직해서 독립운동을 다시 시작해야 하지 않겠는가?"

"우리도 그런 생각을 했네. 같이 일하던 청년동지들을 모으세."

두 사람은 대뜸 반색하며 서두는 기색까지 보였다. 이규창이 다시 말을 이었다.

"조직을 재건하려면 많은 준비와 자본이 필요하네. 게다가 우리를 후원해줄 선생님도 필요하네. 그러니 이틀 후에 이 자리에서 다시 만나세."

이규창은 백정기와 엄형순을 만나 회동 결과를 설명했다. 이들은 후원자로 백범 김구와 다른 두 요인의 이름을 대기로 결정했다.

이틀 후 이규창은 이석영의 집에서 그들을 다시 만나 백범 김구를 비롯한 임정 요인 두 명이 후원자가 되기로 했다고 전했다. 그들은 뛸 듯이 기뻐했다.

"며칠 후 백범 선생님과 다른 분들을 만날 장소를 정하세. 거기에서 그분들을 만나 뵙고 우리 조직의 재건 문제와 독립운동 방향을 결정하세."

이태공과 연충렬은 대찬성이었다.

며칠 후에 이규창은 상해 근교의 남상 입달학원立達學園을 만날 장소로 지정했다. 입달학원은 아나키스트 유자명이 교편을 잡고 있는 곳으로 한적했기 때문에 남화연맹에서 밀정들을 처단할 때 주로 이용하는 장소였다. 또한 입달학원은 엄형순, 백정기, 양여주 등 아나키스트들은 물론 흥사단의 허평許平 등도 드나들며 체력단련도 하고 독립운동에 대한 계획과 실천 등을 논의하는 곳이기도 했다.

연충렬과 이태공은 김구를 만날 수 있다는 생각에 순순히 입달학원으로 왔다. 학원 내 연못에서 뱃놀이도 하고 술도 마시며 밤이 오기를 기다렸다. 밤이 오자 그들을 기다리고 있는 것은 김구가 아니라 남화연맹의 취조였다. 위혜림에게서 입수한 물증을 들이대며 추궁하자 그들은 울면서 잘못을 시인했다. 정화암, 백정기, 엄형순 등은 그들을 입달학원과 정거장 사이의 벌판으로 끌고 가 처단했다.

이처럼 이회영을 죽음으로 몰고 간 밀정들은 훗날 처단됐지만 이미 죽은 목숨을 되돌릴 수는 없었다. 이회영의 유해는 1932년 11월 28일 아침, 큰아들 이규룡이 모시고 경의선 장단 역長端驛에 도착했다. 서울에서는 이은숙 모녀 등 가족과 이득년, 유진태를 비롯한 평생 지기들 그리고 변영태卞榮泰, 장덕수張德秀, 여운형 등 독립운동가들이 왔고, 동아일보 편집국장 김철중, 조선일보 서승효徐勝孝 등은 사진기자를 대동하고 내려왔으며, 박돈서, 홍증식, 신석우는 평양까지 마중 나가 유해를 모시고 돌아왔다. 중국에서부터 함께 지내온 이정규는 노선생이자 노동지의 유해를 눈물로 맞이했다.

장단 역 창고에 영결식장을 배설했는데 그날 오후부터 눈발이 날렸고 밤이 가까워지자 바람이 심해졌다. 이은숙의 자서전을 통해 그날의 장면을 보자.

그날 오후부터 눈발이 날리면서 밤 초경初更이 되자 풍세風勢가 심하여 어찌나 추운지 영결식장에 배설해놓은 병풍과 차일이 다 날아가 혼잡을 이루니, 오호라, 가군의 영혼이 원통하여 이같이 하신다고 여러분들이 더욱 슬퍼들 하시더라.

이은숙이 지은 제문祭文은 더 애절했다.

……오호 통재라. 천생연분이 지중하던지 우리 종조 해관장의 중매던지, 무신戊申(1908년) 10월 20일에 가군과 결혼하여 천지에 맹세하

이회영 초상(위)과 이회영 묘(아래).
평생을 조국의 독립과 인간해방을 위해 목숨을 바친 이회영은 1962년에 건국훈장 독립장이 추서되었다. 서울시 동작구 동작동 국립현충원 소재.

고…… 암매무지한 처 생각에는 만주만 가서 생활하면 권구眷口가 단취團聚하여 지낼 줄 알았더니, 가군께서는 노령으로 조선 계실 때보다 10배나 더 분주하게…… 1일 1시나 가정에 계시지 않으셨죠. 계축癸丑(1913년) 정월 회초일晦初日에 가군이 홀연히 조선으로 가시면서, "내가 속히 돌아올 테니 그리 알라" 하시더니 다섯 해가 되어도 오지 않으셨지요. ……처가 참고 참다 못하여 정사丁巳(1917년) 5월에 유아남매를 대동하고 가군을 조선으로 찾아와서 여관 살림같이 설산雪山하고 지내다가 기미운동(3·1운동)에 미쳐서 가군은 북경으로 먼저 가시며 처더러 말씀하시기를, "추후 오라" 하셨지요. 3월경에 박돈서와 동반해서 북경에 도착하니 가군은 상해로 가시고 아니 계시기에 처가 여관 살림을 하면서 상해만 멀리 바라보고 고독히 지내더니…… 가군이 북경에 돌아와서 3천 리 타향에서 부부 상봉하고 인해서 살림을 시작하게 되니 든든하고 반갑기가 세상에 저 한 사람인 듯하였지요. 연약한 체질에 피로도 돌아보지 않고 사랑에 계시는, 가군 동지 수삼십 명의 조석 식사를 날마다 접대하는데 혹시나 결례가 있어서 빈객들의 마음이 불안할까, 가군에게 불명예를 불러올까 조심하고 지낸 것이 가군을 위한 것만 아니라 가군의 동지들도 위한 것이올시다. ……경제도 마련 없어 근근 부지하다 못하여 부부 의논하고, 혹시나 몇 동지 도움을 얻어 볼까 하고 을축乙丑(1925년) 7월에 조선으로 향하였더니 이날이 만고영결이 되었군요. 영결이 될 줄 알았더라면 같이 죽지 이 길을 택했으리요. ……임신壬申(1932년) 추秋 구월에 가군이 편지하시고, "내가 상해를 떠나 다른 지방으로 가니 편지 말라" 하셨기에…… 새벽이면 일어나서 가군의 귀체 강령하시고 만사형통을 심축心祝하고 이틀을 보냈지요. 10월 20일 밤에 몽사夢事에, 가군이 오색 비단옷을 입으시고 문으로 들어오는데 청아한 풍채가 신선이요 속인은 아닌지라, 처가 반겨 일어나서 영접하고, "제가 당신을 따라 가겠다" 하니 가군께서 말씀이, "아직은 나 있는 데 못 온다" 하시고 막연히 가시는지라, 처가 놀라 깨니 남가일몽南柯一夢이라. 오호 통재라. 그날 밤에 가군이 불측한 화를 당하시고 억울히 별세에 드시어 영백靈魄이 원한을 말씀코자 오신 걸 처가 업장業障 놓지 못하고 완맹하여 알지 못하였나이다. ……가군이 일생의 몸을 광복운동에 바치시고 사람이 닿지 못하는 만고풍상을 무릅쓰고 다만 일편단심으로 "우리 조국, 우리 민족" 하시고 지내시다가 반도강산의 무궁화꽃 속에 새 나라를 건설치 못하시고 중도에서 원통 억색해 운명이 되시니 오호 통재라. ……산천초목이 미망인의 슬픈 원한을 위로하는 듯, 천지가 무광無光하더라.

이회영의 유해는 개풍군 선영에 안장했는데, 하기락은 이회영의 일생을 이렇게 요약했다.
"민족주의 태내胎內에서의 무정부주의의 성장, 그 사상적 성숙, 그 투쟁단계 그리고 전시戰時의 전투체제로 전환 등의 과정을 우리는 우당이란 한 사람의 생애에서 읽어낼 수 있다. 우당의 최후는 이 과정의 마지막 단계에서의 장렬한 산화였다."

12 망명자들의 최후

만주로 간 선비들

국망에 선비의 처신으로 만주로 망명했으나 명가의 후예로서 만주생활은 결코 만만하지 않았다. 가장 먼저 만주 횡도촌에 도착한 정원하를 비롯해서 홍승헌, 이건승 같은 양명학자들은 1910년부터 망명객의 길을 걸었다. 홍문관 수찬 등을 역임한 수파守坡 안효제安孝濟가 이듬해 늦은 겨울 합류했는데, 그는 명성황후의 총애를 받던 무녀巫女 진령군眞靈君의 목을 베자고 상소했다가 제주 추자도에 유배되기도 했다. 안효제가 망명길에 나섰던 1911년, 그의 나이 62세 때였다. 노구로 고향인 경상남도 의령군 부림면에서 동토의 한반도를 걸어서 압록강 건너편 임강臨江현에 다다랐을 때 그의 두 다리는 이미 동상이 심해 얼어 터져 있었다. 이렇게 망명객들은 이미 병자가 되어 만주에 도착했지만 그들을 기다리고 있었던 것은 수토병이었다. '땅설고 물

설다'는 말이 얼마나 무서운가를 증명이라도 해주는 듯 수토병은 심각했다. 김동삼의 장남 김정묵金定默의 부인 이해동은 회고록『만주생활 77년』에서 수토병에 대해 적었다.

"식량 곤란으로 제대로 먹지 못한 데다가 그해는 날이 가물어서 사람이 마실 우물도 마르게 되었다. 굶주림으로 어른, 아이 모두 허기를 면할 정도이니 자연 몸이 쇠약해진 데다 식수까지 곤란하여 강물을 마시게 되었고, 심지어 나무뿌리에 괸 냉수를 먹다 보니 해동解凍과 더불어 풍토병이라는 질병까지 유행해서 노약자는 물론 젊은 사람도 목숨을 잃게 되었다."

1914년, 진천 출신의 홍승헌이 드디어 부서지고 말았다. 그는 그해 6~7월경에 이미 운신조차 어려웠다. 시신만이라도 고향에 모셔야겠다는 생각에 의식이 없는 그를 들것에 실어 압록강이 바라보이는 안동현까지 갔다. 그러나 그는 끝내 압록강을 건너지 못하고 1914년 8월 10일 61세의 나이로 세상을 떠났다. 평생 동지 이건승이 그의 임종을 지켰다. 서울 우이동에 벚꽃나무를 심었던 이계 홍양호의 5대 종손으로 조선의 명문가 출신인 홍승헌이 압록강 대안에서 생을 달리했을 때 장례식은커녕 관 살 돈도 없었다. 소식을 듣고 상주 홍인식洪仁植이 달려왔으나 이미 진천의 세거지는 남의 손에 넘어간 뒤였다. 그의 시신이 거적에 싸여 있는 것을 안타깝게 여긴 만주 교포들이 의연금을 모아 겨우 입관을 하고 고향 진천으로 반장返葬(객사한 사람을 고향에 옮겨 장사 치르는 것)할 수 있었다. 그러나 홍승헌의 죽음은 망명객들의 비참한 미래를 예고하는 전주곡에 불과했다.

2년 후인 1916년 12월, 안효제가 67세의 나이로 만주에서 세상을 떠났다. 1910년 일제의 은사금을 거부한 것은 물론 강하게 성토하다

구속까지 당했던 그였다. 일제 땅에서 죽지 않은 것이 한 가닥 위안이었을지도 모른다.『안중근 전』을 쓰기도 한 이건승은 1924년 2월 세상을 떠나는데, 2년 전인 1922년에는 정원하와 헤어져야 했다. 두 노인은 "죽을 때까지 헤어지지 말자고 약속했지만老死不相失 그 약속도 오래가지 못했다此計亦不長"는 시를 읊으며 독립은커녕 함께 살 수도 없는 망명생활을 견뎌야 했다.

　　가는 사람 자주 되돌아보고[去人回首屢]
　　보내는 이 바삐 손을 흔드네[送者揮手忙]
　　갓 머리가 나타났다 사라졌다 하더니[帽尖乍出沒]
　　언덕 너머 보이지 않네[岡阜遞蔽藏]

　이 이별이 영이별이었다. 이건승과 정원하는 살아서 다시 만나지 못하고 광활한 만주벌판에 뼈를 묻었다. 이건승이 사망한 이듬해인 1925년 7월, 72세의 정원하는 심양 북쪽 철령鐵嶺현에서 숨을 거두었다. 그는 현종 대에 우의정을 지낸 정유성鄭維城의 후손이자 강화학파를 연 하곡 정제두의 후손으로, 어려서 진사과에 급제했을 때는 서대문에서 반송방盤松坊(냉천동)까지 축하행렬이 끊이지 않았다는 일화가 있는 인물이었다. 전 대사간, 대사헌으로서 망해가던 조선의 기강을 바로 잡으려던 정원하도 이역에서 죽고 말았다.
　이회영 일가와 함께 집단 망명했던 안동 출신의 석주 이상룡의 운명도 다르지 않았다. 이상룡은 1925년 9월 대한민국 임시정부 국무령을 역임했는데, 당시 대통령제가 국무령제로 바뀌었으니 대한민국 임시정부 수반이 된 것이다. 그러나 그는 만주 무장투쟁에 자신의 역할이 더 크다고 생각하고 국무령을 사임하고 만주로 돌아왔다. 참의부, 정의부, 신민부의 통합운동에 매진하던 그는 이회영이 세상을 떠나기 직전인 1932년 5월 길림성 서란舒蘭 소성자小城子에서 병사하고 만다. 이때 이상룡을 모셨던 손자며느리 허은은 『아직도 내 귀엔 서간도 바람소리가』에서 함께 망명했던 이장녕과 여준이 비적과 중국군에게 살해되었다는 소식에 상심해 식음을 전폐한 지 7~8개월 만에 세상을 떠났다고 전했다. 아들 이준형이 쓴 「선부군 유사先父君遺事」는 아래 동생 이상동과 막냇동생 이봉희가 아성阿城에서 위험을 무릅쓰고 달려오자 동생들의 손을 잡고 이렇게 말했다고 한다.

"인생은 다할 때가 있는 것이니 무슨 개의할 것이 있겠는가. 다만 피에 맺힌 한을 풀지 못했으니 장차 어떻게 선조들의 영혼에 사죄하겠는가."

나라를 찾지 못한 죄를 어떻게 지하의 조상들께 사죄하겠느냐는 뜻이다. 나라를 되찾지 못한 죄를 한탄했던 것이다. 망명객에게 가난은 숙명이었다. 이상룡은 "가난이 심하면 예를 치를 수 없으니 성약省約(약식으로 장례를 치르는 것)을 주로 하고, 그 정결을 다하면 족하다" 하며 제대로 장례를 치르지 못하는 동생들과 자식들을 달랬다. 허은은 "초종을 치르려니 수십 년 생활고에 수의를 준비하지 못해서 앞집 가게에서 외상으로 포목을 끊어다가 수의를 만들었다"고 했다. 영남 명가 임청각의 주인이 극도의 가난에 허덕이다 세상을 떠난 것이다. 그러나 그의 의기는 무서웠다. 이상룡은 유해를 고국으로 반장하지 말라고 유언을 남겼다.

"국토를 회복하기 전에는 내 해골을 고국에 싣고 돌아가서는 안 되니 우선 이곳에 묻어두고 기다리도록 하라."

백하구려.
백하 김대락이 1885년 4월 19일에 건축한 가옥이다. 경상북도 안동시 임하면 천전리 소재.

부음이 나자 조문객이 이어졌는데, 손부 허은은 "시국이 물 끓듯하니 이웃도 낮에는 오지 못하고 밤에만 문상왔다"고 했다. 유족들은 서란현이 너무 외진 곳이라는 이유로 길림성 근처에 임시로 유해를 모시려 했으나 도중에 마적을 만나 가진 것을 다 약탈당하기까지 했다. 그들은 겨우 되돌아와서 중국인 백白 씨의 산에 장사지낼 수 있었다.

이상룡의 처남으로 이상룡이 크게 의지한 백하 김대락은 1914년 12월 10일 이미 세상을 떠났다. 66세의 나이로 망명해 최연장 독립군이었던 그가 70세의 나이로 세상을 떠난 곳은 독립운동가들의 고향이나 마찬가지인 삼원포 남산이었다.

같은 안동 출신의 집단 망명객 일송一松 김동삼은 일제가 만주를 점령한 지 보름째 되는 1931년 10월 5일 하얼빈에서 일본 총영사관 경찰에 체포되었다. 만주로 망명한 지 20년만의 일이었다. 서로군정서의 참모장으로 만주벌 호랑이로 불린 그는 사돈이자 동지인 이원일李源一과 경북 영양 출신의 여성 독립운동가 남자현南慈賢과 함께 체포되었다. 김동삼은 체포 직후 정보를 캐려는 일제 경찰의 혹독한 고문에 단식으로 맞섰다. 대한통의부 위원장과 정의부 참모장을 역임한 거물의 단식 소식은 곧 주위에 알려졌다. 1931년 10월 17일자『조선일보』는 '할빈에서 체포된 김동삼 류치장에서 단식'이란 제목으로 그의 단식 소식을 전하기도 했다. 임정 국무위원과 일종의 민족유일당인 혁신의회 의장도 역임한 김동삼이 사망할 경우 그 여파는 지대할 것이었다. 결국 일제는 김동삼에게 하나의 정보도 캐내지 못하고 1931년 11월 9일 신의주 지방법원 검사국으로 송치할 수밖에 없었다. 무기징역을 구형받고 10년형을 언도받은 그는 1933년 서울 서대문형무소로 이감되었다. 옥중에서도 김동삼은 투쟁을 멈추지 않았다. 함께 옥고를 치른 조선공산당 제3차당 책임비서 김철수는 서대문형무소 옥중투쟁의 총지휘자는 언제나 김동삼이었다고 회고했다.

"그 무렵 동지 한 사람이 매를 맞고 죽어나갔다. 일송(김동삼) 선생을 중심으로 온 감방이 단식으로 맞섰다. 하는 수 없이 간수들은 기진한 죄수들을 끌어내어 통사정을 했다. 이때 중죄수는 용수(머리와 얼굴을 가리는 용구)를 쓰고 있었는데 모든 죄수들은 한결같이 그중 한 사람을 가리키며 저분의 처분을 받아야 한다고 말했다. 일송 선생은 형무소장으로 하여금 죄수들 1미터 앞까지 나와 무릎을 꿇게 하고 사과시켰다."

김동삼은 체포되었을 당시 54세의 장년이었다. 장년의 나이로 쇠

고랑을 차고 투쟁을 계속했으니 신체가 상할 수밖에 없었다. 형형한 눈빛으로 주위를 압도하던 김동삼도 투옥 6년째인 1937년 중병이 들어 그해 4월 13일 세상을 떠나고 말았다. 만주에 있던 둘째 아들 김용묵은 아버지의 임종을 지키지 못했다. 김용묵이 인사동 경일여관京一旅館에 호상소를 꾸리고 문상객을 맞았는데, 만해 한용운이 김동삼의 시신을 자신의 거처인 성북동 심우장尋牛莊으로 모셔가 장례를 치렀다. 고향으로 반장하려 했으나 그도 이를 금하는 엄한 유언을 남겼다.

"나라 잃은 몸이 무덤은 있어 무엇 하느냐. 나 죽거든 불살라 강물에 띄워라. 혼이라도 떠돌면서 왜적이 망하고 조국이 광복되는 날을 지켜보리라."

김동삼의 유해는 화장한 뒤 한강에 뿌려졌다. 국망에 집단으로, 혹은 홀로 망명했던 사람들은 한결같이 비참하게 최후를 마쳤다.

이회영 형제들도 마찬가지였다. 상해에서 발행되던 『한민韓民』 1936년 5월 25일자는 「서간도 초기 이주와 신흥학교 시대 회상기」라는 글을 게재했는데, 이회영 일가가 안동현을 거쳐 삼원보로 이주해 신흥무관학교를 건립하는 과정에 대해 서술했다. 이 글의 '이석영의 공功'이란 소항목에서는 이석영이 수많은 재산을 신흥무관학교 운영에 모두 쏟아 붓고도 "나중에는 지극히 곤란한 생활을 하면서도 일호의 원성이나 후회의 개심이 없고 태연하여 장자長者의 풍이 있었다"고 전했다. 또한 이석영이 2년 전(1934년) 상해에서 굶주림에 시달리다가 세상을 떠났다고 전하면서 그의 부인도 1936년 5월 11일 상해의 조카 집에서 유명을 달리했다고 전한다. 그뿐만 아니라 셋째 이철영은 1925년에 이미 사망했으며, 여섯째 이호영은 1933년에, 첫째 이건영도 1940년에 세상을 떠나고 말았다. 다섯째 이시영을 제외한 다섯 형제 모두 독립운동을 하다 목숨을 잃은 것이다.

신채호의 순국

김종진이 북만에서 활발한 활동을 전개하던 1928년 4월, 무렵에서는 북경회의를 열고 선언문을 발표했다. 선언문을 작성한 사람은 단재 신채호였다. 그는 이 선언문에서 한국만이 아닌 동양사회의 혁명을 주장하면서 "우리의 생존은 곧 우리의 생존을 빼앗은 우리의 적敵을 섬멸하는 데서 찾을 것"이라며 투쟁으로 민중을 해방시키자고 선언했다. 이 북경회의에 대해 자세한 기록은 현재 전하지 않지만 다음과 같은 결의를 한 기록이 있다.

- 불순을 극한 현하의 조선민족운동 반대.
- 일절의 정치운동 부정.
- 사이비 혁명의 허식인 공산전제의 배척.
- 공산당 이용주의자의 애매한 사대주의사상의 청산.

'일절의 정치운동 부정'이란 지배자와의 타협을 통해 무엇을 이루어내려는 개량주의적 풍조를 뜻하는데, 이는 그만큼 이들이 비타협적 노선을 걷고 있었음을 의미한다. 신채호가 북경회의의 선언문을 통해 동방민중의 연대혁명을 주장한 지 두 달 후인 1928년 6월 14일, 상해 프랑스 조계 이매로李梅路에 위치한 화광의원華光醫院에 일단의 아나키스트들이 모였다. 화광의원은 사천성四川省 출신 등몽선鄧夢仙이 일본 유학 시절 아나키스트가 되었다가 귀국 후 개원한 상해 아나키즘 운동의 중심지였다. 한국, 중국, 필리핀, 대만, 안남(베트남), 일본 등 각국에서 온 200여 명의 아나키스트들은 '동방무정부주의자연맹(이하 동방연맹)'을 결성하고 서기부 위원에 한인 이정규, 일본인 아카가와[赤川啓來], 중국인 모일파毛一波·왕수인王樹仁 등을 선출했다.

이회영은 이 대회에「한국의 독립운동과 무정부주의운동」이라는 글을 보냈다. 한국의 무정부주의운동은 곧 진정한 독립운동이며, 한국에서의 진정한 해방운동, 곧 무정부주의운동은 곧 독립운동이라고 주장하는 글이었다. 이는 이회영이 아나키즘을 한국의 독립운동과 같은 차원에서 바라보았음을 보여주는 것이어서 주목된다. 이회영의 아나키즘은 민족주의와 대립하는 것이 아니라 서로 보완하는 형태였던 것이다. 이회영은 또한 한국의 독립운동을 지지, 성원해달라고 호소했는데, 이 글은 동방무정부주의자대회의 결의안의 하나로 채택되었다.

서기국에서는 제1차 사업으로『동방東方』이란 기관지를 발간했는데, 이회영은『동방』창간호에 묵란을 게재했고, 이정규도「동방무정부주의자에게 고한다」는 글을 실었다.

동방연맹은 소련 공산당의 사실상 하부 조직이 된 코민테른(제3국제공산당)과 달리 모든 나라와 대등한 관계를 유지했다. 아나키스트들이 북경대회에서 '공산당 이용주의자의 애매한 사대주의사상의 청산'이란 구호를 내걸 수 있었던 것은 이런 인식 때문이었다.

동방연맹이 결성된 것보다 조금 이른 시기인 1927년 9월에는 광동에 있던 중국인 무정부주의자 진건秦健의 발의로 비슷한 이름의 아나키즘 조직이 결성된다. 무정부주의자동방연맹이 그것인데, 중국·한국·일본·대만·인도·안남 등 6개국 대표 120여 명이 모여 결성한 조

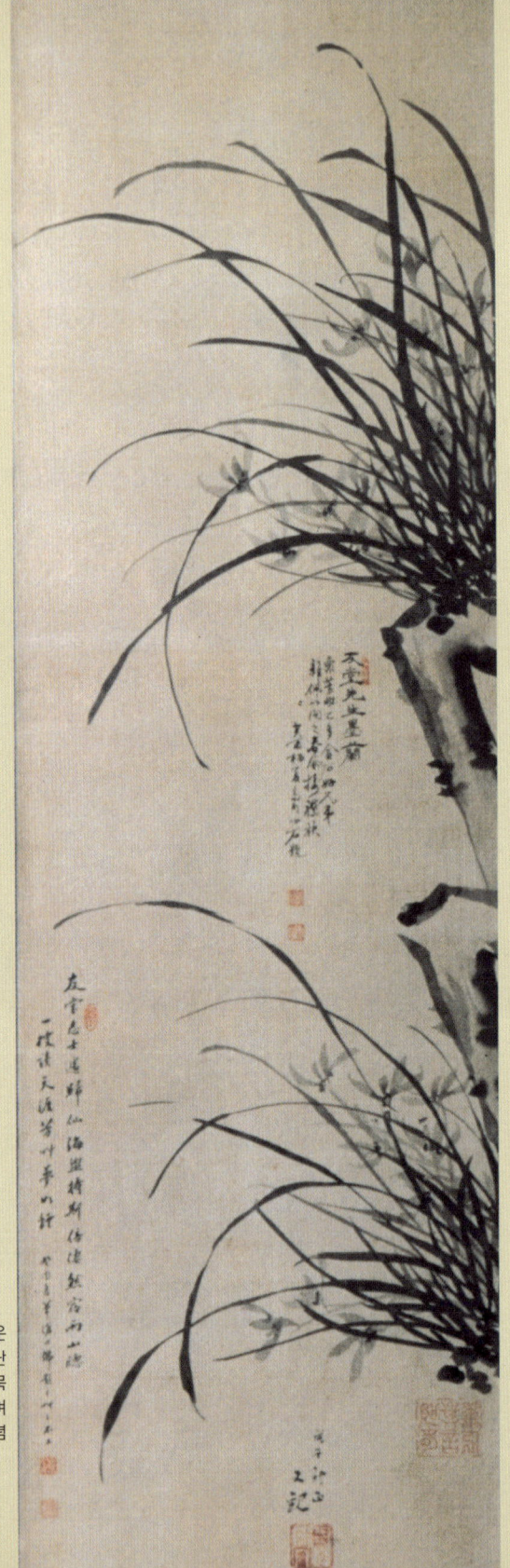

이회영이 그린 묵란. 이회영은 중국에서 독립운동을 하던 중 극심한 가난에 시달렸다. 이때 그는 묵란을 치고 글씨를 써가며 고통을 견뎌냈다. 우당기념관 소장.

직으로 본부를 상해에 두기로 했다. 신채호와 이필현李弼鉉(일명 이지영李志永)이 한국 대표로 참석했고 흔히 A동방연맹이라고 불렀다.

A동방연맹은 활동자금을 마련하기 위해 특단의 대책을 마련했다. 북경 우편관리국 외국위체계外國爲替係에 근무하는 대만인 아나키스트 임병문林炳文이 외국위체(환)를 위조하기로 한 것이다. 임병문은 외국위체 200매를 위조 인쇄해서 북경 우편관리국을 통해 일본, 대만, 조선, 만주 등의 중요한 32개소의 우편국에 유치위체留置爲替로 발송했는데 총 6만 4천 원에 달하는 거금이었다.

신채호, 임병문, 이필현이 각 지역에서 돈을 찾아오기로 했는데, 임병문은 한국과 만주, 이필현은 일본, 신채호는 대만을 맡기로 했다. 임병문은 1928년 4월 25일, 만주의 대련은행에서 위체 2천 원을 대련 화북물산공사大連華北物産公司의 장동화張同華란 이름으로 찾아 북경의 이필현에게 부치는 데 성공했다. 이에 고무된 그는 일본 후쿠오카[福岡]현 모지[門司]를 거쳐 고베[神戶]에 도착해 일본 은행에서 2천 원을 찾으려다 그만 일본 경찰에 체포되고 말았다.

신채호는 유병택柳炳澤(일설 유맹원柳孟源)이란 가명을 사용했다. 그는 1928년 5월 8일, 자신이 책임진 1만 2천 원을 찾기 위해 일본 모지를 거쳐 기선 코순마루[恒春丸]를 타고 대만 기륭항基隆港에 도착했다. 그러나 신채호를 기다리고 있던 기륭 수상서원水上署員에게 체포되어 일제의 조차지 대련으로 압송되었다.

이듬해인 1929년 2월 7일, 대련 지방법원에서 아즈미[安住] 재판장 주심으로 재판이 열렸다. 당시 49세의 신채호는 치안유지법 위반, 유가증권위조행사 및 사기 등의 혐의로 재판을 받았다. 1929년 2월 12일자 『동아일보』에는 재판장과 신채호 사이의 문답이 실려 있다.

문 : 그대는 국제위체國際爲替를 사기하려 하였나?

답 : 그랬소.

문 : 무엇에 쓰려고 한 짓인가?

답 : 동방연맹 자금으로 쓰되 우선 주의主義 선전잡지를 발간하여 동지를 규합코자 한 것이요.

문 : 사기詐欺를 나쁘다고 생각하지 않나?

답 : 우리 ○○가 ○○를 ○○하기 위하여 취하는 수단은 모두 정당한 것이니 사기가 아니며…… 양심에 부끄러움이나 거리낌이 없소.

이 문답에서 "우리 ○○가 ○○를 ○○하기 위하여 취하는 수단은……"이라는 것은 "우리 겨레가 나라를 회복하기 위하여"라는 말인데 일제가 삭제한 것이다. 신채호는 동방연맹에는 "이필현의 소개로 가입하였는가"라는 질문에 "아니다"라고 답한 뒤 임병문의 소개로 가입했다고 대답했다. 임병문이 체포된 지 넉 달 만에 옥사했기 때문에 그에게 떠민 것이다.

그런데 최근 임병문의 아들인 대만 작가 임해음林海音의 연보가 발견되어 임병문이 이때 죽지 않고 석방되어 1931년 5월까지 살았다는 기록이 있어 의문이 든다.* 만약 그 내용이 사실이라면 신채호의 체포와 관련이 있을 가능성이 크다.

신채호의 재판 기록을 더 살펴보자.

* 최옥산, 「문학자 단재 신채호론」, 2003년, 인하대학교 국문과 박사학위 논문, 63쪽 참조.

문 : 동방연맹에는 대정大正 14년경에 입회하였으며 그때 이필현과 안 일이 있는가?

답 : 일본 연대를 써보지 못하여 대정 몇 년이란 것은 모르며 어쨌든지 지금부터 3년 전 여름에 입회하였노라.

(중략)

문 : 동방연맹이란 일본, 중국, 인도 등 동방에 있는 여러 무정부주의자 동지가 결탁하여 기성旣成 국체를 변혁하여 자유노동사회를 건설하자는 단체인가?

답 : 무정부주의로 동방의 기성 국체를 변혁하여 다 같은 자유로서 잘 살자는 것이오.

사학자 신채호가 일본 연호 대정大正 15년이 1926년임을 몰라서 "일본 연대를 써보지 못하여 대정 몇 년이란 것은 모르며"라고 답한 것은 아니었다. 일제의 모든 정체政體를 철저히 부인한다는 뜻에서 그렇게 말한 것이다.

1930년 5월 9일, 신채호는 대련 법정에서 수감된 지 2년 10일 만에 10년형을 선고받고 인근의 여순감옥으로 이감되었다. 그해 국내에서는 동지들의 주선으로 그의 한국 고대사 관련 논문들을 모은 『조선사연구초朝鮮史硏究草』가 조선도서주식회사에서 간행되었다.

신채호는 1931년 6월부터 이듬해 5월까지 140여에 걸쳐 안재홍의 주선으로 『조선일보』에 『조선사』, 『조선상고문화사』를 연재했는데, 이는 서울에 있던 그의 부인 박자혜와 1929년에 태어난 차남 신두범申斗凡의 생활비로 요긴하게 사용되었다. 그러나 그는 일본 연호로 실리는 신문에 글을 싣고 싶지 않다고 연재 중단을 요청할 정도로 철저한 반일지사였다.

이렇듯 신채호는 지사적 의기가 드높았지만 이미 50세가 넘은 데다가 냉증까지 있어 여순의 차디찬 바닷바람을 장기간 이기기는 어려웠다.

신채호는 1936년 2월 21일, 뇌일혈로 세상을 떠났다. 북경에서 매일 만났던 이회영이 4년 전에 그 감옥에서 고문사했다는 사실은 까맣게 몰랐을 것이다. 기구한 운명이자 인연이라 하지 않을 수 없다. 신채호의 건강이 악화되자 형무소 당국에서는 보호자가 있으면 출감시키겠다고 통고했고, 서울의 친지들이 옛 친구이자 일가뻘인 친일 부호 한 사람을 물색했으나 신채호는 친일파에게 몸을 맡길 수 없다며 죽음을 선택했다.

상해에서 신채호와 지낸 이광수李光洙는 "그(신채호)가 세수를 할 때에는 꼿꼿이 앉아서 손으로 물을 낯에 바르기 때문에 소매로 물이 흘러 들어가서 저고리 소매를 적시면서도 고개를 숙이지 않던 것을 기억한다"면서 "고개를 숙이지 않고 무릎을 꿇지 않는 것이 단재의 매운 절개를 표시함이었다"고 『조선일보』에 기고했다. 또한 이광수는 "T(단재)는 언제나 칼날 같은 의지와 절개로 뭉쳐진 사람으로 시인적 여유조차 아니 가진 사람이었다"고 칭찬하면서도 "T(단재)는 궁하게 북경으로, 상해로 유리하다가 마침내 변변치도 못한 일로 무정부주의자 일파와 함께 감옥에서 분사하고 말았다"라고 쓰기도 했다. 비타협적 독립운동을 '변변치 못한 일'로 치부한 이광수의 의식은 민족개량주의를 넘어 이미 친일로 나아가고 있었던 것이다.

북경에서 이회영의 부인 이은숙이 아들 이규창의 교복이 없어 고심하자 신채호는 자신의 장삼을 벗어주며 교복을 만들어주라고 한 적도 있었다. 이은숙은 밤새 승복을 뜯어 교복을 만들었고, 이규창은 『운명의 여진』에서 "지금도 그때를 생각하면 단재 선생에게 참으로 감사

신채호 수인 사진이 걸려 있는 여순감옥.
신채호는 평생 동안 활발하게 독립운동을 전개했으며, 『조선사론』, 『조선사』, 『조선상고문화사』 등을 집필하기도 했다. 신채호의 죄수번호는 417번이었고, 1936년 2월 21일 이곳에서 숨을 거두었다.

한 마음 잊지 않고 있다"고 회고했다. 신채호에게는 개량주의자가 갖는 심적인 '시인적 여유'는 없을지 몰라도 동지의 아들을 위해 자신의 승복을 벗어주는 물적인 '혁명가의 여유'가 넘쳐흘렀다.

신채호의 부인 박자혜도 「제문을 대신하여 곡哭하는 마음」을 썼다.

……당신은 늘 말씀하셨지요. 나는 가정에 등한한 사람이니 미리 그렇게 알고 마음에 섭섭히 생각 말라고. 아무 철을 모르는 어린 생각에도 당신 얼굴에 나타나는 심각한 표정에 압도되어 과연 내 남편은 한 가정보다도 더 큰 무엇을 위하여 싸우는 사람이구나 하고 당신 무릎 앞에 엎드린 일이 있지 않습니까. ……영어의 몸이 되어서도 아홉 해를 두고 하루같이 오히려 내게 힘을 북돋아주시던 당신이 아니었습니까. 지난 2월 18일 아침이었지요. 아이들을 밥해 먹여서 학교에 보내려고 하는데 전보 한 장이 왔습니다. 기가 막힙니다. 무엇이라 하리까. 어쨌든 당신이 위급한 경우에 있다는 것이라. ……그날로 당신을 만나려고 떠났습니다. 여순형무소에 닿기는 그 이튿날 2월 19일 오후 2시 10분이었습니다. 그러나 당신은 벌써 의식을 잃어버리고 말았습니다. 15년이나 그리던 아내와 자식이 곁에 온 줄도 모르고 당신의 몸은 푸르딩딩하게 성낸 시멘트 방바닥에 꼼짝도 못하고 누워 있었지요. 나도 수범이도 울지 못 하고 목 메인 채로 곧 여관을 나와서 하룻밤을 앉아서 새우고 그 이튿날 아홉 시 되기를 기다려 다시 형무소에 갔습니다. 그러나 시간이 없다고 면회를 거절하겠지요. ……세상을 아주 떠나려는 당신의 임종을 보지 못하는 모자의 마음이 어떠하였겠습니까. 정말 당신은 그날 2월 21일 오후 4시 20분에 영영 가 버리셨다구요. 당신의 괴로움과 분함과 서러움과 원한을 담은 육체는 2월 22일 오전 열한 시

남의 나라 좁고 깨끗지 못한 화장터에서 작은 성냥 한 가치로 연기와 재로 변하고 말았습니다. 당신이여! 가신 영혼이나마 부디 편안히 잠드소서.

13 남은 동지들

죽기 위해 제비를 뽑는 사람들

1930년대 상해에는 아나키스트들의 근거지가 몇 군데 있었다. 그중 하나가 프랑스 조계 복리리로福履理路의 정원방亭元坊이란 공동주택의 2층 마루방으로, 20여 명의 아나키스트들이 합숙하고 있었다. 만주에서 한족총연합회 활동을 전개하던 이강훈이 이곳에 합류한 것은 1933년 1월경이었다.

 이강훈은 이곳에 있던 백정기를 만났다. 백정기는 엄형순 등 다른 아나키스트들과 채시로菜市路 한 모퉁이의 또 다른 근거지에서 공동으로 자취를 하고 있었다. 백정기는 만주에서 한족총련 활동을 하던 1931년 3월경 고질인 폐병이 재발해, 그해 5월 중순 정화암의 호송을 받아 먼저 상해로 와 있었다. 만주에서 생사고락을 같이했던 두 사람은 서로 부둥켜안았다. 이강훈은 곧 남화한인연맹에 가입했다.

그 무렵 정화암은 원심창의 소개로 한 일본인 아나키스트를 만났다. 통신사에 근무한다는 오키는 고급 승용차를 가지고 있었고, 홍등가나 고급 요정에서 돈을 잘 쓰는 인물이어서 의심할 측면이 많았다. 그러나 혁명가는 만일에 대비해 평소의 거동을 위장할 수도 있었으므로 교제를 허락한 사이였다. 때때로 고기와 술을 사와 정화암, 원심창 등을 위로하던 오키는 1933년 초에 중요한 정보를 가져왔다. 공동조계 무창로武昌路에 있는 고급 요정 육삼정六三亭에서 일본 정계와 군사계의 거물들과 중국 국민당 고관들이 회합을 갖는다는 것이었다.

참석자 중에 일본 육군대장 아라키 사다오[荒木貞夫]와 일본 공사 아리요시 아키[有吉明]도 있다는 사실을 알고 그들은 흥분했다. 아라키는 일본 군부를 대표하는 육군대신으로 군산복합체軍産複合體인 일본 사정상 총리대신보다 더 실권이 있었고, 아리요시 공사는 그동안 무수히 많은 독립운동가들을 체포했다. 이들이 중국 국민당 내의 부패분자들과 회식을 하며 현 정세와 그 대책을 논의할 것이라고 했다.

일제는 만주 점령 후 청의 마지막 황제인 선통제宣統帝 부의를 집정으로 하는 만주국을 수립했는데, 팽창정책을 계속해 요동, 길림, 흑룡강, 열하 성省의 인구는 3,000만 명에 달했다.

이러한 영토확장은 당연히 중국인들의 반발을 불러일으켰다. 일제가 국민당 부패분자들을 만나는 목적은 이들과 결탁해 중국인들의 이런 반발을 무마하기 위해서였다. 여기에는 아라키 대장이 아리요시 공사에게 준 4천만 엔의 거금이 큰 작용을 했다.

육삼정 회합에 대한 정보를 들은 남화연맹은 곧 동지들을 모았다. 1933년 3월 5일에 정화암, 백정기, 엄형순, 양여주 등 주요 구성원들이 참석했는데, 정화암이 모임의 배경을 설명하자 동지들의 눈빛이 모두 빛났다. 백정기는 홍구공원사건의 아쉬움과 흥분이 채 가시지 않은 상태였으므로 당연히 자신이 하겠다고 앞장섰다.

이강훈도 마찬가지였다.

"이 거사는 내가 하겠소. 동지들은 듣기만 하시오. 백범 선생님이 양여주 동지에게 맡긴 폭탄이 있으니 내가 단독으로 이놈들을 끝장내주겠소."

그러나 그런 생각을 가진 사람은 백정기와 이강훈만이 아니었다. 이들은 다음 날 제비를 뽑아 결행자를 선발하기로 했다. 성공하면 윤봉길 의사처럼 죽는 것이고, 실패해도 사형 아니면 무기에 가까운 중형을 받는 일이었으나 이들의 목숨은 이미 인간해방 전선에 바친 것이었다. 정화암은 『이 조국 어디로 갈 것인가』에서 제비 열한 개를 만들어 한 개에만 '유有'자를 써넣고, 뽑힌 사람이 다른 한 명을 지명해 같이 거행하기로 했으며, 그 결과 백정기가 뽑혔고 그가 이강훈을 지명했다고 전한다. 그런데 이강훈은 자서전 『민족해방운동과 나』에서 조금 다르게 설명했다. 열한 명이 아니라 여덟 명이 모였으며 제비뽑기는 했으나 처음부터 백정기와 자신이 뽑히도록 기획되었다는 것이다. 또한 이강훈은 그날의 일을 다음과 같이 덧붙였다.

"모든 절차가 결정된 뒤 백 의사와 나는 상해 교외 공지로 나가 도시락 폭탄과 똑같은 무게의 물체를 가지고 투척 연습을 해보았다. 그 결과 내(이강훈)가 큰 폭탄을 투척하기로 하고 추격해오는 적에게는 백 의사가 수류탄과 권총을 발사하기로 결정했다. 또한 잡힐 때를 대비해 취조를 받을 때에 할 말도 미리 준비했다."

그러나 거사는 불발에 그치고 말았다. 일제가 거사계획을 미리 탐지했던 것이다. 백정기와 이강훈, 원심창은 육삼정에서 2백 미터쯤 떨어진 송강춘松江春이란 음식점에서 체포되었는데, 이곳에는 이미 일제 경찰들이 대기하고 있었다. 최근 간행된 『항일혁명가 구파 백정기 의사』에는 「상해 일본 총영사 보고문」이 실려 있는데 그중 '검거계획'이란 항목에 "오후 8시 일당이 출동할 것이 확실하다는 정보를 접하고 8시 15분 사포로乍浦路와 무창로가 교차하는 부근에 수 명의 동초를 배치하고 무창로의 송강춘 앞 가옥에는 세 명의 감시원을 잠복시켰다"고 적었다. 「상해 일본 총영사 보고문」에 실려 있는 체포 장면을 보자.

"9시 20분경 한 대의 자동차가 서쪽 사포로 방면에서 와 멈추어 서고 조선인 3명이 송강춘으로 들어가는 것을 보고 감시원이 바로 본대에 보고했다. 곧 공부북 형사대는 방탄복과 방호국을 갖추고 일경과 함께 송강춘 전후 입구에서 동시에 침입하여 2층에 있던 일당을 습격, 불의에 제압하고 저항기회를 주지 않아 무사히 3명을 체포했다."

「상해 일본 총영사 보고문」은 이때 압수한 폭탄에 대해 "윤봉길이 휴대했던 도시락형 폭탄과 완전한 동일형"이었다고 전했다. 손쓸 겨를도 없이 백정기, 이강훈, 원심창 등이 모두 잡혀버렸다. 정화암은 원심창이 소개한 오키가 일본 영사관에 정보를 준 것이라고 보았다. 상해의 일본 영사관이 가장 기를 쓰고 체포하려던 직접행동 대원들은 이렇게 체포되어 일본 나가사키로 압송되었다.

이들은 그해 11월 15일 치안유지법 위반, 폭발물취체법 위반, 살인예비, 기물파손 등의 혐의로 나가사키 지방재판소에서 공판을 받았다. 검사는 백정기, 원심창에게는 무기징역을, 이강훈에게는 15년형을 구형했고, 11월 24일 최종공판에서 재판장은 검사의 구형대로 언도했다. 상고를 포기한 백정기는 복역 중 1936년 5월 22일 만 40세의 나이로 옥사했다.

구파舊派 백정기! 1896년 동학혁명의 진원지 전북 정읍에서 가난한 농민의 아들로 태어나 3·1운동에 가담했고 그해 8월 인천에서 일본군 기관들을 파괴하려다가 발각되어 봉천으로 망명해 아나키스트가 되었다. 그는 재판과정에서 모든 것을 자신이 주도했다고 주장했다. 죄를 자신이 뒤집어쓰려는 생각에서였고, 건강한 동지들은 가벼운 형을 받고 출옥해 독립운동을 계속하라는 뜻이었다.

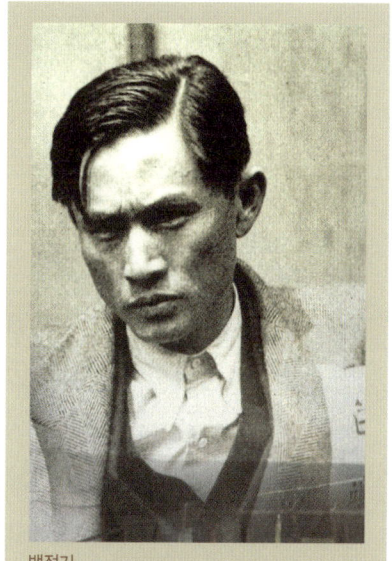

백정기.
백정기는 일본 군사시설을 파괴하는 등 수많은 항일투쟁을 전개했다. 1933년 3월 상해에서 일본 공사 아리요시를 암살하려고 모의하다가 체포되어, 종신형을 선고받고 복역 중 옥사했다.

독립운동가들은 대개 성격이 강했다. 그래서 함께 운동했던 사람들 중에서 평가가 엇갈리는 사람이 많은데 백정기는 예외였다. 그와 함께 자취했던 이규창은 "그 많은 사람 중에 백정기 선생과 엄형순 선생 같은 분은 이 세계에 둘도 없는 분으로 생각되었다. 그 두 분은 참으로 인간의 훌륭한 점은 다 갖추었다고 생각된다"고 회고했으며, 육삼정사건을 함께 일으킨 이강훈도 이정식과의 면담에서 "지금 생각해도 백 의사는 의리가 대단한 분이었습니다. 재판 과정에서 모든 것은 자기가 주도했다고 강조하곤 했습니다……"라고 했다.

백정기에 대한 정화암의 회상은 더욱 구체적이다. 그의 자서전 곳곳에는 그에 대해 이야기가 담겨 있다.

구파 백정기는 술을 무척 좋아했고 식욕이 왕성했기 때문에 언제나 배고프다는 타령이었다. 그러면서도 그는 언제나 활기에 차 있었다. 돈이 없을 때에는 천진과 북경 사이를 걸어 다닐 만큼 강한 의지를 갖고 있었다. 전에도 광동까지 갔다가…… 상해까지 수만 리 길을 걸어왔던 사람이다. 한 번은 천정만 쳐다보고 누워 있던 그가 벌떡 일어나더니, "고기를 한번 실컷 먹어봐야지. 화암, 저녁때쯤 성암(이광) 댁으로 오시오" 하며 나갔다. 돈 한 푼 없는 그가 무슨 수로 그런 소리를 하는지 미심쩍어 하면서 이광의 집으로 갔다. 그런데 그는 만두와 고기, 술을 한 아름 들고 들어왔다. 그러고는 호탕하게 경위를 설명했다. 서직문西直門(북경) 밖 조용한 골목의 푸줏간에 들어가 고기가 먹고 싶어서 왔으니 외상을 달라고 솔직히 말했더니 푸줏간 주인이 그의 호탈하고도 담백한 성격에 감복하여 고기를 떼어주고 돈까지 줘서 술과 빵을 사왔다는 것이다. 그의 대담성도 그러려니와 푸줏간 주인의 대륙적 기질이 감탄스러웠다.

백정기가 폐병에 걸린 이유도 감동적이었다.

한번은 우리가 곤궁에 빠진 처지를 보고 백범이 찾아왔다. 임정의 젊은이들이 전차회사에 나가 일하고 있으니 우리 측 젊은 사람들도 거기에 나가라고 하여 백정기, 허열추許烈秋, 진수인陳壽麟이 그곳에 나가게 되었다. ……이때 백정기는 전차회사에 다니면서 제대로 먹지도 못하고 중노동을 하느라 몸이 몹시 허약해졌다. 여기에 의열단에 있던 김모가 북경에서 폐병에 걸려 상해로 돌아왔다. 당시 의열단의 형편은 말이 아닌 데다 또 그가 폐병환자라 받아들이지 않았다. 이것을 안 백정기는 김모를 우리들이 있는 곳으로 데려와 숙식을 같이 하고 간호도 해주었다. 비번일엔 그를 데리고 시내로 나가 밥도 사서 먹이고 동지들이 짜증을 낼까 봐 싼 여인숙에서 잠을 재웠다. 정성껏 간호를 했지만 병이 악화되자 노자를 마련하여 귀국시켰다. 그 후 숙식을 같이 한 백정기에게 폐병이 전염되었다. 그 당시 폐병은 불치병으로 규정되어 있던 때였다. 백정기의 몸은 점점 쇠약해졌고 날이 갈수록 기력을 잃어갔다. 처음에는 중노동에 피로하여 그러는가 보다 생각했는데 피까지 토해내는 지경에 이르렀다. 병원에 가 진찰을 시켰더니 폐병이란 진단이 나왔다. 자기 자신이 폐병이라는 것을 안 백정기는 모든 일에 처신을 달리했다. 식사 때나 대화에서도 신중을 기하여 주위사람들에게 일말의 피해를 주지 않으려는 듯 갖은 노력을 다했다. 상해의 교민 사회에서도 백정기의 행동에 대하여 칭찬을 아끼지 않았다. ……한번은 망지로望志路 김두봉金枓奉의 집에 갔다가 어린아이들이 병에 걸려 먹지도 못하고 누워서 죽어가는 꼴을 보고는 속옷과 겉옷을 몽땅 벗고 두루마기만 걸친 채 시장에 있는 전당포를 돌아다니다가 겨우 돈 몇 푼을 얻어 빵과 약을 사들고 김두봉의 집으로 달려갔던 일도 있었다. 그 옷도 자기의 것이 아닌 동지들의 옷이었고 추운 겨울에 거리를 몇 시간씩 쏘다녔으니 그의 몸은 얼음이 되어 있었다.

아나키스트들은 상해에서 자금 마련을 위해 아이스크림 가게를 할 때 큰 통에 얼음과 다른 재료들을 넣고 밤새워 휘저어야 했는데, 이 일도 백정기와 신현상이 도맡았다. 정화암은 이때 그들이 "불평 한마디 없이 밤을 새워가며 일했다"고 회고했다.

백정기 역시 이회영처럼 공의에 목숨을 걸면서도 한없이 이타적이고 남을 억압하지 않았던 것이다.

징역 15년을 선고받은 이강훈은 12년 반을 복역한 후 일제가 패망하자 석방되어 박열과 함께 일본에서 거류민단 활동을 하다가 귀국해 광복회 회장을 역임하기도 했다. 무기를 선고받은 원심창도 해방 후에야 석방되었다. 그도 해방 후 박열, 이강훈과 함께 거류민단에서 통일운동을 전개하다가 1971년 7월 65세를 일기로 세상을 떠났다.

공포의 서간단

윤봉길의 거사가 있은 지 한 달쯤 후에 남화연맹은 임시정부와 손잡고 서간단鋤奸團이라는 행동단체를 새로 만들었다. '간흉[奸]을 없애 버리는[鋤] 단체[團]'란 뜻이었으니 글자 그대로 일제 고관이나 친일 부역배의 처단이 결성 목적이었다.

당초 이 단체는 임정의 자금 지원으로 운영되었다. 남화연맹은 이미 흑색공포단이 있었으므로 이런 조직을 중복 설립할 필요가 없었는데, 임정 측의 요청에 의해 결성했던 것이다.

윤봉길의 거사는 임정의 자금 사정을 일거에 호전시켰다. 장개석이 4억의 중국 인민이 못 한 일을 조선의 한 젊은이가 해냈다고 감탄하며 임정에 대한 적극적 지원을 약속함으로써 임정은 항상적인 자금 부족에서 벗어날 수 있었다.

반면에 김구를 비롯한 임정 요인들은 일제의 집중적 추적을 받고 있었기 때문에 한인애국단 같은 하부 조직이 마비되어 활동이 불가능한 상태였다. 그래서 김구는 안공근을 통해 남화연맹의 정화암에게 행동단체를 만들자고 제안했다. 당시 상해에서 언제라도 목숨을 던질 자세가 되어 있는 수십 명의 행동대원을 보유한 단체는 남화연맹뿐이었다.

김구와 정화암이 일차로 제거하기로 지목한 인물은 옥관빈玉觀彬이었다. 김구가 정화암을 찾아와 그의 죄상 열여덟 가지를 열거하며 반드시 처단하자고 제안했다. 옥관빈은 1911년 발생한 105인사건에서 백범 김구와 함께 체포되었고 윤치호, 양기탁, 안태국, 이승훈, 임치정林蚩正 등과 함께 유죄판결을 받기도 했으나 석방 후 변절해 일제에 협력하고 있었다.

옥관빈은 상해에 불자제약회사佛慈藥廠를 차려 큰 재산을 모았는데, 안창호가 조직한 홍사단의 거물이기도 했다. 윤봉길의 거사 이전에 임정은 사무실을 유지하는 것조차 어려웠는데 이를 보고 안창호가 이런 제의를 했다.

"이래 가지고 되겠는가? 어떤 재벌 하나를 이용해 빚을 갚아야 하지 않겠는가? 여러분의 의사는 어떤가?"

안창호가 말한 '어떤 재벌'이란 바로 옥관빈을 뜻했다. 그래서 임정회의가 열렸는데 중론은 받지 말자는 것으로 모아졌다. 임정의 빚을 한 재벌이 갚아주더라도 금세 다 알려질 것이고 그러면 명분이 서지 않기 때문이었다. 옥관빈이 일제와 결탁했음을 알지 못한 안창호는 계속 주장했다.

"정부가 몇 년째 빚을 갚지 못하는 것도 체면상 심각한 문제이고 청사 하나 제대로 가진 것 없어서야 말이 되느냐는 생각이 드니 깊이 검토해보자."

그래서 절충안으로 임정에 대한 자금 지원은 거절하되 교포자녀들의 교육기관인 인성학교는 당장 후원을 받지 않으면 문을 닫을 지경이라 일부 자금을 지원받기로 결론 내렸다.

옥관빈은 인성학교에 일부 자금을 지원한 후 드디어 본색을 드러냈다. 그는 신문 등을 이용해 자신을 과대선전하고 독립운동가들을 비방했다. 독립운동을 한다고 떠돌아다니는 사람들은 먹고 살길도 없고 무식해 자신이 쌀가마나 나눠주고 돈 몇 푼 던져주면 모두 자신 밑에 와서 아부나 할 사람들이라고 멸시한 것이다. 그의 안하무인 격인 행동에 교포들은 불쾌했지만 참는 수밖에 없었다. 그만큼 그는 상해의 유력인사였다. 수백여 명의 노동자를 거느린 제약회사 사장에다가 호화스런 저택에 살고 상해의 고위관리는 물론 재계와 종교계에까지 영향력을 미치고 있는 거물이었다. 또한 일제 문서에도 일본군에 약 2만 원의 재산을 제공한 사실이 있다고 기록되어 있을 정도로 친일파였다.

정화암이 이런 옥관빈 처단에 주저할 이유가 없었다. 김구가 자금을 제공하고 실행은 남화연맹이 맡기로 했다. 정화암은 양여주와 엄형순에게 이 임무를 맡겼다. 당시 옥관빈의 집은 영국 조계를 지나 북사천로北四川路의 일본 조계 안에 있었다.

김구에게서 자금을 지원받았지만 그다지 풍족한 것은 아니어서 자전거를 타고 옥관빈을 뒤쫓아야 했다. 그의 집은 일본 조계 안에 있어 함부로 들어갈 수 없었고, 자전거로 자동차를 미행하려니 어려움이 많았다. 그러나 두 달 동안의 미행 끝에 양여주와 엄형순은 옥관빈이 자신의 사촌동생 집에 사는 흥사단원 이 씨의 부인과 불륜관계에 있음을 알아냈다.

망지로 끝 북영길리北永吉里와 남영길리南永吉里의 갈림길에 프랑스 공사관 공무국에 다니는 옥관빈의 사촌동생 옥성빈玉成彬이 살고 있었고 그 집 뒤쪽 방에 흥사단원 이 씨가 살고 있었다. 이 씨는 한구漢口에서 사업을 해 그의 처만 그곳에서 지냈다. 바로 이곳이 옥관빈과 이 씨의 부인이 불륜을 벌이던 장소였다. 양여주와 엄형순은 옥관빈이 이 씨의 처와 정을 통하고 나오는 순간 저격하기로 계획을 세웠다. 옥성빈의 집 맞은편 집 2층에서 수일간 기숙하며 감시하던 오면직이 드디어 연락을 해왔다.

1933년 8월 1일 밤 12시! 엄형순은 옥성빈의 집이 위치한 골목길에서 옥관빈이 나오기를 기다렸고, 양여주는 그 옆집 2층 창문에서 폭탄을 들고 옥관빈이 나올 뒷문을 지켜서 있었다. 잠시 후 정사情事를 마친 옥관빈이 뒷문을 열고 몸을 내밀었다. 그는 누가 볼세라 자신의 차가 서 있는 쪽으로 걸음을 옮겼다. 그때 엄형순이 옥관빈을 향해 총을 발사했다. 가슴에 총알을 맞은 옥관빈이 앞으로 쓰러지며 안간힘을 쓰자 엄형순이 다시 한 발을 쏘았다.

엄형순은 구둣발로 옥관빈이 절명한 것을 확인하고 유유히 몸을 돌렸다. 총소리를 듣고 경찰들과 동네 주민들이 달려오자 엄형순은 "강도가 저쪽으로 도망갑디다"라고 했고, 경찰은 그가 가리킨 쪽으로 달려갔다. 엄형순은 곧 인파 속에 파묻혔다.

당시 이규창이 엄형순과 함께 살았는데 옥관빈을 사살하던 날의 상황을 이규창은 이렇게 적었다.

1933년 8월 1일 마침 하절夏節이라 상해의 기후가 대단히 더워서 해가

상해 일본 조계지.
당시 친일파들은 독립운동가들이 침투하기 어려운 조계지 내에서 생활했다. 친일파 옥관빈의 집도 일본 조계지 안에 있었다.

서산으로 넘어가면 집에 있던 사람들이 전부 도로변으로 나와 납량(納凉)을 함으로 도로 양편 인파가 대단했다. 밤 12시가 넘도록 그런 광경이 이뤄진다. 12시 지나 1시가 다 되어서 엄형순 선생이 내가 있는 곳으로 와서 권총을 몸에서 꺼내 은밀한 곳에 감추어 두고 수도에 가서 몸을 씻고 나하고 잠을 잤다. 그 이튿날 중국 신문에 불조계 영길리 앞에서 한국인 옥관빈이 괴한에게 총격을 당해 피살되었다고 크게 보도되었다. 나는 그제야 엄형순 선생이 지난밤에 행동을 하고 나에게로 왔구나 하고 생각하였다. 그렇다고 엄 선생에게 옥관빈을 제거했느냐고 묻는 법이 아니어서 아무 말도 하지 않았다.

상해의 거물실업가가 암살당했으나 중국 경찰은 피살원인조차 밝히지 못했고, 흥사단에서는 옥관빈의 사인을 밝혀내기 위해 소동이 일었다. 옥관빈 제거사건으로 상해에 물의가 일자 김구와 정화암, 안공근, 엄형순, 양여주는 한 여관에서 만나 대책을 협의했다. 이 자리에서 정화암이 말했다.

"이 기회에 옥관빈의 죄상을 모두 공개하여 우리가 처단했음을 알려야 하겠습니다."

그들은 그 자리에서 서간단 명의의 성명서를 발표하기로 결정했다. 서간단은 그의 죄상을 열거한 후 자신들이 그를 한간韓奸으로 규정해 처단했다고 선포했다. 덧붙여 앞으로도 이러한 행위를 자행하는 자가 있으면 똑같이 처단하겠다고 엄숙히 경고했다. 성명서가 발표되자 상해 교포사회, 특히 친일파들은 경악을 금치 못했고 정치 문제임을 안 중국 경찰도 긴장해 수사도 중지되고 떠들썩하던 흥사단도 조용해졌다. 이 사건에 대해 『동아일보』 1933년 8월 15일자는 '옥관빈 암살은 사상단思想團 소위所爲?'라는 제목으로 이렇게 보도했다.

상해 실업가 옥관빈 암살사건은 전 상해의 수수께끼가 되어 국제적으로 물의의 초점이 된바 옥 씨의 암살에 대하여 국제적으로 여러 가지 풍설이 있어 사건은 더욱 미궁으로 들어가 전 상해 경찰 당국의 신경을 예민케 하였다. 그가 불조계 종형 집에서 알지 못하는 총탄을 맞고 죽은 후 경찰 당국도 아직까지 사건의 원인을 찾지 못하고 오리무중에 있는 이때 돌연 9일에 이르러 ○○제간단除奸團이란 이름으로 옥관빈의 죄상을 들어 성명서를 발표하여 전시全市의 공기를 긴장케 하였다. 그 단체는 옥 씨를 ○○의 ○○이라고 6개조의 죄목을 들었다. 경찰 당국은 사건의 단서를 알고 그 단체 관계자를 검거하려고 대활동 중이다. 옥 씨는 중국 국민당과 상해시민연합회의 요직을 가진 조선인으로 중국의 군사 정치 정탐을 하였다는 죄상선포를 하여 중국 측에서도 크게 충동되어 사건을 엄중 조사 중이고 조선인의 입적入籍에 대하여 금후는 특별히 엄중히 할 터이고 또 남경 국민당부國民黨部에서는 국민당 기타 관공청官公廳에 잠입해 있는 조선인을 엄밀히 조사케 하였다.

재일 거류민단장 사살사건

이회영의 고문사 배후에는 또 다른 인물이 있었다. 바로 이용노李容魯였다. 연충렬과 이태공의 배후가 이용노였다는 말이다. 그는 한 발은 흥사단에 걸치고 다른 한 발은 일제에 걸치고 있었다. 상해의 독립운동가들이 이용노가 밀정이란 확신을 갖게 된 계기는 그가 돌연 상해의 '조선인거류민회' 회장이 된 데 있었다. 이 단체는 한인들의 자치기관 같은 이름과는 달리 실제로는 상해 거주 교포들, 특히 항일운동가들에 대한 정보를 일본 영사관에 제공하는 일제의 어용기관이었다. 따라서 이용노가 갑자기 조선인거류민회 회장이 되자 그가 밀정이라는 의심이 확신으로 변했던 것이다.

이용노는 미국 유학 후 상해의 서애함사로西愛咸斯路에 살면서 무역업을 했는데 특유의 친화력으로 임정과 흥사단은 물론 심지어 남화연맹의 정화암과도 알고 지냈다. 회장이 된 그는 교민들을 괴롭혀온 깡패들을 모아 하나의 조직을 만들고 그들을 교민사회에 잠입시켜 독립운동단체를 교란시키는 동시에 교민들을 이간 모략해 단합을 파괴하는 행위를 하고 있었다.

임정이나 남화연맹, 흥사단, 의열단 등에서는 그의 책략에 민감한 반응을 보일 수밖에 없었다. 그는 이런 조직들의 내막을 너무 잘 알고 있었기 때문이다. 조직을 보호하기 위해 그를 제거해야 한다는 의견이 일었다. 그러나 그를 제거하는 것은 어려운 일이었다. 정화암은 그를 제거하는 데는 세 가지 어려움이 있다고 했다.

첫째, 그의 거주지가 홍구의 거류민회 3층이다. 그곳으로 침투해 들어간다는 것은 일본 영사관으로 나를 잡으라고 찾아가는 것이나 다름이 없다. 홍구는 일경의 경비가 철통 같은 곳이다. 둘째, 다행히 그를 사살한다 해도 그곳을 빠져나올 수가 없다. 그곳을 빠져나오려면 외백도교外白渡橋를 건너야 하는데 외백도교는 적사위로狄思威路에 있어 인마人馬의 왕래가 많아 총격전이 벌어질 경우 많은 희생이 따른다. 셋째, 신변의 위험을 느끼고 있는 그는 신분이 확실한 사람 외에는 절대 만나주지 않는다. 누구든지 그를 만나려면 사전에 신분과 만나는 목적까지 정확히 조사를 받아야 하고 위험이 없을 때만 가능했다.

이런 이용노 제거를 자청하고 나선 인물이 엄형순이었다. 이규창의 자서전을 보자.

엄형순 선생이 석양 무렵 돌아와서 자기가 이용노를 제거하기로 했다면서 내가 거사 후 무사하면 모르겠지만 그렇지 않을 때를 대비해 최후의 각오를 하고 있다고 말했다. 그러면서 너는 네 자신의 장래를 생각하고 국내에 계신 모친을 봉양할 방도를 생각하라고 했다. 자기가 과거 관련되었던 허다한 사건의 이모저모를 말하며 자신은 고향에 누가 있는지 전연 모르는 형편이라며 흡사 최후 유언을 하는 것 같은 태도였다.

엄형순의 비장한 각오를 들은 이규창은 자신도 돕겠다고 나섰다. 이규창에게는 부친의 복수를 한다는 의미도 있었다. 엄형순이 만류했으나 그는 듣지 않았다. 결국 엄형순은 이규창의 조력을 받아들였다. 다시 정화암의 자서전을 보자.

엄형순은 어디서 무슨 소리를 들었는지 나를 찾아와 자기가 처치하겠다고 말했다. 나는 엄형순에게 이용노를 암살할 가능성이 희박함을 자세히 설명했으나 그런 놈은 살려둘 수 없다면서 계획만 세워달라고 말했다. 여러 날 동안 각 방면으로 정보를 수집해보았다. 그가 혼자 있는 시간은 거류민회의 일이 끝난 밤뿐이었다. 그를 살해하고 안전하게 빠져나오려면 이른 새벽이 최적의 시간이었다. 그를 마음대로 만나는 사람은 임득산林得山뿐이었다. 임득산은 이용노와 같은 평안도 사람이며 친척으로서 남경에서 만년필공장을 차려 돈을 많이 번 사람이다. 임득산은 의열단을 도운 일이 있었고 김승학金昇學(이규창은 김정학으로 기억함)과도 친분이 있었다. ······엄형순을 임득산의 심부름을 하는 김승학으로 변장시켜 이용노를 찾아가게 하면 그를 쉽게 만날 수 있다는 결론을 얻었다. 마침 엄형순은 채시로에서 이규호(이규창)와 함께 정자칸 방 하나를 얻어서 자취를 하고 있었다. 1935년 3월 24일 밤, 엄형순은 이규호와 둘이서 일을 해치우겠다고 알려 왔다. 그러고는 모든 그의 소지품을 나에게 맡겼다.

이규창의 자서전에 따르면 엄형순은 거사 당일 불길한 꿈을 꾸었다.

나는 규학 형님과 형수 조계진께 자세한 내용이야 다 말을 못 하고 거사를 하는데 잘되면 형과 형수를 다시 만나고 그렇지 못하면 영원히 못 볼지도 모른다고 하면서 작별을 하였으며 성재(이시영) 숙부님의 아들 규홍 형과 형수에게도 작별인사를 하였다. ……1935년 3월 25일 새벽에 권총 한 자루씩 갖고 출발을 하는데 엄 선생이 나에게 당부하기를 간밤에 좋지 못한 꿈을 꾸었다고 하기에 내가 무슨 꿈을 꾸었느냐고 물으니 꿈에 큰 뱀이 자기에게 덤벼들어서 고생을 하다 깼다고 한다. 그래서 나는 그 말을 듣고 기분이 좋지 못하여 그러면 날짜를 다시 잡고 거사를 하자고 하였더니 정화암이나 다른 동지에게 오늘 한다고 하였는데 후일에 한다면 우습지 않겠는가 하며 거사를 결행하기로 정하니 나도 더 말하지 않고…….

두 사람은 이렇게 가슴 한구석에 찜찜한 것을 안고 이용노의 집으로 향했다. 사건 당사자인 이규창의 자서전에서 이 대목을 다시 인용해보자.

이용노의 집 문을 두드리니 안에서 누구냐고 하는 소리가 문 밖에서도 들린다. 엄 선생이 말하기를 임득산 씨의 심부름으로 온 김정학이라고 하니 문이 열리는 것이다. 문이 열려서 안을 보니 이용노는 침대에서 몸을 반쯤 일으키고 있었다. 그래서 엄 선생이 두말 않고 권총으로 이용노의 가슴을 향하여 연거푸 2발을 쏘니 심장에 명중하고 곧 절명하였다. 그러니 나는 곧 2층에서 내려오고 엄 선생도 2층에서 내려오는 중 별안간 칼로 엄 선생의 두부頭部를 쳐서 상처를 내고 위에서 덮치는 사람이 있으니 여자였다. 불의에 당하는 일이라 두부는 상처가 나고 연약한 여자라고 하지만 죽자하고 덤벼드니 기운이 센 엄 선생이라도 별 수 없었다. 내가 권총을 발사할 수도 없을 만큼 여자가 엄 선생을 껴안고 발악을 하니 공중에다 권총을 2, 3발을 쏘니 여자가 주춤하므로 그 틈에 엄 선생은 그 여자의 두부를 쳐서 자기를 잡은 손을 뿌리치고 대로大路로 나섰다. 두부에서는 선혈이 나고 나는 엄 선생을 부축하고 도피하였으나 주위의 사람은 점점 운집하고 여자는 추격하여 살인자를 잡으라고 고함을 치니 중국 경찰이 우리를 포위해 별수 없이 체포되고 만 것이다.

생각지도 않게 이용노의 부인 박성신朴聖信이 목숨 걸고 덤비는 바람에 잡히고 만 것이다. 그들은 연락선 평안환平安丸에 실려 국내로 압송되었다. 배 안에서 엄형순은 이규창에게 이렇게 말했다.

"너는 나이도 적으니 형을 받아도 잘 참고 출옥하여서 장래를 행복하게 살아라. 나는 죽음을 각오했다. 나는 당연히 죽는 것이 이치에 맞는다. 나는 17세에 만주로 가서 김좌진 밑에서 독립운동을 하며 왜놈과 그 주구走狗들을 수없이 살해하였으니 아무리 국가를 위해서 당연히 할 일을 한 것이지만 내 지금 생각하면 뉘우침이 많다. 너만은 내 이 맘을 잘 이해하여 달라."

국내로 압송된 이들은 혹독한 고문을 당했다. 이들뿐만 아니라 당시 국내에 있던 이을규도 끌려와 30여 번을 실신할 정도로 가혹한 고문을 받았다. 이을규뿐만 아니라 최학주崔學主 등 십여 명이 잡혀와 고문을 당했다. 이규창의 고문담을 들어보자.

종로서 지하실에 고문실이 따로 있다. 수도꼭지에 고무호수를 달아놓고 나를 목상木床(나무침대)에 뉜 뒤에 손하고 발을 목상에 매어놓고 왜놈 형사 사쿠라다[櫻田]라는 놈이 내 배에 타고 앉아서 수도를 들어 호수로 내 면상에다 물을 쏟는 것이다. 이렇게 되니 내 얼굴이 물에 빠진 것이나 다름없이 물을 있는 대로 먹고 기절을 하면 배에 타고 앉아 있던 왜놈이 나를 인공호흡을 하여 물을 토하게 하고 정신을 차리게 한 후 좀 있다가 또다시 그런 짓을 반복하는 것이다.

당시 종로경찰서 서장은 구로누마[黑沼]였고 독립운동 등 정치사건을 관할하는 고등계 경부보는 사이카[齊賀]였다. 사이카는 사상범이 잡혀오면 사상의 경중을 따져서 A, B, C급으로 분류했다. 그가 이규창의 사상을 진단한 장면을 보자.

나를 보고 묻기를 '국어國語'할 줄 아느냐고 하기에 할 줄 안다고 하니 그러면 말을 해보라고 하기에 내가 지금 하는 말이 우리나라 국어가 아니고 무엇이며 또 따로 무슨 국어가 있느냐고 반문을 하니 제하齊賀(사이카) 놈이 발끈 화를 내고 "빠가야로"라며 피우던 담배를 수갑을 찬 내 손등에다 지지며 "빠가야로"라는 말을 연발했다. 나는 내 손등이 담뱃불로 지글지글 타서 참으로 참기가 어려웠다. ……이 몇 마디 대화로 "너는 골수에 박힌 민족의식을 가진 놈이구나" 하였다.

서대문형무소로 이감된 이규창은 1936년 2월경 법원에 출정했다.

공판을 받을 미결수들은 수갑을 채우고 포승으로 명태 꿰묶듯이 5명이 한 조가 되게 하고 얼굴에다가 용수를 쓰게 한다. 그것은 공범간에 대화는 물론 외부인과의 연락을 방지하는 것으로 주위가 삼엄하다. ……661호 나오라고 하여 재판정에 들어가니 나보다 엄형순 선생이 먼저 입정하여 있었다. 나를 보고 몸이 편안하였나 하시기에 곧 답례를 하려 했더니 간수들이 말을 못 하게 막았다. ……판사가 엄 선생에게 검사가 기소한 사실과 너의 범죄 사실을 인정하는가의 물음에 다 인정은 하였으나 이규호(이규창)가 조상섭사건에는 전연 가담한 사실이 없고 자신은 실제로 가담했다고 반론을 제기하였다. ……검사가 논고 후 구형했는데 엄 선생에 대해서는 살인 및 살인미수의 죄를 적용하여 사형을 구형하고 나에게는 살인방조와 살인미수죄 또는 강도죄를 병합하여 연소함을 고려해 무기형을 구형한다고 하였다.

죽음을 각오한 엄형순은 이규창의 죄를 감해주기 위해 최선을 다했던 것이다. 최후진술에서도 엄형순은 당당했다. 이규창은 이렇게 증언했다.

자기의 행동은 국가와 민족에 대한 충忠과 의義의 행동이요, 전 세계 피압박민족에 대한 자유와 평등의 이념행위임을 주장하여 자기의 떳떳한 애국충정과 자유평등의 사상이 온 법정 안이 울리도록 침착하고 위엄 있게 피력하였다.

드디어 언도공판의 날이 다가왔다.

1936년 2월 18일에 재판소에 도착하여 10여 일 만에 엄 선생을 보았는데 나로서는 무엇이라 위안의 말을 드려야 할지 말문을 열지 못하였으나 엄 선생은 아무 일도 없었다는 초연한 자세로 도리어 나를 위로하며 너는 오늘 언도에서 무기징역만은 안 되기를 바란다고 하며 나는 이미 각오한 바를 너에게 언명했듯이 내 마음은 평안하니 조금도 심려 말라고 하시는 것이었다. 나는 그런 말을 듣고 하염없이 눈물이 쏟아지는 가운데 다시 한번 참으로 위대한 분이구나 하는 것을 마음속에 새기며 우러러 보게 되었다.

개정 30분 만에 엄형순은 사형, 이규창은 나이가 어리다는 이유로 징역 13년의 비교적 낮은 형량이 선고되었다. 이규창은 "엄 선생은 내 손을 잡으며 몸 건강히 있다가 좋은 세상이 오면 자당慈堂(어머니) 모시고 정말 잘살라고 하며 만면에 희색을 띠며 말하시는 것이었다. 나는 눈물만 흘리며 아무 말도 못 하고 서 있었다"고 회고했다.

정화암의 자서전에는 엄형순이 사형선고를 받은 후 보냈다는 서신에 대한 짧은 기록이 있다.

"얼마 후 엄형순은 남상 입달학원의 상이강常而剛에게 사형을 선고받았다는 글을 보내며 우리의 안부를 묻고, 그의 애인에게 자기를 잊어달라는 사연을 보내왔다."

이규창은 국내로 끌려온 독립운동가들의 처지가 어떠했는지 잘 기억하고 있었다.

감방(유치장)에 좌정坐定하는 것은 번호 순위로 좌정하며 감방 내에서는 절대로 잡담을 못 하며 잡담을 하다가 들키면 벌을 받는 것이다. 앉는 형식은 반드시 '세이자[正坐]'를 한다. 즉 꿇어앉는 것이다. ……형무소의 규칙은 일거수일투족이 모두 법에 따라 행동하므로 제 몸과 제 맘이 다 자기의 것이 아니라는 것을 각오하여야 한다. 그러니 인간이 사는 곳이 아님을 알게 된다. ……경적이 울리면 전 나체裸體로 1열로 감방 입구로 가서 양편에 간수가 있어 수인囚人(죄수)이 가지고 가는 수건을 훑어본다. 그동안 수인은 전후에 있는 목마를 타고 건너는데 양손을 들어 손가락을 펴며 입은 크게 벌려 자신의 번호를 일본말로 크게 부른 다음 수건을 받아서 감방에 가서 왜놈의 의복 '하오리'를 입고 번호수대로 꿇어앉는다. ……공장에서 나체로 입방하는 것은 사계절 똑같이 한다. 동절冬節 영하 20도에서도 마찬가지다.

이규창은 마포형무소에서 많은 경험을 했는데 1937년 여름에는 죄수 다섯 명이 타살당하는 참사를 겪기도 했다.

경성감옥 소장은 정년이 다 된 고등관 검사를 친임관親任官으로 임명하여 정년 될 때까지 감옥의 경비 소득을 자유자재로 하여 한몫 먹고 정년을 마치라고 봐주는 곳이다. 그래서 천여 명의 식생활 비용을 다 떼어먹으니 먹는 것이나 입는 것들의 참상은 차마 말할 형편이 못 된다. 그리하여 1937년 6~7월경에 대참사가 일어났던 것이다. ……12시 점심때였다. 콩밥에다 국이라고 6~7월 뙤약볕에 자란 상추를 소금물에 삶은 것이었다. 그러니 그 맛이 얼마나 쓰겠는가. 그 쓴 국이 천여 명의 점심 국이었다. ……그때 마침 왜놈의 담당 간수는 교대가 되고 조선 간수가 와 있었다. 한 죄수가 국의 맛을 보니 하도 써서 도저히 먹을 수 없었다. 그 죄수가 그 국을 들고 조선놈 간수에게 가서 "나리, 이 국의 맛을 좀 보시오. 써서 못 먹겠소"라고 하였다. 그러니 그놈이 그 국의 맛을 보고서 말하기를 "쓰긴 해도 감칠맛이 있구나" 하고 국그릇을 돌려주는 것이었다. 국그릇을 받은 죄수가 이 조선 간수의 얼굴에 국을 퍼부으며 말하기를 "감칠맛이 있으면 너나 먹어라" 하니 간수의 백색정복이 온통 국물을 뒤집어 써 흑색으로 변하게 되고 옆에서 이 광경을 보던 근 2백 명의 죄수가 일제히 고함을 지르며 소동을 피웠다. 이러자 간수가 당황하여 비상벨을 누르니 왜놈의 간수부장 이하 30명이 파이프공장으로 출동하여 주동자 10여 명을 조사실로 데려다가 목판木板에다 엎어놓고 격금대로 볼기짝을 사정없이 난타하니 둔부에서 선혈이 낭자하여 사방으로 튀니 소금을 둔부에 뿌려가며 난타를 계속했는데 얼마 있어 그 죄수는 그만 기절하고 말았다. 이렇게 하여 5인의 죄수를 같은 방법으로 난타치사하여…… 한꺼번에 5명씩이나 죽게 하였으니 당황하여 극비리에 처치하려고 하였으나 그렇게 마음대로 되는 것이 아니었다. 시간이 흐르자 전 감옥 내에 죄수를 타살하였다는 소문이 퍼졌다. 감옥의 왜놈 간수장, 부장, 간수놈들은 감시를 삼엄하게 하였다. ……작업이 끝나고 저녁밥을 다 먹은 후 감방에 입방한 지 약 30분경 1동 1호 감방의 죄수가 우렁찬 구호로 왜놈들의 잔인무도한 행위를 규탄하고 난 후 8동 각 방에서 사전언약이나 한 것같이 일제히 세면기를 두드리며 철창 밖에다 대고 "감옥에서 사람을 때려죽였다"라고 고함을 지르니 공덕리孔德里 언덕바지에 거주하는 주민들이…… 대성大聲 고함으로 맞장구를 치는 것이었다. 사태가 이쯤 되니 간수놈들이 갈팡질팡하고 소장 이하 할 것 없이 퇴소를 못 하고 속수무책인 모양이었다. 그러기를 약 1시간 이상 이런 광경이었다가 전 감방이 조용하였다. 그러자 형무국 형정刑政과장놈이 급거 출동하여 이 광경과 사정을 자세히 알고 타살한 이유를 다 알고 갔다고 한다.

……대위大尉라는 소장이 경질되고…… 후에 조선 간수 두 놈은 과실치사로 2년, 1년 반의 징역을 받았다고 전하였다.

이규창은 마포형무소에서 함께 수형생활을 했던 족형 이규보李圭甫의 간단한 수기에서 "장재욱張載旭, 김봉춘金奉春 등 5인 사死"란 내용을 찾아내 억울하게 죽은 사람의 이름이나마 기록으로 남겼다.

이규창은 마포형무소로 이감되어 김동삼과 오동진吳東振을 만났다. 김동삼은 앞서 말한 대로 1937년 옥사했고, 오동진은 만주의 정의부 군사부위원장 겸 사령장으로 국경지방의 일제 경찰지서를 여러 차례 습격한 용장이었다. 평북 초산경찰서의 추목주재소, 외연주재소, 벽동경찰서 여해주재소, 차련관주재소 등이 그가 습격한 곳이었다. 오동진은 고려혁명당을 조직해 활동하다가 1928년 일제 밀정인 김종원金宗源의 모략으로 체포되었다. 이규창이 마포형무소로 이감되었을 때 48세의 오동진은 이미 8년째 복역 중이었다. 오동진에 대한 이규창의 회고는 남다르다.

그분을 상면하니 저런 분이 어찌 왜놈의 군인과 맞서 선두지휘를 하시며 혈전血戰을 하셨나 할 정도로 외모가 잘 생기셨고, 그 풍채가 관후유덕하시며 인자한 풍기가 주위사람에게 호감을 주실 뿐만 아니라 인정이 철철 넘쳐흐른다. ……그분이 무기형을 받고 마포로 수감된 후 왜놈에게 요구조건을 제시하나 불허하므로 단식투쟁을 선포하고 단식에 돌입하였다. 처음 15일간은 물도 한잔 안 먹었다. 소장이 병동病棟에다 수감하고 왜놈 간수에게 감시를 하게 하고 조선 사람은 얼씬도 못하게 하고 매일 변기를 검사하였다. 물 한 모금도 안 먹었으니 소변인들 나올 리가 없었다. 그러기를 15일이 지난 후 오동진 선생께서는 물만은 먹겠다고 하여 15일 후에는 물은 먹고 단식하는 동안 조금도 자세가 산란하지 않고 자기의 신념을 필기로 집필하고 단식한 지 만 48일 만에 "단식이 끝났다"고 선언하고 음식을 요구하였다. 세계 사상 단식 48일을 한 사람은 지금까지 오동진 선생 이 분 외에는 없으며 저 유명한 인도의 간디 옹도 40일까지 단식한 기록이 있다. ……그러니 죄수들을 '닌겐[人間]이냐' 부정하는 왜놈 소장이 합장배례하고 '가미사마[神]'라고 칭하는 것이었다. ……불행히도 경성감옥에서 공주감옥으로 이송돼 해방의 기쁨을 못 보시고 1944년경 순국하시었다고 들었다.

『동아일보』 1934년 7월 19일자 기사에 다르면 오동진은 신의주감옥에서도 30일을 단식했다고 한다.

이처럼 옥중에서도 항일투쟁은 계속되었다. 엄형순처럼 일제에게 사형당하면서도 꿋꿋했고, 오동진, 김동삼처럼 옥중에서 순사殉死하면서도 한 치의 흔들림도 없었다. 상해에 남은 아나키스트들도 마찬가지였다.

일제가 점령한 상해에서

일제의 밀정 연충렬과 이태공을 제거하는 과정에서 남화연맹은 놀라운 사실을 알아냈다. 이종홍李鍾洪도 일제의 밀정이라는 자백을 받아낸 것이다. 이종홍은 김구의 측근인 안공근의 처조카였다. 이종홍이 밀정이라면 이는 곧 김구의 안위가 위태로움을 뜻했다. 그러나 그렇기에 더욱 더 신중하게 접근해야 했다. 다른 물증 없이 연충렬과 이태공의 자백만으로 처단할 경우 임정 측에서 오해할 소지가 있었다. 그래서 남화연맹은 일본 영사관과 통하는 위혜림에게서 이종홍과 관련된 자료들을 입수했다. 거기에는 이종홍이 받은 암살지령과 이간, 중상모략 내용 그리고 영사관에서 수수한 자금 내역들이 상세히 적혀 있었다.

관련 물증까지 확보했으니 안공근도 이종홍이 밀정이라는 것을 인정하지 않을 도리가 없었다. 남화연맹은 이종홍을 처단하기로 결정했다.

1933년 5월, 임정의 안경근은 이종홍을 입달학원 근처에 있던 상이강의 집으로 유인했다. 친척이 유인하자 이종홍은 별 의심 없이 따라왔다. 오면직 등이 이종홍을 밧줄로 결박하고 일본 영사관에서 입수한 자료들을 토대로 심문하자 이종홍은 자신의 밀정 사실을 고백할 수밖에 없었다. 오면직이 그를 처형했다.

이종홍을 처단한 오면직도 보통의 독립운동가들이 그렇듯이 파란만장한 인생을 살아온 인물이었다. 평양 대성중학을 중퇴한 오면직은 평양 사동광업소 고방출장소에 측량기술견습생으로 일하기도 하고, 농업에 종사하기도 하다가 3·1운동을 보고 일생을 독립운동에 바치기로 결심했다.

조선일보와 동아일보 안악지국 기자로 일하던 오면직은 임정에서 독립운동 자금 마련을 위해 파견한 홍완기洪完基를 도왔다가 이 사실이 발각되자 중국으로 망명해 상해에서 옛 스승인 김구를 만났다.

이때부터 오면직은 직접행동가로서의 면모를 보이는데, 그가 행한 첫 번째 직접행동은 레닌자금을 횡령한 김립金立을 제거한 것이다. 일제의 재판문서에 따르면 김립암살을 지시한 인물은 김구인데, 1922년

1월 김구에게서 권총을 받은 그는 김립을 찾기 시작했다. 같은 달 13일, 오면직은 상해 갑북閘北 근처의 한 가옥에서 김립을 발견했다. 두 시간 가량 김립을 미행하던 오면직은 드디어 기회를 잡고 그를 저격해 절명하게 했다. 김구는 『백범일지』에 "임시정부 공금 횡령범 김립은 오면직, 노종균 두 청년에게 총살을 당하니 인심이 쾌하다 하였다"고 적었다.

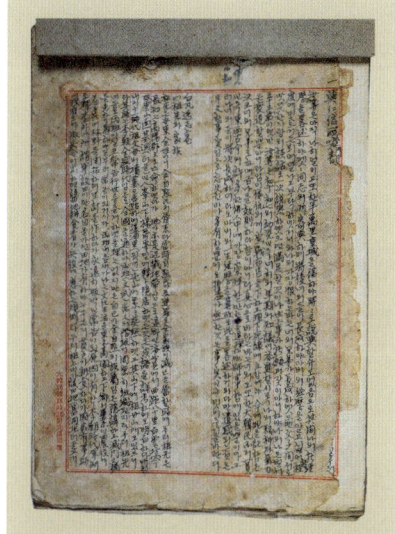

『백범일지』.
김구의 자서전 『백범일지』는 항일운동의 최전선에서 항일운동을 펼친 김구가 유서를 대신해 기록한 것이다.

오면직은 임정 산하 한국 모병회의 파견원으로 군사기술을 습득하기 위해 하남성 독군 풍옥상馮玉祥이 경영하는 군관학교에 입학했다가 중퇴했다. 그는 상해와 천진 등에서 이회영과 정화암, 백정기 등을 만나 아나키스트가 되었다. 오면직의 별명은 양여주楊汝舟였는데 이는 이회영이 지어준 것으로 '사람을 건네주는 배가 되라'는 뜻이었다.

남화한인연맹에 가입한 후 연충렬, 이태공, 이종홍 등을 처단하는 등 직접행동에 나섰던 오면직은 1933년 10월경 김구의 부름을 받았다. 김구는 사실상 붕괴된 한인애국단 같은 직접행동 조직을 재건하기로 하고 조직 재건의 적임자로 옛날부터 알던 오면직을 불렀던 것이다. 오면직은 스승이기도 한 김구의 부탁을 거절할 수 없어 수락했다. 그런데 이는 임정과 남화연맹의 사이를 일시 벌어지게 하는 계기가 되었다.

한인애국단으로 복귀한 오면직은 1934년 12월 말경 남경성 내 목장영木匠營 고안리高安里 1호에서 김구, 안공근, 안경근, 노태연 등 임정관계자와 이의흥李義興 등 군관학교 졸업생 30여 명과 함께 한국독립군 특무대를 조직했다. 김구가 특무대장이 되었고, 안공근이 참모장, 오면직이 비서를 맡아 이 젊은 한인들을 고안리에 합숙시키며 지도했다.

오면직의 판결문에 나오는 이 독립군 특무대는 사실상 한인애국단과 같은 단체였다. 그러나 독립군 특무대는 결성 후 별다른 활약을 보이지 못했다. 그러자 임정에 복귀한 오면직은 차차 불만이 쌓여갔다. 정화암은 이런 상황에 대해 남화연맹의 입장에서 회고했다.

"서간단사건 후 임정 측의 애국단으로 복귀한 양여주(오면직)는…… 그쪽 생활이 무의미하고 타락해가자 김구를 만나 호소하려 했다. 그러나 양여주는 도저히 김구를 만날 수가 없었다. ……그는 뜻을 같이하는 청년들과 단합하여 애국단에 반발하게 되었고, 이로 인하여 마침내 임정에는 내분과 알력이 생기게 되었다."

임정에서 탈퇴한 오면직은 20여 명의 청년들을 데리고 남화연맹으로 복귀하려 했으나 임정과의 관계를 고려한 남화연맹은 그를 받아들이지 않았다. 그러자 오면직은 스스로 직접행동 조직을 결성했다. 상해혈맹단上海血盟團이란 단체였다. 아나키스트 오면직이 조직한 상해혈맹단은 물론 아나키즘단체였는데 민족주의 색채도 강한 조직이었다.

상해혈맹단원들은 일제 요인 암살을 시도하다가 1936년 3월 6일 치열한 시가전 끝에 일본 영사관 경찰에 체포되고 말았다. 이들의 체포를 보도한『동아일보』1936년 3월 8일자 기사를 보자.

> 총영사관 경찰은 6일 오후 3시가 지나 중국 측 공안국의 원조 아래 조선인이 숨어 있던 모처를 습격하여 방 안과 길거리에서 맹렬한 격투를 한 후 혈맹단이란 테러단을 결성하여 일본 측 요인을 주목하고 있던 4명의 조선인을 체포하여 취조중이다. ……그중 오면직은 소화昭和 7년 (1932년) 4월 29일 상해 신(홍구)공원에서 천장절 축하 당일 시라카와 대장을 폭격하여 죽게 하고 우에다 관동군 사령관에게 중상을 입힌 폭탄을 만든 범인으로서 아리요시 전 대사의 암살을 계획하였다가 미수한 테러단의 수령首領이라고 한다…….

『동아일보』는 1936년 5월 23일자에서도 이 사건을 보도했다.

> 남경군관학교 재학 중인 조선 학생이 조선○○단의 지휘를 받아 일·중관계를 결렬시킬 목적으로 군관학교 조선인 생도 다수를 상해에 잠입케 하여 일본 측 관계 당국 수뇌 암살을 계획하고 있으므로 상해 영사관 경찰에서는 대경실색하여 아리요시 대사, 이시이[石射] 총영사, 우에다[上田] 경찰부장 등의 신변을 엄중 경계하는 일방 범인 체포에 활동을 개시하였다 함은 본보에 기보하였거니와 이제 그 범인들이 저간에 체포되어 상해 영사관 경찰의 취조를 받고 있다가 23일 오전 8시 인천에 입항한 평안환으로 동 암살단 중 4명이 압송되어 목하目下 인천에 임시유치 중인데 동 평안환이 다시 상해로 갔다가 인천에 입항할 때 또다시 2명의 범인을 압송하리라 한다.

이때 체포된 상해혈맹단원들은 오면직, 김창근金昌根, 유형석柳瀅錫, 김승은金勝恩, 한도원韓道源 등이었다. 그중 오면직과 김창근은 해주 지방법원에서 사형선고를 받고 순국했다.

김창근은 임정 산하로 1925년 결성된 병인의용대丙寅義勇隊 소속이었는데, 병인의용대는 일제와 직접 맞서 싸우는 한편 공산당원들의 반 임정활동도 억제하던 직접활동단체였다.

김창근은 아나키스트 백정기 못지않게 담력이 커서 병인의용대 대원 최동선崔東善(일명 최병선), 장영환張英煥 등이 상해 일본 총영사관 경찰에게 체포당하자 보복을 결심하고 실행하기도 했다. 그는 1926년 4월 6일 김광선, 이수봉과 함께 상해 총영사관 뒤쪽 도로를 자동차로 질주하면서 김광선과 폭탄을 투척했고, 이수봉은 쫓아오는 일제 경찰들에 총을 쏘며 저지했다. 그야말로 한 편의 영화 같은 장면을 연출했던 것이다.

김창근은 또한 1935년 12월 말 일본 총영사관에 근무하는 후지이[藤井] 경부보를 암살대상자로 지목하기도 했다. 후지이 경부보가 한국의 독립운동가를 여럿 체포하고 혹심하게 고문했기 때문에 제거를 결심했던 것이다. 김창근은 후지이가 살고 있는 관사 정문에 폭탄을 장치하고 그의 외출을 기다리다가 그가 나타나자 폭사시키려 했으나 폭탄이 불발해 뜻을 이루지 못했다. 그 후 오면직과 상해혈맹단을 조직했다가 결국 사형에 처해지고 말았다.

김구는 한때 남화연맹과 사이가 소원했으나 다시 남화연맹과 손을 잡았다. 김구는 큰아들 김인金仁과 김종수金鍾秀 등의 조사를 통해 안공근의 활동에 문제가 있음을 알게 되었다. 정화암은 이때 안공근이 중국 국민당 남의사의 대립戴笠을 움직여 김구를 축출하려다가 오히려 자신이 축출당했다고 회고했다.

　김구는 안공근을 중심으로 진행하던 모든 활동을 봉쇄하고 각종 정보기기와 그가 쓰던 집까지 모두 정화암에게 넘겼다. 정화암은 김구에게서 넘겨받은 이런 시설들을 정리해 중국 거리와 일본 조계의 경계선 부근에 화실강필창華實剛筆廠이란 만년필공장을 설립했다. '화실華實'이란 이름은 출옥 후 다시 상해로 망명해온 아나키즘적 민족주의자 오산 이강이 '화암의 실업체'란 뜻으로 지어준 명칭이었다. 이 공장에는 정화암뿐만 아니라 중국과 일본인 아나키스트들이 함께 참여했다.

　만년필공장은 유자명의 입달학원과 함께 상해 아나키스트의 아지트로 활용되었다. 각종 연락이나 무기를 쌓아놓는 무기고 역할도 했다. 화실강필창은 그럭저럭 운영되는 편이었으나 그 수익금이 모두 동지들의 생계비와 활동비로 들어갔고 그들의 활동반경이 커질수록 더 많은 자금이 필요해져 경영이 점점 어려워졌다.

　한 예로 정화암은 이 공장에서 생산한 만년필을 복건성 천주의 이강에게 자주 보냈다. 독립운동의 선배에게 만년필을 판 수익금으로 생활하도록 배려한 것이었으나 이 또한 경영을 압박하는 요인이 되었다.

　게다가 1937년에 제2차 상해사변이 일어나자 정화암은 공장문을 닫아야 했다. 만주 점령에 만족하지 못한 일제는 1937년 7월 7일 발생한 노구교사건을 중국 침략의 명분으로 사용했다. '마르코 폴로 다리Marcopolo Bridge'란 뜻의 노구교는 북경 남서부 교외에 있는 다리인데 그 부근에 중국 국민당의 송철원宋哲元의 29군이 주둔하고 있었다. 그런데 야간훈련 중이던 일본군 중대에서 몇 발의 실탄 사격소리와 함께 일본군 병사 1명이 행방불명되는 일이 발생했다. 이것이 만주사변처럼 일제의 자작극인지 중국 항일세력의 소행인지는 분명하지 않았으나 일제의 제1차 고노에[近衛] 내각은 이를 '중국 측의 계획적 무력항일'로 단정하면서 파병 성명을 발표하고 북경과 천진을 공격했다.

1937년 8월 13일, 일본군이 또다시 상해를 총공격했으니 이를 제2차 상해사변이라고 한다. 전면적인 중일전쟁이 시작된 것이다. 장개석은 대일항전對日抗戰 성명을 발표했고, 중국공산당도 '정성단결, 일치항일精誠團結一致抗日'을 주장해 그해 9월 국민당과 공산당 사이에 제2차 국공합작國共合作이 성사되었다. 일제는 전쟁을 신속히 끝맺으려 했으나 국공합작을 성사시킨 중국군의 완강한 저항에 부딪혀 그해 12월에 이르러서야 남경을 겨우 점령한 후 그 보복으로 남경 대학살을 일으켰던 것이다.

이처럼 중일전쟁이 발발하고 일제가 상해를 점령하자 화실강필창도 문을 닫아야 했다. 독립운동가들에게 산소 같은 역할을 하던 프랑스 조계도 이미 일본군이 점령한 뒤였다. 더 이상 상해에서 활동하는 것은 불가능했다.

그러나 남화연맹은 상해를 떠나지 않았다. 공장은 문을 닫았어도 정화암은 형식상 매일 아침 출근했다. 일정한 직장도 없이 집에만 있을 경우 일본 관헌의 의심을 받기 때문이었다.

상해를 점령한 일제는 아나키스트들을 이용하려 하기도 했다. 전쟁을 반대하는 아나키즘 이론을 이용해 '어떤 조건'을 제시한 반전운동을 일으키려고 종용했던 것이다. 일본 영사관의 사에키[佐伯]는 상해의 일본군부와 영사관의 합동회의에서 결정한 그 '어떤 조건'에 대해 위혜림에게 전해달라고 말했다.

"반전운동을 해준다면…… 정화암에게는 충분한 보답을 해주겠다.

첫째, 과거 10여 년 동안 대일본제국에 자행한 모든 반역행위의 죄과를 묻지 않으며 따라서 그를 제거하려는 우리의 계획을 중지하겠다. 둘째, 그가 구상하고 있는 문화사업을 도와주겠다. 신문사, 통신사, 학교, 연구단체 무엇이든 좋다."

이 말을 전해 들은 정화암은 다음과 같은 대답으로 '어떤 조건'을 거부했다.

"전쟁이 싫으면 일본놈들이 보따리 싸들고 자기 나라로 돌아가면 그만 아니오. 반전운동이 우리 이념에 맞으니 하긴 해야지요. 그러나 반전운동은 중국에 있는 우리가 아닌 일본에 있는 일본 아나키스트들이 해야 합니다."

그러자 일제의 수사망은 더욱 좁혀졌다. 일제는 정화암을 비롯한 남화연맹 관계자들을 체포하기 위해 혈안이 되어 있었다. 화실강필창이 일본군의 수색을 받아 정화암이 체포될 뻔한 적도 있다. 그날은 다행히 딸(정중화鄭重華)이 공원에 놀러가자고 조르는 바람에 회사에 출근하지 않아 체포를 모면했다.

그러나 정화암이 가끔 출입하던 문화생활출판사文化生活出版社의 책임자 육성천陸成泉이 끌려 나가 살해당하기도 하는 등 상해에서는 더 이상 숨을 곳이 없었다. 그는 오산 이강이 있는 복건성 천주로 피하기로 했다. 정화암은 천주까지 갔으나 곧 천주를 떠나 하문廈門과 고랑도鼓浪島를 거쳐 구사일생으로 홍콩까지 갔다. 그는 같은 영국령인 구룡九龍에 사는 중국인 동지 장중壯重을 만나 도움을 받았으나 홍콩에서는 항일투쟁을 할 수가 없었다. 정화암은 프랑스 배 샤페이호를 타고 일본군이 점령하고 있는 상해로 다시 잠입했다.

무장투쟁으로 최후의 승리를

남화한인연맹은 일제의 침략을 좌시하고 있을 수 없었다. 일제가 상해를 점령하자 정화암 등 남화한인청년연맹 조직원들은 1937년 말 안휘성 남부 상요上饒지방으로 근거지를 옮겼다.

국공합작의 기운이 높아지자 한인 독립운동단체 사이에도 다시 통합의 기운이 일었다. 모두 힘을 합쳐 일제와 싸우자는 공감대가 형성된 것이다. 그 결과 한국국민당, 한국독립당, 조선혁명당, 대한독립동지회 등의 우파 정당과 단체들은 1937년 8월 '한국광복전선韓國光復戰線(약칭 광선)'을 조직했다.

정화암, 유자명, 나월환 등의 아나키스트들은 중일전쟁 발발 직전 '조선혁명자연맹朝鮮革命者聯盟'을 결성하고 다른 단체와 연합하려 했다. 연합대상은 조선민족혁명당, 조선민족해방동맹 등의 좌파계열 단체들이었다. 드디어 1937년 12월 한구에서 좌파계열의 연합전선인 '조선민족전선연맹(약칭 민선)'이 결성되었는데, 민선의 투쟁강령 제5항은 '중국 항일전쟁에 참가'한다는 것이었다.

아나키즘의 국제연대 정신은 한인 무장부대가 '중국 항일전쟁에 참가'하는 것에 큰 도움이 되었다. 순수한 민족주의단체는 중국인 동지를 찾기가 쉽지 않았으나 아나키스트들은 중국인 아나키스트들의 많은 지원을 얻을 수 있었던 것이다.

중국 내륙 서안西安에 주둔한 국민당 제34집단군 사령관 호종남胡宗南의 비서장이자 의형제인 호보일胡保一이 아나키스트였고, 호종남의 스승 엽정수葉淨秀도 아나키스트였으므로 제34집단군은 한국 무장부대의 결성에 호의적이었다.

이런 한·중 아나키스트들의 노력으로 1938년 '한국청년전지공작대韓國靑年戰地工作隊(약칭 청년공작대)'가 결성되었다.

청년공작대의 중심 인물은 나월환, 박기성 등이었는데 이들은 모두 조선혁명자연맹의 조직원들이었다. 서안을 본거지로 삼은 청년공작대는 일본군의 기밀탐지, 일본군 내에 있는 한적사병韓籍士兵을 초모하는 선무공작 등을 했으며, 기관지로『한국청년』을 발간했다. 간부는 대장 나월환, 부대장 김동수, 군사조장 박기성, 정훈조장 이하유, 예술조장 한유한, 공작조장 이재현 등이었다. 대원 중에는 중국 중앙군관학교 출신도 십여 명 포함되어 있었다.

나월환은 항일연합전선이 항일투쟁에 효과적이란 판단 아래 임정과의 연합을 받아들였고, 그 결과 1940년 9월 17일 중경의 가릉빈관嘉陵賓館에서 한국광복군 성립 전례식을 거행했다. 이듬해 1월 1일 청년공작대 전 대원이 광복군 제5지대로 편입되었고, 중국 전시간부 훈련반에서 1년간 훈련을 받았다. 그 후 그들은 낙양, 정주鄭州 등지에서 광복군 징모徵募 5분처로, 일본군 내 한적사병을 초모하는 광복군 징모사업에 주력했다.

그러던 중 의외의 사건이 발생한다. 정화암의 표현에 따르면 한국판 서안사변이 일어난 것인데, 나월환이 대원 박동운朴東雲에게 피살된 사건이었다. 나월환이 임정에 완전히 포섭되었다고 여긴 박동운은 나월환을 살해한 후 못 쓰는 우물 속에 던져버린 것이다. 나월환이 같은 민족에게 살해된 이 사건은 서안에 엄청난 파문을 불러 일으켰다.

나월환은 그 전에 상해에서 일경에게 체포되어 아나키스트들에 대한 정보를 대도록 고문당했으나 이를 끝끝내 거부하고 본국으로 송환되는 도중 배에서 탈출한 적도 있다. 그는 이 일로 일약 영웅이 되어 중국 군관학교 교수 자격의 배지를 달고 다닐 수 있는 특별대우를 받기도 했다. 그가 살해되자 임정에서는 호종남 부대에 사건과 관계된 공작대원들의 즉각 처단을 요구하는 서한을 보냈고, 호종남은 이십여 명을 체포해 사형에 처하려고 했다. 이때 중재에 나선 인물이 정화암이었다. 정화암의 설득을 받은 호종남의 비서장 호보일이 "한국의 독립운동세력에는 갈래가 많아서 임정 측의 말만을 들을 필요는 없다"고 주장해 직접 관련된 두 명을 제외한 전원을 석방했다.

청년공작대가 활동하던 시기에 정화암은 건양建陽과 상요를 중심으로 한·중 연합의 합동유격대를 건설하기 위해 동분서주했다. 항일무장부대를 갖는 것이 오랜 꿈이었던 김구는 물론 김원봉도 이에 적극 찬성했고 건양 주둔 중국군도 적극 협조해 1939년 초가을 '한중합동유격대'가 결성되었다. 한국청년전지공작대와 한중합동유격대는 각각 서안과 상요·건양을 무대로 항일무장투쟁을 전개했다. 당시 서안은 직접적인 전선이었고 상요와 건양도 강서성, 안휘성, 복건성, 절강성의 중심지였다. 또한 이 지역은 강소성 주석이자 제3전투구역 사령장관인 고축동顧祝同이 담당하고 있는 주요 지역이어서 한인 무장부대들의 활동이 갖는 의미는 아주 컸다.

한중합동유격대는 세력을 확장해 '한중합동전시공작대戰時工作隊(이하 한중공작대)'로 확대 개편되었다. 이 한중공작대는 중국군과의 연합작전뿐만 아니라 미군과의 합동작전도 수행했다. 상요에는 미국 공군사령부의 분소가 설치되어 있었는데, 분소 정보책임자의 가장 중요한 임무는 연합군포로수용소의 정확한 위치를 알아내 그들을 모두 탈출시키는 것이었다.

분소책임자 쇼는 중국군의 정보가 신통치 않자 정화암에게 일본군포로수용소의 위치를 물었다. 화북의 북경, 천진과 남부의 상해, 항주, 무한 등지에 있는 포로수용소의 정확한 위치를 알려달라는 요청이었다. 쇼는 암호가 적혀 있는 얇은 비단쪽지를 주며 수용소라고 짐작되는 곳에 넣으면 해독방법을 아는 미군 장교가 반드시 밖으로 연락할 것이며, 이 경우 상해 같으면 30분 안에 작전을 개시해 포로를 석방시킬 수 있다고 했다.

정화암은 연합군포로수용소를 알아내기 위해 항주에서 백 리 넘게 떨어져 있는 최전선 동요東饒까지 잠입하는 등 상해, 항주, 무한을 중심으로 첩보활동을 전개했다. 그는 일본군에서 탈출해나오는 한국 학병들과 군속軍屬들에게도 정보를 수집한 뒤 수용소라고 짐작되는 곳에 비단쪽지를 집어넣었다. 그러자 쇼의 말대로 회답이 돌아왔고 미 공군기가 폭격을 하는 사이 유격대가 공격을 감행해 포로들을 탈출시켰다.

한중공작대는 제2차 세계대전이 끝날 때까지 활발한 활동을 전개했다. 그들은 일제가 전쟁용으로 건설해놓은 도로를 파괴하는 작전도 수행했다. 일제는 1944년 7월 북경과 광서성의 진남관을 잇는 화북-화남 연결도로를 건설했고, 다음 해 1월에는 광동성의 광주와 호북성의 무한을 잇는 오한선奧漢線도 건설해 중국 대륙에 원활한 수송선을 확보하려 했다. 한중공작대는 이 군사도로를 끊는 작전을 여러 차례 실시해 일제의 군수물자 수송에 막대한 타격을 주었다.

또한 1944년 가을부터는 일본군 내의 한인 학병들을 탈출시키는 작전을 벌여 수백 명의 학병들을 구해내는 한편 이들을 이용해 주요 정보를 빼냈다. 그중 남경 중산대학 출신의 조일문趙一文이 일제의 전투계획이 상세히 적힌 비밀문서를 가지고 탈출했는데, 정화암은 정보의 무게가 크다고 판단하고 임정을 통해 중국 정부와 직접 접촉하기 위해 중경으로 갔다. 복건성 영안에 기착한 그는 영안에서 사업을 하는 중국인 진조희의 형에게 중경으로 가는 비행기 편을 부탁했다. 진조희의 형은 다음날 비행기 편을 마련해놓고 한국의 독립운동가를 위한 연회를 베풀어주었다.

정화암이 일제가 패망했다는 소식을 들은 것은 바로 그 연회석상에서였다. 일제의 패망은 기쁜 소식이었지만 항일혁명가들은 그 소식에 기뻐할 수도 없었다. 김구는 『백범일지』에서 그 이유를 이렇게 토로했다.

그것(일제 패망)은 내게 기쁜 소식이라기보다 차라리 하늘이 무너지고 땅이 꺼지는 듯한 일이었다. 몇 년 동안 고생하면서 참전을 준비한 것도 모두 허사가 되고 말았다. 서안과 부양에서 훈련받은 우리 청년들에게 각종 비밀무기와 무전기를 휴대시켜 산동반도에서 미국 잠수함에 태워 국내에 침투시켜 주요 지점에서 각종 공작을 전개하여 인심을 선동하고 무전으로 연락하여 미국 비행기로 무기를 운반할 계획까지 미국 육군성과 다 약속해두었다. 그런데 그런 계획을 한번 실행해보지도 못하고 왜적이 항복했으니, 진실로 지금까지 들인 정성이 아깝고 앞으로 닥칠 일이 걱정되지 않을 수 없었다.

'앞으로 닥칠 일이 걱정되지 않을 수 없었다'는 김구의 생각은 기우가 아니었다. 항일혁명가들에게 '앞으로 닥칠 일'도 '지금까지 겪은 일' 못지않은 시련의 연속이었기 때문이다.

미완의 과업

정화암은 자서전에 이렇게 썼다.

> 카이로선언과 포츠담선언에서 우리 한국의 독립이 강조된 것도 이와 같은 우리의 항일전에서 얻은 전과에서 연유된 것임을 나는 굳이 강조하고 싶다. 그것은 해외에서 일신을 돌보지 않고 오직 조국의 독립을 위해서 싸웠던 수많은 독립운동가들의 피의 대가였고 투쟁의 산물이었다.

정화암의 말대로 한국의 해방은 국내외에서 수많은 애국지사들이 치열하게 투쟁한 결과였다. 그들은 나라를 일제에 강점당한 1910년부터 만 35년 동안 하루도 쉬지 않고 싸웠다. 세계 민족해방운동 사상 이렇게 긴 기간 동안 투쟁이 그치지 않았던 사례를 찾기도 쉽지 않다. 1910년 집단 망명했던 우당 이회영 형제 중에 1945년 일제의 패망 때까지 생존했던 인물은 다섯째인 이시영뿐이었다. 다른 형제들은 모두 고문사하거나 아사餓死했다.

이시영의 망명 기간은 대한제국이 일제에 패망한 기간과 같은 만 35년이었다. 이렇게 나라가 망하던 해 망명했던 이시영은 일제 패망 당시 대한민국 임시정부 국무위원이었으나 임정 주석인 백범 김구와 함께 1945년 11월 '개인 자격'으로 귀국해야 했다. 미 군정이 이들을 '개인 자격'으로 규정한 것부터가 '앞으로 닥칠 일'의 전주곡이었다. 물론 임시정부가 해방 후 수립될 새 정부에서 배타적, 독점적 지위를 가질 수 있는 것은 아니었다. 임시정부는 다른 많은 독립운동세력들

이시영(왼쪽에서 네 번째 노인)과 김구(가운데) 귀국 장면.
이시영은 일제 패망 당시 대한민국 임시정부 국무위원이었으나 개인자격으로 임정 주석인 김구와 함께 귀국했다. 1910년 집단 망명했던 이회영 형제 중에 유일한 생존자였다.

과 연합하거나 협력해 새 정부를 수립해야 했다. 많은 한국민들이 임시정부를 주축으로 다른 많은 독립운동세력들이 연합해 새 정부를 구성하기를 바랐고, 또 그렇게 될 것으로 믿었다.

해방이 되자 감옥에 갇혀 있던 수많은 항일혁명가들이 출옥했고 친일파들은 몸을 숨겼다. 그러나 미 군정이 독립운동가들에 대해 그다지 우호적이지 않고, 친일파에 대해서도 그다지 적대적이지 않다는 사실이 드러나자 도망갔던 친일세력들은 다시 몸을 드러냈다. 그리고 다시 요직에 진출했다.

이규창은 옥중에서 정의부의 맹장 정이형鄭伊衡을 만났다. 1927년 3월 하얼빈 전가전傳家甸에서 체포된 정이형은 1945년 일제의 패망으로 석방될 때까지 19년 동안이나 옥중투쟁을 전개했다. 이규창은 정이형을 마포형무소의 인쇄소에서 만났다고 구술했는데, 이 인연으로 해방 후 이규창은 정이형의 딸 정문경과 혼인했다.

정이형은 해방 후인 1946년 12월 김규식, 여운형, 홍명희 등과 함께 남조선과도입법위원으로 선출되었는데, 그가 입법의원직을 수락한 이유는 '친일파 처리 특별법'을 제정하기 위해서였다. 정이형 등이 노력한 결과 '부일반역 전범 간상배에 대한 특별 법률조례 기초위원회'가 구성되었고 정이형이 위원장에 선출되었다.

위원회는 정부 수립 이전에 친일파를 처벌하는 것을 목표로 삼았다. 친일파들이 정부 요직에 진출하는 것을 방지하기 위해서였다. 정이형은 남조선과도입법의원 회의에서 "부일협력자의 규정은 광범위로 하였으나 그 적용은 극히 제한하여 수는 약 20만으로 추산되나 실제 처단받는 수는 얼마 안 될 것이다"라고 했다. 부일협력자의 규정은 광범위하게 함으로써 이들이 새 정부의 요직에 진출하는 것을 방지하려는 뜻이었으며, '그 적용을 극히 제한'한다는 것은 적극적인 친일파 외에는 사법처리하지 않겠다는 뜻이었다. 그러나 미 군정이 친일파에 적대적이기는커녕 우호적이라는 정황이 속속 드러나며 '친일파 처벌법' 제정은 많은 반대에 부딪혔다. 이미 경찰 등의 주요 요직을 차지한 친일세력들이 조직적으로 반발했고, 입법의원들 중에서도 반대하는 의원들이 적지 않았다.

1947년 3월 21일 입법의원 제35차 본회의에서 정이형과 다른 의원들이 친일파 처벌 문제를 두고 벌인 공방은 앞으로 전개될 일에 대한 정확한 예견이었다. 이순탁李順鐸이 "친일파 등에 대한 남북의 규정이 다른데 임정이 수립되면 어떻게 되는가? 부일협력자에게는 선거권만을 부여함이 여하한가?" 하고 묻자 정이형은 "통일 정부가 선후에 다시 고려될 문제이고 부일협력자에 대한 공민권 박탈은 최경最輕

정이형.
정의부 제1중대장 정이형은 1927년 하얼빈에서 체포되어 무기징역을 선고받고 19년 동안 옥중 투쟁을 벌였다. 해방과 동시에 석방되어 남조선 과도입법위원으로 친일파 처리 특별법 제정에 앞장섰으나 1956년 불우하게 세상을 떠났다.

(가장 가벼운) 형벌이다"라고 답했다. 부일협력자에 대해 선거권과 피선거권을 모두 박탈해야 한다는 뜻이었다. 친일파들의 출마나 투표권 행사를 제한함으로써 이들이 새 정부 구성에 영향력을 행사하는 것을 차단하려는 의도였다. 그러나 이런 방안에 대해 홍성하는 "선거 실시가 절박하였으니 동법 실시는 불가능하며 혼란을 일으킬 우려가 있으니 보류함이 여하한가?" 하며 반문했다. 친일파 처벌법 제정과 실시를 보류하자는 것이었다. 김구가 걱정한 '앞으로 닥칠 일'이 현실화되는 순간이었다. 홍성하의 질문에 정이형은 "처단 않으면 그들이 정권을 잡을 것이다"라고 했는데, 이는 대한민국의 미래를 정확하게 말해주는 것이었다.

친일세력은 이미 친일파 처벌법 제정과 실시를 무력화시킬 수 있을 만큼 미 군정 내에 부활해 있었다. 특히 경찰은 친일파들의 소굴이었다. 미 군정의 자료에 따르면 미 군정 내의 친일 경찰 수는 가장 고위직인 총감 1명 중 1명(100%), 관구장 8명 중 5명(63%), 도경국장 10명 중 8명(80%), 총경 30명 중 25명(83%), 경감 139명 중 104명(75%), 경사 969명 중 806명(83%)이나 되었다. 일제시대의 경찰이 그대로 복원된 것이었으며, 반민특위의 와해는 이때 예견된 셈이었다.

되살아나는 역사

나라가 위기에 처했을 때 나라를 팔아먹는 데 앞장선 지배층이 있었던 반면 자신과 가족의 모든 것을 던진 지배층이 있었다는 사실이 역사의 어둠 속에 묻혀 있었던 것은 놀라운 일이 아닐 수 없다.

우당 이회영 일가를 비롯해 백하 김대락, 석주 이상룡, 일송 김동삼 일가 등의 집단 망명, 충청도 진천과 강화도, 평안도와 함경도 등에서 집단적으로 이루어졌던 사대부들의 집단 망명이 제대로 알려지지 않은 것은 친일세력에 대한 인적 청산의 실패에 일차적 원인이 있다. 친일세력에 대한 인적 청산의 실패는 일제 식민사관에 대한 종합적 검토와 극복도 불가능하게 만들었다.

조선총독부 산하 조선사편수회 출신들이 해방 후에도 계속 살아남아 사학계 주류의 지위를 차지했고 식민사관은 대한민국에서 버젓이 정설定說의 지위로 복원되었다. 그 결과 수많은 독립투쟁사가 어둠 속에 갇혔다.

그러나 망국과 동시에 만주지역에서 조직적인 독립운동이 가능했던 것은 자신의 모든 것을 희생한 지배층이 있었기 때문이다. 이들의 역사는 이제야 조금씩 그 실체를 드러내고 있다. 이들의 노블레스 오블리주가 우리 사회에서 실제에 걸맞은 대접을 받는 날, 비로소 우리 사회도 커진 외형에 걸맞은 정신을 가질 수 있을 것이다.

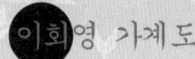
이회영 가계도

이항복李恒福 ─── **태좌**台佐 ─── **종성**宗城 ─── **경륜**敬倫 ─── **정규**廷奎 ───
(1556~1618년)　(1660~1739년)　(1692~1759년)　(1735~1789년)　관찰사(순조)
영의정(선조)　좌의정(영조)　영의정(영조)　입양
이회영 10대조　이회영 6대조　이회영 5대조　관찰사(정조)

이회영 가계도

이회영 연보

1867년 4월 21일 (출생)	서울시 중구 저동苧洞에서 이조판서吏曹判書 이유승李裕承의 넷째 아들로 출생.
1896년(30세)	항일의병의 자금조달을 위해 개성 인근 풍덕豊德지방에 삼포蔘圃농장 경영.
1901년(35세)	일인의 계획적인 삼포농장 훼손사건으로 법정투쟁 승소. 탁지부度支部 판임관判任官으로 임명받았으나 사양.
1905년(39세)	동지 이상설李相卨, 아우 이시영李始榮(당시 외부 교섭국장)과 을사조약 파기운동 전개했으나 실패. 나인영羅寅永, 기산도奇山度 등과 을사오적 암살을 모의했으나 실패.
1906년(40세)	이상설, 여준呂準, 장유순張裕淳, 이동녕李東寧, 유완무柳完懋 등과 만주의 독립운동기지 설치 계획 후 용정촌龍井村 서전서숙瑞甸書塾 설립 참여.
1907년(41세)	서울 상동교회尙洞敎會 지하 상동학원尙洞學院 학감學監으로 취임. 헤이그 만국평화회의 대표 파견을 고종에게 건의. 백지위임 밀서(대한제국 황제 신임장과 친서)를 궁내부대신宮內府大臣 조정구趙鼎九와 내시內侍 안호형安鎬瀅을 통해 받아 블라디보스토크에 망명 중인 이상설에게 전달. 이준李儁, 이위종李瑋鍾 등이 합류해 헤이그 만국평화회의장에 출석하려고 했으나 일본의 방해로 참석 실패. 이상설은 언론에 강제로 체결된 을사조약이 무효임을 주장하는 성명을 냄. 이준이 사망했다는 소식이 전해지자 상동학원을 중심으로 추모하고 이준의 죽음을 할복자결로 공표해 국민감정을 분기함. 이를 계기로 상동학원을 거점으로 이동녕, 전덕기全德基, 양기탁梁起鐸, 이관직李觀稙, 김진호金鎭浩 등이 발기해 최초의 독립운동 비밀결사체인 신민회新民會 조직.
1908년(43세)	블라디보스토크로 이상설을 찾아가 독립운동 방약을 논의해 우선 후진의 실력배양에 힘쓰기로 함. 귀국 후 1909년에까지 전국 각지에 교사 파견.(평양 대성학원에 김사열金思說, 정주 오산학교에 이강연李康演, 안동 협동학교에 이관직, 상동학원에 여준을 추천 파견) 10월 18일 서울 상동교회에서 이은숙李恩淑 여사와 재혼.(한국 최초의 신식 결혼)

1910년(44세)	이동녕, 장유순, 이관직과 남만주 시찰 후 독립운동기지 건설 구상. 조국이 일본에 합병되자 서둘러 망명을 결심. 여섯 형제와 가솔과 노비를 해방했으나 수행을 자청한 일꾼까지 합해 40여 명을 거느리고 신의주-안동安東(지금의 단동丹東)을 거쳐 유하현柳河縣 삼원보三源堡로 망명.
1911년(45세)	북경에서 원세개袁世凱 총통과 회담한 후 통화현通化縣 합니하哈泥河에 독립군기지 설치. 이동녕, 장유순과 함께 각지의 동지를 모아 대회를 열고 경학사耕學社 조직. 안동 출신의 경상도 유림 대표 이상룡李相龍을 초대회장으로 추대.
1912년(46세)	경학사를 기반으로 신흥강습소新興講習所(후일 신흥무관학교로 개칭) 설립해 이석영李石榮을 교주로, 이철영李哲榮을 교장으로 선출. 신흥무관학교는 1920년까지 지속적으로 독립군을 양성. 청산리전투, 봉오동전투 등 무장독립투쟁을 전개토록 함.(총 배출 인원 약 3,500명)
1913년(47세)	독립운동 자금을 추가로 모으기 위해 일시 귀국.
1915년(49세)	국내 활동 중 8월에 일경에게 피체되었다 연말에 방면.
1918년(52세)	국내 동지들과 국권회복 협의. 사돈 조정구(고종의 매부이며 아들 이규학李圭鶴의 장인)의 아들 조남익趙南益과 내시 이교영李喬永과 의논해 고종 망명계획을 추진. 고종의 지시로 민영달閔泳達에게서 5만 원을 받아 북경에 고종의 거처를 마련했으나 고종의 서거로 좌절.(고종의 망명계획을 눈치 챈 일제와 친일파들이 고종을 독살했다는 설이 있음)
1919년(53세)	고종의 국장을 계기로 대규모 독립선언을 계획하고 거사 직전 해외 독립운동세력 결집, 임정 수립을 위한 작업차 고종 망명계획에 가담한 조정구, 조남익 부자와 함께 북경으로 망명. 이동녕, 이시영과 함께 상해로 이동해 임정 수립에 참여. 임정 내분에 실망해 다시 북경으로 복귀한 뒤 새로운 독립운동 방략을 고민.
1922년(56세)	북경에서 이을규李乙奎, 이정규李丁奎, 유자명柳子明 등과 함께 러시아의 맹인 시인이자 사상가이며 아나키스트인 예로센코Yakovlevich Eroshenko가 북경에 온 것을 틈타 러시아혁명 과정에서 벌어진 공산주

	의의 모순성을 지적하고 '행동하는 자유주의' 아나키스트운동을 개시. 여기에 신채호申采浩, 김창숙金昌淑도 참여, 북경대학의 노신魯迅(본명 주수인周樹人), 대만 출신 범본량范本梁과 연대.
1923년(57세)	중국인 진위기陳偉器와 이을규, 이정규와 함께 아나키스트운동의 표본으로 중국 호남성湖南省 한수현漢水縣 횡도촌橫道村에 이상마을 건립 추진.
1924년(58세)	김창숙, 신채호, 유자명, 김원봉金元鳳과 적극적 항일운동을 위해 행동조직인 의열단義烈團을 후원하는 한편, 이을규, 이정규, 정화암鄭華岩(본명 정현섭鄭賢燮), 백정기白貞基 등과 아나키스트운동의 중심이 될 '재중조선무정부주의자연맹'을 결성하고 「정의공보正義公報」발간. 신흥무관학교 출신들을 모아 '신흥학우단新興學友團' 조직.
1925년(59세)	조카 이규준李圭駿과 아들 이규학, 이성춘李性春 등 신흥학우단이 중심이 된 행동조직 다물단多勿團을 조직하고 지도. 이 조직이 북경 중국 유림儒林에 침투한 일본 고등밀정 김달하金達河를 암살해 위난을 겪음.
1927년(61세)	중국 복건성福建省 천주泉州에 한국의 독립운동을 돕는 농민자위군운동에 참여해 유자명, 이을규, 이정규 동지들과 중국 측 이석증李石曾, 오치휘吳稚暉, 채원배蔡元培 등과 상해 노동대학 설립 추진.
1928년(62세)	상해에서 한국, 중국, 필리핀, 대만, 일본, 안남(베트남) 등의 아나키스트들이 주최하는 동방무정부주의자대회에 「한국의 독립운동과 무정부주의 운동」이라는 제하의 글을 보내 이 논문의 취지가 동 대회 결의안에 채택됨. 재중국무정부주의자연맹에서 발간하는 기관지 『탈환奪還』에 축시를 기고. 또한 동방무정부주의자연맹에서 발간하는 『동방東方』 창간호에 묵란墨蘭을 한 폭 그려 보냄.
1929년(63세)	아나키스트 동지인 이을규, 정화암, 백정기, 김종진金宗鎭, 오면직吳冕植(일명 양여주楊汝舟), 이달李達, 엄순봉嚴舜奉(본명 엄형순嚴亨淳) 등을 북만에 파견해 재만조선무정부주의자연맹을 비밀리에 결성하는 한편 김좌진金佐鎭 장군이 추진하는 '재만한족연합회在滿韓族聯合會' 조직에 대

	거 가담해 새로운 독립운동기지 건설 시도.
1931년(65세)	만보산萬寶山사건과 만주사변으로 독립운동이 심대한 타격을 받고 상해로 철수한 동지들을 규합해 '남화한인연맹南華韓人總聯盟'을 결성하고 의장으로 추대됐으나 고사하고 연부역강한 유자명을 회장으로 선임. 기관지로『남화통신南華通訊』을 발간. 정화암, 백정기, 김성수金性壽, 중국인 왕아초王亞樵, 화균실華均實, 일본 아나키스트 사노[佐野, 중국명 전화민田華民], 이토[伊藤, 중국명 오수민吳秀民] 등과 상해에 모여 항일구국연맹을 결성하고 기획, 선전, 연락, 행동 등 부서를 두는 비밀행동조직 흑색공포단黑色恐怖團을 조직.
1932년(66세)	흑색공포단은 천진 부두에 일본 군수물자를 적재한 일본 기선을 폭파했고, 천진 일본 영사관에 폭탄을 투척해 그 일부를 파괴함. 중국 국민당 요인 이석증, 오치휘, 호한민胡漢民 등의 지원을 받아 중국 동북부에 새로운 거점 확보와 동시에 관동군사령관 무토[武藤] 대장을 암살해 독립운동의 새로운 전기를 마련코자(윤봉길 의사의 상해 시라카와[白川] 대장 폭사와 같은 의거) 북행 결심.
1932년 11월 17일 (순국)	침체된 무장독립투쟁을 다시 일으키기 위해 만주에 항일의용군의 결성과 독립운동기지를 건설하는 계획을 비밀리에 동지들과 수립한 후 대련으로 이동. 상해 밀정에게 정보가 누설되어 대련에 도착하자마자 일경과 중국 수상서원에게 검거되어 모진 고문을 당한 끝에 순국.

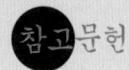

1. 자료

國家報勳處, 『海外의 韓國獨立運動史料(V·Ⅵ)』中國編 ①·②, 1992년.
「極東民族大會における報告(1922년)」, 『現代史資料(社會主義運動 1)』, 東京, 1964년, みすず書房.
金承學, 『韓國獨立史』, 1964년, 사단법인 독립동지회.
金俊燁·金昌順 共編, 『韓國共産主義運動史』(資料編 I), 1979년, 고려대학교 출판부.
大衫榮, 『大衫榮隨筆集』, 1927년, 東京人文會版.
『大韓民國臨時議定院文書』, 1974년, 국회도서관.
『발굴자료로 쓴 한국 현대사』, 1996년, 중앙일보사.
심산사상연구회 엮음, 『김창숙 문존』, 1999년, 성균관대학교 출판부.
楊昭全 等編, 『關內地區朝鮮人反日獨立運動資料雁編』上·下, 1987년, 遼寧民族出版社.
楊昭全·李鐵環, 『東北地區朝鮮人革命鬪爭資料雁編』上·下, 1992년, 遼寧民族出版社.
元秉常, 「신흥무관학교」, 『독립운동사자료집 제10집』, 1975년, 독립운동사편찬위원회.
李相龍, 『石洲遺稿』, 1973년, 고려대학교 출판부.
李相龍, 『石洲遺稿 後集』, 1996년, 석주이상룡기념사업회.
李庭植 면담, 金學俊 편집 해설, 『혁명가들의 항일회상』, 1988년, 민음사.
日帝侵略下, 『韓國三十六年史』1, 1966년, 국사편찬위원회.
임영태 편, 『식민지시대 한국사회와 운동』, 1985년, 사계절.
정정화, 『장강일기長江日記』, 1998년, 학민사.
「朝鮮保安法違反事件判決書」·「朝鮮保安法違反事件檢擧ノ件」·「朝鮮保安法違反事件判決ノ件」, 『朝鮮統治史料』, 제5권.
朝鮮總督府, 「國境地方視察復命書」, 『白山學報』9, 1970년.
朝鮮總督府警務局, 「軍官學校ノ事件眞相」, 『韓國民族解放運動史資料叢書』 제3권.
朝鮮總督府警務局, 「北京在住朝鮮人ノ最近狀況」, 『朝鮮統治史料』 제8권.
朝鮮總督府 慶尙北道警察部, 「高等警察要史(영인본)」, 1934년, 고려대학교 민족문화연구소.

朝鮮總督府朝鮮史編修會事,『朝鮮史編修會事業概要』, 1938년.
朝鮮總督府 編著, 李忠浩·洪金子 譯,『朝鮮統治秘話』, 1993년, 형설출판사.
『中央』, 조선중앙일보사朝鮮中央日報社.
何東 等 主編,『中國革命史人物詞典』, 1991년, 北京出版社.

2. 논문

공기택,「남화한인청년연맹의 무정부주의운동」, 국민대학교 석사학위 논문, 1990년.
梶村秀樹,「義烈團と金元鳳」,『해외의 민족해방운동』2, 한국인문과학연구원.
朴永錫,「일제하 만주·노령지역에서의 민족독립운동 일사례연구」,『일제하 독립운동사연구』, 1984년, 일조각.
박찬승,「1910년대 말~1920년대 여운형의 민족해방운동론」,『역사와 현실』제6호.
朴桓,「新民府에 대한 一考察」,『역사학보歷史學報』108, 1985년.
朴桓,「중일전쟁 이후 중국지역 한인 무정부주의 계열의 향배」,『한국민족운동사연구』16집, 1997년.
方善柱,「박용만 평전」,『재미한인의 독립운동』, 1989년, 한림대학교 출판부.
방영준,「아나키즘의 정의론에 관한 연구」, 서울대학교 박사학위 논문, 1990년.
방영준,「아나키즘의 현대적 조명」, 자유공동체운동 세미나, 2001년.
徐点榮,「友堂 李會榮의 獨立運動」, 전북대학교 역사교육과 석사학위 논문, 1991년.
유영구,「1930년 전후 만주 아나키즘운동」, 한양대학교 석사학위 논문, 1986년.
李命英,「國運과 人間運命에 관한 事例研究-友堂 一家의 風雨歲月」, 2000년, 성균관대학교 사회과학연구소.
이호룡,「한국인의 아나키즘 수용과 전개」, 서울대학교 박사학위 논문, 2000년.
將剛,「泉州 무정부주의운동에 대한 초보적 연구」,『한국민족운동사연구』16호, 1997년.
조규태,「북경 '군사통일회의'의 조직과 활동」,『한국독립운동사연구』제15집, 2000년, 한국독립운동사연구소.
趙東杰,「丹齋 申采浩의 삶과 遺訓」,『신채호 사상의 현대적 조명과 그 과제』.
崔起榮,「일제 강점기 申采浩의 언론활동」,『신채호 사상의 현대적 조명과 그 과제』.

韓相福,「독립운동가獨立運動家 가문家門의 사회적社會的 배경背景-우당 이회영 일가의 사례연구」,『한국독립운동사연구』제3집, 별쇄, 1989년.
韓詩俊,「申采浩의 在中獨立運動」,『신채호 사상의 현대적 조명과 그 과제』.
韓永愚,「1910년대 이상룡·김교헌의 민족주의 역사 서술」,『한국민족주의역사학』, 1994년, 일조각.
함용주,「민족해방운동과정에서 아나키즘의 역할에 대한 비판적 고찰」, 서강대학교 석사학위 논문, 1994년.

3. 저서와 편저

국민문화연구소 편,『항일혁명가 구파 백정기 의사』, 2004년, 국민문화연구소 출판부.
姜萬吉 編,『신채호』, 1990년, 고려대학교 출판부.
김구,『백범일지』.
金明燮,『在日 韓人 아나키즘운동 硏究』, 2001년, 단국대학교 사학과 박사학위 논문.
김승학 편저,『한국독립사』, 1965년, 사단법인 독립동지회.
김희곤,『안동사람들의 항일투쟁』, 2007년, 지식산업사.
님 웨일즈,『아리랑』, 1997년, 동녘.
金錫瑩·李炫熙 共著,『石吾 李東寧 硏究』, 1989년, 서문당.
김영범,『한국 근대민족운동과 의열단』, 1997년, 창작과 비평사.
김희곤,『만주벌 호랑이, 김동삼』, 2009년, 지식산업사.
『단주유림자료집』, 1991년, 단주유림선생기념사업회.
독립전쟁사연구회 엮음,『광야에서-신흥무관학교항일투쟁기』, 2000년, 선우.
閔泳珪,『江華學 최후의 광경-西餘文存其一』, 1994년, 우반.
박태원 저,『약산과 의열단』, 2000년(재간행), 깊은샘.
朴桓,『滿洲韓人民族運動史研究』, 1991년, 일조각.
서중석,『신흥무관학교와 망명자들』, 2001년, 역사비평사.
申昌鉉 著,『海公 申翼熙』, 1992년, 海公申翼熙先生記念事業會.
안동독립운동기념관,『국역 석주유고』, 2008년 경인문화사.

염인호, 『김원봉 연구-의열단, 민족혁명당 40년사』, 1992년, 창작과 비평사.
오장환, 『한국 아나키즘 운동사』, 1998년, 국학자료원.
유자명, 『나의 회억』, 1984년, 료녕인민출판사.
尹炳奭 著, 『李相卨傳-海牙特使李相卨의 獨立運動論』, 1984년, 일조각.
尹炳奭 외, 『中國 東北지역 韓國獨立運動史』, 1997년, 집문당.
이강훈, 『민족해방운동과 나』, 1994년, 제삼기획.
이규창, 『운명의 여진』, 1992년, 보련각.
李德一, 『東北抗日聯軍研究』, 1997년, 숭실대학교 박사학위 논문.
伊藤整, 『行德秋水』, 1984년, 中央公論社.
李範奭 自傳, 『우등불』 전·후, 1992년, 삼육출판사.
이시영, 『感時漫語』, 1983년, 일조각.
李乙奎, 『是也 金宗鎭先生 傳』, 1963년.
李乙奎, 『우관문존又觀文存』, 1984년, 국민문화연구원.
李丁奎·李觀稙, 『友堂 李會榮略傳』, 1985년, 을유문고.
이종범, 『義烈團 副將 李鍾岩傳(一名 義烈團十年史)』, 1970년, 광복회.
이해동, 『만주생활 77년』, 1990년, 명지출판사.
李炫熙, 『臨政과 李東寧研究』, 1989년, 일조각.
李炫熙, 『大韓民國臨時政府』, 1991년, 韓國民族運動史研究會.
임중빈, 『단재 신채호-그 생애와 사상』, 1999년, 명지사.
趙廣洙, 『中國의 아나키즘』, 1998년, 新知書院.
張泓 主編 『東北抗日義勇軍-遼寧卷』, 沈陽出版社.
張煥宗 等 著, 『張作霖家族』, 2000년, 北京, 金城出版社.
蔡根植, 『武裝獨立運動秘史(영인본)』, 1985년, 민족문화사.
崔昇孝 編著, 『黃梅泉 및 關聯人士 文墨萃編』, 1985년, 미래문화사.
최옥산, 『문학자 단재 신채호론』, 인하대학교 국문과 박사학위 논문, 2003년.
한상도, 『韓國獨立運動과 中國軍官學校』, 1994년, 문학과 지성사.
韓錫政, 『만주국 건국의 재해석』, 1999년, 동아대학교출판부.

함석헌, 『함석헌 전집』 20권(씨읗의 옛글풀이), 1993년, 한길사.
허은, 『아직도 내 귀엔 서간도 바람소리가』, 1995년, 정우사.
홍선희, 『趙素昻의 三均主義 硏究』, 1982년, 한길사.

4. 역서
니콜라이 V. 랴자노프스키 저, 김현택 옮김, 『러시아의 역사 II (1801~1976년)』, 1982년, 까치.
다니엘 게렝 저, 河岐洛 譯, 『아나키즘』, 1985년, 중문출판사.
森川哲郎 著, 金東哲 譯, 『테러리즘』, 1984년, 역민사.
스칼라피노·이정식 공저, 한홍구 옮김, 『한국공산주의운동사 1-식민지시대』, 1986년, 돌베개.
조지·우드코드 著, 河岐洛 譯, 『아나키즘-사상편』, 1975년, 형설출판사.
크로포트킨 저, 이을규 역, 『현대과학과 아나키즘』, 1973년, 創文閣.
폴 애브리치 저, 편집부 역, 『러시아 아나키스트 1917』, 1989년, 예문.

찾아보기

가쓰라[桂太郞] 22
갈적봉葛赤峰 110
강세우 157, 163, 165
『강역고彊域考』 170
강원석 157
강위姜瑋 29
강일수姜一秀 91
강화린姜化麟 90
『강화학 최후의 광경』 132
『경성일보京城日報』 20, 21
「경학사취지서」 78
고강산高岡山 222
고마쓰[小松綠] 15, 19, 20, 21, 24, 26, 28
고명복 190, 191, 192
고무라 주타로[小村壽太郞] 16, 22
고종 16, 17, 18, 22, 24, 26, 29, 36, 38, 39, 49, 50, 51, 61, 98, 99, 100, 101, 102, 103, 104, 105, 106, 108, 122, 143
고축동顧祝同 328
곽재기郭在驥 152, 156, 158
곽종석郭鍾錫 51
구양근 103
구완서 21
국순엽 224

권영신 79, 91
권오돈權五惇 58
권중현 17
권팔도 86
권화산權華山 218, 223
김가진金嘉鎭 74, 75, 105
김광선 322
김광주 238
김구金九 45, 59, 202, 203, 204, 236, 246, 248, 270, 300, 301, 302, 305, 317, 318, 319, 320, 322, 323, 328, 330, 331, 334
김규식 114, 115, 333
김기득 158
김남천金南天 220
김달하金達河 180, 181, 182, 183, 184, 185, 186, 193, 236
김대락金大洛 70, 71, 72, 76, 279, 335
김대지金大地 110
김돈金墩 214
김동삼金東三 71, 76, 86, 110, 152, 153, 276, 279, 280, 281, 316, 317, 335
김동수 327
김동우 226, 227, 238
김동진金東鎭 231

김두봉金枓奉 236, 237, 299
김립金立 318, 319
김병환 156, 157
김봉춘金奉春 316
김봉학 30
김봉환金奉煥(김일성金一星) 221
김사준金思濬 74, 99
김사집金思集 202, 203, 205, 206
김사홍 99
김산(장지락) 82, 151, 179
김상국金祥國 35
김상윤 179
김석金石 91, 92
김석진金奭鎭 74
김성근金聲根 168
김성수 224, 226, 238
김소묵金小默 265
김승은金勝恩 322
김승학 237
김승현金勝鉉 99
김애란金愛蘭 183, 184
김야봉金野蓬 216
김야운金野雲 231
김약수金若水 152
김연金鍊 87
김연수金秊洙 197
김영범 179

김오연金吾淵 246
김용묵 281
김원봉 115, 149, 152, 153, 155, 156, 157, 159, 160, 163, 165, 168, 179, 203, 328
김유옥金幽玉 183
김을진 184
김익상金益相 160, 161, 162, 163, 164, 165, 166, 167
김인金仁 322
김정묵金定默 276
김정학 309
김종수金鍾秀 322
김종원金宗源 316
김종진金宗鎭 115, 134, 139, 140, 141, 142, 143, 144, 145, 146, 147, 148, 210, 211, 213, 214, 215, 216, 218, 220, 221, 223, 224, 225, 282, 231
김좌진金佐鎭 90, 139, 211, 212, 213, 214, 215, 218, 220, 221, 222, 223, 224, 231, 233, 310
김준상金俊相 161
김지강 227
김지건 226
김지섭 179
김진호 59
김창근金昌根 322
김창숙金昌淑 53, 75, 112, 115, 169, 180,

181, 182, 183, 185, 186, 187, 192, 194, 196, 203, 204

김철중 271

김춘식金春植 90

김태석金泰錫 157

김택영金澤榮 29

김학규金學奎 91

김학진 184

김혁金爀 212

김형선 60, 93

김형환 209

김홍집金弘集 237

김활란金活蘭 180

김효삼金孝三 265

김훈金勳 90

나석주羅錫疇 203, 204

나용균羅容均 125

나월환 238, 326, 327

『나의 70년을 말한다』 17

나창헌羅昌憲 114

나혜정 233

남성극南星極 212

남자현南慈賢 280

넬리도프Nelidof 50

노광적 255, 256

노종균 319

노태연 320

님 웨일즈Nym Wales 82

다나카 기이치[田中義一] 163, 164, 165, 174

다니엘 게렝 156

단기서段祺瑞 180, 184

단익산段益山 157

당계요唐繼堯 140, 141

당취오唐聚五 256

『대동역사大東歷史』 87

대립戴笠 322

데라우치 21, 22, 27, 28, 29, 85

「독립운동비화」 112

『동방東方』 283

「동방무정부주의자에게 고한다」 283

『동북항일의용군-요녕권遼寧卷』 255, 259, 264

두월생杜月笙 245

등몽선鄧夢仙 282

루스벨트Theodore Roosevelt 15, 18

마티 윌콕스 노블 104

『만주생활 77년』 86, 276
『매천야록梅泉野錄』 75
『매천집梅泉集』 38
맹보순孟普淳 93
명성황후 275
모리도 다츠오[森戶辰男] 150
모일파毛一波 283
『무장독립운동비사』 55
『묵암비망록默菴備忘錄』 59
문화준文華俊 265
미쓰와[三輪] 95, 96
미야케 미쓰노리[三宅光治] 232
민영규 132
민영기 17
민영달閔泳達 74, 101, 102
민영환閔泳煥 19, 30, 44, 45
『민족해방운동과 나』 295

박기성 238, 327
박돈서 271
박동운朴東雲 327
박래춘朴來春 231
박상범朴尙範 222
박상실朴尙實 220, 221, 222
박성신朴聖信 310
박숭병朴崇秉 128

박승환朴昇煥 50
박열 300
박영효 74
박영희朴寧熙 89, 90
박용만朴容晩 114, 115, 126, 127, 128, 129, 185, 186
박은식朴殷植 98, 112, 113
박자혜朴慈惠 169, 287, 290
박재혁朴載赫 158, 159, 160, 163
박제순朴齊純 17
박찬익 126
배중세 157
백광운白狂雲 91
『백범일지』 45, 236~237, 319, 330
백순白淳 128
백숭희白崇禧 241, 243
백정기白貞基 136, 189, 191, 192, 193, 194, 199, 226, 230, 232, 238, 241, 244, 246, 247, 258, 269, 270, 271, 293, 295, 296, 297, 298, 299, 300, 319
백종렬白鍾烈 90
『벽옹 73년 회상기(김창숙 문존)』 75, 181, 194
변영태卞榮泰 87, 271

『사고전서四庫全書』 189

『사기史記』 32
『상록수』 115
상이강常而剛 313
『서간도시종기西間島始終記(가슴에 품은 뜻 하늘에 사무쳐)』 57, 64, 258, 259
서만순徐晩淳 131
「서사록西徒錄」 66, 67, 70, 87
서상락徐相洛 152, 163, 165
서승효徐勝孝 271
『석주유고』 67, 127, 128
선우혁 237
성낙형成樂馨 98, 99
성주식成周寔 87, 115
성준용成俊用 127, 129
『세설신어世說新語』 33, 35
소완규蘇完奎 115, 192
손문係文 140, 152
손정도 110, 237
송병기 86
송병준宋秉畯 20, 22, 24, 103
송순보宋淳甫 226, 233
송철원宋哲元 323
송호宋虎(송호성) 115, 205, 206
순조 36
순종 101
『순종실록』 102
스크랜턴W. B. Scranton 59

스테드W. T. Stead 50
시라카와 요시노리[白川義則] 245, 247
『시야 김종진 선생 전』 139
신규식申圭植 99, 139, 140
신두범申斗凡 287
『신러시아회상록[新露回想錄]』 125
신석우 271
신석호申奭鎬 170
『신세기新世紀』 135
신숙申肅 128, 129
신주현愼周賢 36, 37
신채호 112, 113, 114, 115, 163, 168, 169, 170, 171, 172, 173, 174, 175, 176, 180, 185, 186, 187, 189, 204, 282, 285, 286, 287, 288, 290
신철휴申喆休 152, 158
신현상申鉉商 223, 224, 225, 299
심상훈沈相薰 18
심훈沈熏 115, 119
쓰다 소우키치[津田左右吉] 87

아라키 사다오[荒木貞夫] 294
『아리랑Song of Arirang』 82, 179
아리요시 아키[有吉明] 294
『아직도 내 귀엔 서간도 바람소리가』 66, 86, 278

아카가와[赤川啓來] 283
안경근 318, 320
안공근 236, 301, 305, 317, 318, 320, 322, 323
안중근 20, 23
『안중근 전』 277
안창호安昌浩 59, 105, 115, 145, 156, 181, 237, 249, 301
안태국 301
안호형安鎬瀅 49
안효제安孝濟 275, 276
양기탁梁起鐸 55, 59, 60, 66, 85, 301
양세봉梁世奉 256
양여주→오면직
양용광梁龍光 200
양정봉梁貞鳳 265
어수갑魚洙甲 115
엄순봉 238
엄항섭嚴恒燮 237, 257
엄형순嚴亨淳 216, 221, 238, 258, 269, 270, 271, 293, 294, 302, 303, 304, 305, 307, 308, 309, 310, 312, 313, 317
엘리후 루트 18
여규형呂圭亨 131
여운형呂運亨 124, 186, 237, 271, 333
여조현呂祖鉉 131
여준呂準 46, 59, 87, 91, 153, 278

연충렬延忠烈 257, 269, 270, 306, 317, 318, 319
염덕인廉德仁 99
엽정수葉淨秀 326
영조 56
영친왕 101, 102
오광선吳光鮮 91
오남기 224, 235, 242
오동진吳東振 316, 317
오면직(양여주) 226, 227, 230, 238, 244, 270, 294, 302, 303, 305, 318, 319, 320, 322
오상세吳祥世 90
오성륜吳成崙 163, 164, 165, 166
오세창 106
오스기 사카에[大杉榮] 150
오오타[太田淸松] 89
오장환 149, 150, 189
오치휘吳稚暉 135, 252, 253, 255
옥관빈玉觀彬 301, 302, 303, 304, 305
옥성빈玉成彬 303
『옥중기』獄中記 150
왕성순王性淳 38, 39
왕수인王樹仁 283
왕수인王守仁→왕양명
왕수환王粹煥 35
왕아초王亞樵 241, 242, 243, 244, 245, 246,

251
왕양명王陽明 51, 67, 132, 133, 134
『왕양명실기王陽明實記』 67
왕정위汪精衛 242, 251
『우당 이회영 실기』 56, 60
『우당 이회영 약전』 59, 60, 137, 252, 254
『우등불』 109
우에다 겐키치[植田謙吉] 245, 248
『운명의 여진』 104, 128, 169, 288
원병상元秉常 79, 82, 85
원세개袁世凱 80
원심창 238, 294, 296, 300
위혜림韋惠林 269, 270, 318
유기남柳冀男 95
유기문 243
유기석柳基石(유서柳絮) 225, 242
유길준俞吉濬 74
유동렬 59, 99
유림柳林 189, 215
유사배劉師培 135
유석현劉錫鉉 115
유인식 78
유자명柳子明(유흥식) 115, 139, 149, 150, 151, 180, 183, 189, 194, 201, 203, 204, 238, 239, 326, 249
유진태俞鎭泰 95, 195, 271
유형석柳瀅錫 322

육성천陸成泉 325
윤기섭 89, 90, 91
윤덕영 74, 104
윤복영尹福榮 94, 95
윤봉길 246, 247, 249, 251, 269, 296, 300, 301
윤소룡 158
윤용구尹用求 74
윤자영尹滋英 179
윤치국尹致國 89~90
윤치영 157
윤치호 301
윤택영 74, 190, 192
의친왕義親王(이강李堈) 59, 98, 99, 105, 225
『이 조국 어디로 갈 것인가』 192, 252, 295
이갑 59
이강훈李康勳 216, 238, 293, 295, 296, 297, 300
이건방李建芳 29, 31, 35, 38, 39
이건승李建昇 30, 31, 32, 36, 37, 38, 41, 71, 76, 275, 276, 277
이건영 57, 64, 127, 281
이건창李建昌 29, 30, 31, 32, 37, 38, 39
이경석 33
이경혁李卿爀 96
이계조李啓朝 56
이관직李觀稙 55, 60, 94, 95

이광李光 87, 109, 114, 115, 198, 199, 298
이광수李光洙 288
이광좌李光佐 56
이교영李喬永 101
이규동李圭東 197
이규룡李圭龍 106, 119, 128, 263, 271
이규보李圭甫 316
이규봉李圭鳳 86, 87
이규숙李圭淑 121, 183, 184, 202, 205, 207, 229, 230, 233, 265, 266
이규오 184
이규준李圭駿 180, 183
이규창 101, 104, 114, 115, 119, 121, 128, 149, 163, 169, 184, 186, 194, 197, 199, 200, 201, 202, 205, 206, 207, 208, 209, 224, 225, 226, 236, 237, 238, 239, 257, 258, 259, 266, 269, 270, 288, 297, 307, 308, 309, 310, 311, 312, 313, 314, 316, 332, 333
이규학李圭鶴 49, 101, 180, 184, 201, 236
이규홍 237
이극李剋 85
이근택 17
이근홍李根洪 190, 191
이기용李琦鎔 103, 104
이기인李基寅 299
이기환李箕煥 182, 183

이낙준 158
이달李達 216, 238
이덕규李德圭 95
이덕상李德商 39
이동녕李東寧 43, 44, 46, 54, 55, 59, 60, 64, 66, 72, 77, 78, 79, 87, 93, 94, 109, 110, 114, 126, 236, 237
이동휘 59, 179
이득년李得年 101, 102, 195, 271
이방자李芳子 101
이백호李白湖 231
이범석李範奭 109
이범세李範世 131, 132
이범하李範夏 37, 39
이병도李丙燾 170
이병삼李炳三 72
이병철李炳喆 156, 157
이봉희李鳳羲 69, 278
이봉해李鵬海 216, 221
이상동 278
이상룡李相龍 66, 67, 69, 70, 71, 72, 76, 77, 78, 87, 126, 127, 128, 129, 153, 277, 278, 335
이상설李相卨 38, 43, 44, 45, 46, 48, 49, 50, 51, 53, 54, 93, 96, 97, 98, 99, 100, 124, 126, 131, 132
이상익李相益 48

이상일李相日 199

이상재李商在 65, 95, 180

이상철 30

이석규李錫奎 56

이석영 57, 61, 64, 127, 128, 180, 197, 237, 257, 269, 270, 281

이석증李石曾 135, 136, 170, 200, 252, 253, 254, 255

이선구李宣九 64

이성우 156, 157, 158

이성춘李性春 180

이수봉 322

이수택 160

이순탁李順鐸 333

이승만 112, 113, 114, 145, 169

이승춘李承春(이화익) 204

이승훈李昇薰 85, 106, 181, 301

이승희李承熙 51, 53

이시영李始榮 48, 57, 64, 66, 86, 93, 101, 102, 109, 110, 114, 124, 126, 128, 131, 153, 194, 203, 236, 237, 281, 309, 331

이시원李是遠 36

이시하라 간지[石原莞爾] 232

이여성李如星 152

이완용李完用 15, 17, 19, 20, 21, 23, 25, 26, 27, 28, 29, 50, 103, 104, 113

이용노李容魯 306, 307, 308, 309, 310

이용우李用雨 46

이용준(천리방千里芳) 238, 242, 243

이용태李容泰 59, 74

이운강李雲崗 90

이원일李源一 280

이원행 86

이위종李瑋 49, 50

이유승李裕承 57, 80

이유원李裕元 56, 61, 197

이유필李裕弼 236, 249

이윤수 70

이은숙李恩淑 57, 59, 60, 64, 65, 77, 101, 106, 107, 136, 137, 183, 184, 185, 186, 195, 196, 197, 205, 207, 209, 229, 258, 259, 266, 271, 288

이을규李乙奎 115, 136, 139, 142, 189, 191, 192, 194, 199, 200, 201, 214, 216, 218, 219, 220, 223, 224, 225, 226, 310

이의흥李義興 320

이익화李益和 231

이인직李人稙 15, 19, 20, 21, 22, 23, 24, 25, 26, 27

이인홍李仁洪 182, 183

이자경李慈卿 192

이장녕李章寧 72, 278

이재각 74

이재완 74

이재현 327
이정구李廷龜 30
이정규李丁奎 59, 60, 115, 136, 137, 138, 139, 171, 189, 191, 192, 194, 199, 200, 201, 258, 271, 283
이정식 125, 152, 297
이정열李定烈 115
이종성李宗城 56
이종암李鍾岩 152, 156, 158, 160, 163, 164, 165, 168, 179
이종인李宗仁 241, 243
이종일 59
이종주李鍾柱 216
이종홍李鍾洪 317, 318, 319
이준李儁 49, 50
이준근李俊根 216, 231
이준형李濬衡 66, 69, 71, 278
이중혁 96
이증복李曾馥 58, 103
이지용 17
이지원李止遠 36
이진상李震相 51, 53
이천민李天民 115
이철영 57, 64, 87, 127, 128, 281
이태공李太公 257, 269, 270, 306, 317, 318, 319
이토 히로부미[伊藤博文] 16, 17, 19, 22, 43

「이판서 댁과 나의 외조부 그리고 부친」 79
이필현李弼鉉(이지영李志永) 285
이하유 327
이항복李恒福 56
이해동 86, 276
이해명李海鳴(이태룡) 185
이해승 74
이해창 74
이현숙李賢淑 184, 199, 205, 229, 233
이호영李護榮 57, 64, 128, 171, 235, 281
이황 51
이회영李會榮 43, 44, 46, 48, 49, 50, 51, 53, 54, 55, 56, 57, 58, 60, 63, 64, 66, 75, 76, 77, 78, 80, 81, 91, 93, 94, 95, 96, 97, 98, 99, 100, 101, 102, 104, 106, 107, 108, 109, 110, 114, 115, 119, 120, 122, 124, 125, 126, 128, 129, 130, 131, 132, 134, 135, 136, 137, 138, 139, 140, 141, 142, 143, 144, 145, 146, 147, 148, 153, 163, 169, 171, 180, 183, 184, 185, 186, 187, 189, 190, 192, 193, 194, 195, 197, 198, 199, 200, 202, 203, 205, 206, 207, 208, 209, 210, 211, 214, 223, 224, 225, 226, 227, 235, 236, 238, 241, 242, 249, 251, 252, 253, 255, 256, 257, 258, 259, 260, 261, 263, 264, 265, 266, 268, 271, 274, 278, 283, 288, 300, 306, 319,

331, 335
이희원李喜遠 36
이희종李喜鐘 131
『인물고人物考』 170
임경호林敬鎬 96, 98, 100, 115, 120, 121, 194
임득산林得山 308, 309
임병문 285, 286
임치정林蚩正 301
임해음林海音 286

『장강일기長江日記』 75
장개석 243, 244, 245, 253, 300
장건상張建相 156
장계張繼 135, 136
장기준 226, 227, 229, 233, 265
장덕수張德秀 271
장백령張伯玲 202
장석영張錫英 53
장영환張英煥 322
장유순張裕純 46, 54, 55, 78, 93, 94
장음오張蔭梧 225
장작림張作霖 90, 212
장장호長張好 89
장재욱張載旭 316
장정강張靜江 135

장중壯重 325
장치중張治中 244
장학량 253, 254, 255, 256
전덕기全德基 59, 60
『전습록』 132
전협全協 105, 143
정기석鄭箕錫 38
정래동丁來東 224, 235, 242
정문경 333
정문승鄭文升 38
정순만鄭淳萬 46
정순조 57
정여창丁汝昌 80
정원하鄭元夏 31, 36, 37, 38, 39, 41, 71, 76, 275, 277
정유성鄭維城 277
정이형鄭伊衡 332, 333, 334
정인보鄭寅普 38, 46
정정화鄭靖和 75
정제두鄭齊斗 37, 38, 132, 277
정중화鄭重華 325
정화암鄭華岩(정현섭) 115, 136, 152, 189, 191, 192, 194, 199, 219, 226, 227, 228, 229, 230, 238, 241, 242, 243, 246, 247, 248, 252, 256, 269, 271, 293, 294, 295, 297, 299, 301, 302, 305, 306, 307, 308, 309, 313, 319, 322, 323, 324, 325, 326,

327, 328, 329, 330, 331
조경호趙慶鎬 74
조계진 49, 101, 104, 169, 309
조기천曺基天 198
조동식趙東式 39
조동희趙同熙 74
조병세趙秉世 18, 19, 30, 44, 45
조상섭 236, 237
『조선 병합의 이면』 24
『조선사』 287
『조선사연구초朝鮮史研究草』 287
『조선사통론』 170
『조선상고문화사』 287
『조선총독부관보』 73
『조선혁명기朝鮮革命記』 110
「조선혁명선언」 171, 177, 178, 179
조성화 99
조성환曺成煥 109, 114, 115, 212
조세웅趙世雄 80
조소앙趙素昻 110, 115, 122, 124, 125, 126, 236
조영원趙永元 231
조완구 101, 109, 110, 114, 126, 236, 237
조이풍趙爾豊 80
조일문趙一文 329
조정구趙鼎九 49, 74
조중응 19, 28, 29

조한평趙漢平 131
주경란朱慶瀾 256
주진수朱進洙 55
주황周況 152, 153
주희朱熹 51, 67, 132, 133
『중국대공보中國大公報』 227
『중앙』 124
진건秦健 283
진망산秦望山 200
진수인陳壽麟 298
진조희 330
진춘배陳春培 200

차고동車鼓東(차학로車學輅) 224
채근식蔡根植 55
채원배蔡元培 136
채정해蔡正楷 244, 245
『천의天義』 135
철종 74
최동선崔東善(최병선) 322
최병익 46
최석영崔錫榮 223, 224, 225
최수봉崔壽鳳 160, 162
최창식崔昌植 114
최학주崔學主 310
최해崔海 90

크로포트킨 147, 150

팽진국彭振國 256
풍옥상馬玉祥 319

하기락 274
하세가와 요시미치[長谷川好道] 17
하야시 곤스케[林權助] 17, 49
『한 혁명자의 회억』 150
『한국 근대민족운동과 의열단』 179
『한국 아나키즘 운동사』 149
『한국공산주의 운동사 1』 125
『한국청년』 327
『한국평론Korea Review』 17
한규설韓圭卨 17, 44, 74
한기악韓基岳 184
한도원韓道源 322
『한민韓民』 281
한봉근 179
한상학 103, 104
한세량韓世良 185
한용운 106, 107, 281
한유한 327
한진산韓震山 115
한창수 103, 104

한형권韓馨權 179
『항일혁명가 구파 백정기 의사』 296
허겸 86
허열추許烈秋 298
허위許蔿 66, 86
허은 66, 86, 278, 279
허평許平 270
헐버트Homer B. Hulbert 17, 18, 48
현영섭玄永燮 238
현채玄采 238
『혈의 누』 20, 21, 22
호경익胡景翼 198, 199
호명신胡明臣 80, 81
호보일胡保一 326, 328
호종남胡宗南 326, 328
호한민胡漢民 241, 243
홍남표洪南杓 115, 236
홍만식 30
홍명희洪命憙 169, 333
홍범도洪範圖 90
홍성하 334
홍순형洪淳馨 74
홍승국洪承國 71
홍승헌洪承憲 31, 36, 37, 38, 39, 41, 71, 72, 76, 275, 276
홍양호洪良浩 38, 276
홍완기洪完基 318

홍익주洪翼周 38
홍인식洪仁植 276
홍주원洪柱元 38
홍증식洪增植 101, 102, 271
홍흥순 91
화균실華均實 241, 242, 245, 246

황상규黃尙奎 153, 157, 158
황원黃瑗 33, 35
황현黃玹 29, 30, 31, 32, 33, 35, 37, 38, 54, 75
황호黃㦿 71, 76